VOLKER CASPARI

Walras, Marshall, Keynes

Volkswirtschaftliche Schriften

Begründet von Prof. Dr. Dr. h. c. J. Broermann

Heft 387

Walras, Marshall, Keynes

Von

Volker Caspari

Duncker & Humblot · Berlin

CIP-Titelaufnahme der Deutschen Bibliothek

Caspari, Volker:
Walras, Marshall, Keynes / von Volker Caspari. – Berlin:
Duncker u. Humblot, 1989
(Volkswirtschaftliche Schriften; H. 387)
ISBN 3-428-06639-1
NE: GT

Satz: Hagedornsatz, Berlin 46
Druck: Berliner Buchdruckerei Union GmbH, Berlin 61
Printed in Germany

ISSN 0505-9372
ISBN 3-428-06639-1

Meinen Eltern

Vorwort

Diese Arbeit ist eine überarbeitete und erweiterte Fassung meiner Dissertationsschrift, die im Dezember 1983 vom Fachbereich Wirtschaftswissenschaften der J. W. Goethe-Universität in Frankfurt angenommen wurde.

Mein Dank gilt zunächst und vor allem meinem akademischen Lehrer, Herrn Prof. Dr. Bertram Schefold, der diese Arbeit im besten Sinne des Wortes betreute und unterstützte. Die wesentlichen Anregungen verdanke ich ihm.

Herrn Prof. Dr. Werner Meißner danke ich für die Übernahme des Zweitgutachtens, für wertvolle Hinweise zur Überarbeitung des Textes und bereitwillig gewährte Unterstützung.

Meinen Kollegen Jan Brägelmann, Dr. Horst Meixner und Peter Weihrauch verdanke ich ungezählte Diskussionen über die verschiedenen Teile meiner Arbeit. Viele Anregungen und Hinweise erhielt ich in ausführlichen Gesprächen mit Dr. Ingo Barens.

Last not least richtet sich mein Dank an Uwe Hoffmann, Helge Peukert und Frank Trümper, die mich bei der Fertigstellung des Textes unterstützt haben, und an Frau Ellen Herrmann, Frau Irene Kalka und Frau Heide Natkin, die das nicht immer leicht lesbare Manuskript „textverarbeitet“ haben.

Inhaltsverzeichnis

Teil III: Marshall - Walras: Ein Vergleich

Teil IV: Die Debatte um die Keynessche Theorie

Abkürzungen

A.E.P.	Australian Economic Papers
A.E.R.	American Economic Review
C.J.E.	Cambridge Journal of Economics
E.J.	The Economic Journal
H.O.P.E.	History of Political Economy
J.E.L.	Journal of Economic Literature
J.P.E.	Journal of Political Economy
Q.J.E.	Quarterly Journal of Economics
R.E.S.	Review of Economic Studies
SchwZfVS	Schweizerische Zeitschrift für Volkswirtschaft und Statistik
Z.f.N.	Zeitschrift für Nationalökonomie

Einleitung

Seit der Publikation der „General Theory of Employment, Interest and Money"[1] im Jahre 1936 lassen sich fast regelmäßige Zyklen der Keynes-Interpretation beobachten. Ob es sich dabei um „Wachstumszyklen" handelt, hängt wohl nicht nur von der Wahl des Indikators, sondern auch vom Standpunkt des Beobachters ab. Die Existenz von „Interpretationswellen" ist hingegen unstrittig, und es stellt sich die Frage nach deren möglichen Ursachen.

Wenn eine Theorie einer ausführlichen Interpretation bedarf, dann lassen sich mehrere Begründungsmöglichkeiten unterscheiden. Die erste Möglichkeit besteht darin, daß der Autor seine Theorie unklar und unzureichend dargestellt hat. Demgegenüber könnte die Ursache auch allein auf die unzureichende Kompetenz seiner Leser zurückgeführt werden. Beide Thesen dürften sich nach einer schon kurzen Beschäftigung mit der relevanten Literatur nicht nur als falsch erweisen, sondern würden sich auch wegen der dahinter stehenden Arroganz von selbst disqualifizieren. In dieser Arbeit wird die These aufgestellt, daß der Interpretationsbedarf entstand, weil sich die Gesamtkonzeption der Keynesschen Theorie nicht widerspruchsfrei in das herrschende und ausdifferenzierteste Paradigma der ökonomischen Theorie — die neoklassische allgemeine Gleichgewichtstheorie walrasianischer Prägung — integrieren ließ. Die Interpretationswellen lassen sich so als Versuche der neoklassischen Theorie deuten, die Resultate der Keynesschen Theorie im Rahmen des eigenen Paradigmas zu erzeugen.

Dieser Prozeß setzte kurz nach dem Erscheinen der „General Theory" mit dem Hickschen IS-LM Modell ein[2], das bis zum heutigen Tage als das Standardmodell der Keynesschen Theorie in nahezu allen makroökonomischen Lehrbüchern zu finden ist. Es folgte Patinkins Versuch[3], unfreiwillige Arbeitslosigkeit im Rahmen eines walrasianisch mikrofundierten Makromodells abzuleiten. Das Keynessche Problem wird als eine Ungleichgewichtssituation verstanden, die durch „schnelle" Anpassung der Mengengrößen und zu „träge" Anpassung der Preisvariablen (Zins- und Realkasseneffekt) hervorgerufen wird.

---

[1] J. M. *Keynes;* The General Theory of Employment, Interest and Money, London 1936.

[2] J. R. *Hicks;* Mr. Keynes and the Classics: A suggested Interpretation, Econometrica, 1937, S. 147-159.

[3] D. *Patinkin;* Money, Interest and Prices, New York, 1. Aufl. 1956, 2. Aufl. 1965.

Leijonhufvud[4] griff Patinkins „Umkehrung" der Anpassungsgeschwindigkeiten von Preis- und Mengenvariablen auf und kombinierte diese Idee mit Clowers „Dualer Entscheidungshypothese".[5] Die „richtigen" Preisinformationen, die für die vollständige Koordination der Handlungen unzähliger Marktteilnehmer erforderlich sind, können kurzfristig nicht gewährleistet werden. Da jedoch auch zu „falschen" Preisen Transaktionen stattfinden, ergeben sich einkommenshemmende Prozesse. Das war die Quintessenz der Neuinterpretation von Keynes' Theorie durch Leijonhufvud.

Die Hypothese relativ langsamer Preisanpassungsgeschwindigkeit in der kurzen Periode wurde schließlich im Rahmen der temporären Gleichgewichtsmethode von Hicks[6] auf die Marktperiode (Hickssche Woche) übertragen. Die Fixpreis-Methode bildete wiederum den Ausgangspunkt einer Entwicklung, deren vorläufiger Endpunkt der rationierungstheoretische Ansatz der „neuen Makroökonomie" bildet. In dieser erscheint die Keynessche Theorie als durch ein spezielles Rationierungsschema charakterisierter Fall des allgemeinen rationierungstheoretischen Ansatzes, der wiederum ein „Spezialfall" der allgemeinen Gleichgewichtstheorie darstellt. Diese Einschätzung folgt aus Malinvauds These, daß sich der rationierungstheoretische Ansatz (disequilibrium analysis) immer auf die Vorstellung eines nichtrationierten allgemeinen Gleichgewichts beziehen muß.

"... it (disequbilibrium analysis, V. C.) is in fact equilibrium analysis, but operating with a specific concept of equilibrium."[7]

Gegen diese Keynes-Interpretation gibt es zahlreiche Einwände, die sich auf Detailprobleme beziehen oder ganz allgemein konzeptionelle Probleme dieser Keynes-Interpretation behandeln. So haben beispielsweise Clower und Leijonhufvud auf die marshallianischen Elemente in der Keynesschen Theorie hingewiesen.[8] Die der Keynesschen aggregierten Angebots- und Nachfrageanalyse zugrundeliegenden marshallianischen Konzepte wurden von Asimakopulos, Casarosa und Parrinello herausgestellt.[9] Diese Beiträge liefern wichtige

---

[4] A. *Leijonhufvud;* On Keynesian Economics and the Economics of Keynes, Oxford 1968.

[5] R. *Clower;* The Keynesian Counter-Revolution: A Theoretical Appraisal, in: F. H. *Hahn* und F. P. R. *Brechling* (Ed.); The Theory of Interest Rates, London 1965, S. 103-125.

[6] Vgl. J. R. *Hicks;* Capital and Growth, Oxford 1965, S. 76ff.

[7] E. *Malinvaud;* The Theory of Unemployment reconsidered, Oxford 1977, S. 5-6.

[8] Vgl. R. *Clower;* Reflexions on the Keynesian Perplex, Z.F.N., 1975, S. 1-24. A. *Leijonhufvud;* Keynes' Employment Function, H.O.P.E., 1974, S. 164-170.

[9] Vgl. A. *Asimakopulos;* Keynes' Theory of Effective Demand revisited, A.E.P., 1982, S. 18-36. C. *Casarosa;* The Microfoundations of Keynes' Aggregate Supply and Demand Analysis, E.J., 1981, S. 188-194. S. *Parrinello;* The Marshallian Core of the General Theory, in: Colloque Internationale „Keynes Aujord'hui: Theories et Politique", Université Paris I, Panthéon Sorbonne, Paris 1983.

Denkanstöße, sie ermöglichen es jedoch nicht, den paradigmatischen Rahmen, dem die Keynessche Theorie entstammt, ausreichend zu entwickeln. Wie prägend das marshallianische Paradigma für die Entwicklung und das Verständnis der Keynesschen Theorie ist, wird insbesondere durch die Reaktion der „Alt-Keynesianer" auf die verschiedenen neowalrasianisch inspirierten Interpretationen der Keynesschen Theorie verdeutlicht. J. Robinson diagnostizierte:

"The attempt to graft Keynes on to Walras has led to great confusion."[10]

Kahn nennt in seiner „Malinvaud-Kritik"[11] drei für ihn wesentliche Unterschiede zwischen der Keynesschen Theorie und ihrer neowalrasianischen Interpretation[12]:

1. Das Problem gegebener Güter- und Faktorausstattungen sei der Keynesschen Theorie fremd.
2. Die Nachfrage nach Arbeit hänge von der effektiven Nachfrage ab.[13]
3. Die Behandlung des Investitions-Ersparnis-Ausgleichs.

Die Reaktion der „Alt-Keynesianer" besteht nicht so sehr in einer vehementen Kritik, sondern eher in einem konsternierten „Kopfschütteln". Kahns Hinweis auf die im rationierungstheoretischen Ansatz fehlende Behandlung des Investitions-Ersparnis-Ausgleichs verstärkt den Eindruck, daß die „Alt-Keynesianer" die für sie selbst relevante Fragestellung in diesem Ansatz nicht entdecken können.

Wenn es sich hierbei nicht um methodisch geübtes „Kannitverstan" handelt, dann liegt die Vermutung nahe, daß sich hier zwei verschiedene paradigmatische Konzepte ökonomischer Theoriebildung gegenüberstehen. Die Keynessche Theorie in der durch Marshall begründeten Cambridger Schule, während die sich von der neoklassischen Synthese bis zum rationierungstheoretischen Ansatz erstreckenden Keynes-Interpretationen tief in der walrasianischen Theorietradition gründen.

Hieraus ergibt sich die Fragestellung nach dem Verhältnis von Marshallscher und Walrasscher Theorie.

Bevor wir jedoch zum Vergleich ansetzen, muß zunächst ein Verständnis beider Theorien für sich gewonnen werden. Diese Vorgehensweise wird gewählt, weil eine kritische Gesamtdarstellung beider Theorien kaum zu finden ist. Dies trifft insbesondere auf Marshalls Theorie zu, aber auch die Walrassche Theorie wurde in recht unterschiedlicher Weise modifiziert — dem heutigen Ökonomen ist sicherlich die paretianische Version derselben am vertrautesten.

---

[10] J. *Robinson;* The Generalisation of the General Theory, 2. Aufl., 1979, S. XII.

[11] R. F. *Kahn;* Malinvaud on Keynes, C. J. E., 1977, S. 375-388.

[12] Vgl. ebenda, S. 376.

[13] Dieser Punkt bedarf der Klärung, da nicht deutlich wird, wie Kahn die „Duale Entscheidungshypothese" Clowers einschätzt.

Hieran schließt sich die zweite und zentrale Fragestellung der Arbeit an: Läßt sich auf der Basis des marshallianischen Paradigmas die Entwicklung der Keynesschen Theorie rekonstruieren, so daß deutlich wird, in welchem Sinne die Marshallsche Theorie die Grundlage der Keynesschen Theorie bildet? Die Darstellung und der Vergleich beider Theorien bilden die Grundlage zur Behandlung dieser Problemstellung.

Teil I

Die Walrassche Theorie

1. Einleitung

Im folgenden soll Walras' Theorie nicht in einem streng dogmenhistorischen Sinne, sondern bereits im Hinblick auf den in Teil III unternommenen Vergleich mit Marshall rekonstruiert werden. Aus diesem Grunde beschränkt sich die Darstellung zunächst auf Methodisches, um dann das Augenmerk auf Fragen der Struktur und des Aufbaus der Theorie sowie der Gleichgewichtskonzeption zu richten. Sie sollte deshalb nicht als Beitrag zur Diskussion um eine adäquate historische Interpretation der Walrasschen Theorie aufgefaßt werden.[1]

2. Begriffliches und Methodisches

Den Ausgangspunkt der Walrasschen Theorie bildet seine Definition des gesellschaftlichen Reichtums:

> "By social wealth I mean all things, material or immaterial (it does not matter which in this context), that are scarce, that is to say, on the one hand, useful to us and, on the other hand, only available to us in limited quantity."[2]

Nützliche Dinge, die nur in begrenzter Menge existieren, lassen sich aneignen.

> "Once all things that can be appropriated (that is, all scarce things and nothing else) have been appropriated, they stand in a certain relationship to each other, ... that of being exchangeable against any other scarce thing in such and such a determinate ratio."[3]

Das Verhältnis, in dem sich die Güter gegeneinander austauschen, nennt man Tauschwert. Die Höhe dieses Tauschwerts bzw. seine Änderungen zu erklären, galt Walras als Kernstück der theoretischen Ökonomie. Hierzu solle man sich der mathematischen Methode bedienen, denn das Austauschverhältnis ist ein Mengenverhältnis, damit meßbar und mathematischer Behandlung zugängig.

> "If the object of mathematics in general is to study magnitudes of this kind, the theory of value in exchange is really a branch of mathematics which mathematicians have hitherto neglected and left undeveloped."[4]

[1] Vgl. W. *Jaffé;* Walras's Economics as Others See it, J.E.L., 1980, S. 528-549. Sowie M. *Morishima;* W. Jaffé on Léon Walras: A comment, J.E.L., 1980, S. 550-558.

[2] L. *Walras;* Elements of Pure Economics, übersetzt von W. *Jaffé,* Homewood, Ill./London, 1954, repr. 1977 A. M. *Kelly,* S. 65, Im folgenden zitiert als „Elements".

[3] Ebenda, S. 67.

Damit hat Walras sein Programm klar umrissen. Es ging ihm um eine „exakte“ Behandlung des Tauschphänomens auf der Basis einer Theorie von Angebot und Nachfrage, weil er den Tauschwert als ein Marktphänomen ansah.

> “Value in exchange, when left to itself, arises spontaneously in the market as the result of competition. As buyers, traders make their demands by outbidding each other. As sellers, traders make their offers by underbidding each other.”[5]

Ausgangspunkt von Walras' Theorie ist also der Tausch. Zunächst analysiert er den einfachsten Fall des bilateralen Tauschs. Schon hier werden die wichtigsten Bausteine, Begriffe und Konzeptionen in einfachster und ganz anschaulicher Form dargelegt (Lektionen 5-10). Der dritte Teil der „Elements“ (Lektionen 11-16) behandelt den multilateralen Tausch. In diesem Teil führt er auch den Begriff des Numéraires ein. Im vierten Teil (Lektionen 17-22) bezieht er die Produktion von Konsumgütern in die Analyse der Wertbestimmung mit ein, und im fünften Teil (Lektionen 23-28) wird dann auch die Produktion von Kapitalgütern berücksichtigt.

Der sechste Teil (Lektionen 29-34) behandelt geldtheoretische Fragen. Im siebenten und achten Teil untersucht Walras verschiedene, ganz heterogene Fragestellungen, die Teilweise anwendungsbezogene oder dogmenhistorische Probleme betreffen.

In dem jetzt folgenden Kapitel soll der Aufbau und die Struktur der realwirtschaftlichen Theorie Leon Walras' dargestellt werden. Dabei wird gerade dem Teil seiner Theorie besondere Aufmerksamkeit gewidmet, der in der modernen allgemeinen Gleichgewichtstheorie nicht mehr behandelt wird. Es handelt sich um die Theorie der Kapitalbildung, in der die Produktion von Kapitalgütern berücksichtigt wird.

3. Die Theorie des allgemeinen Gleichgewichts

3.1. Das Tauschgleichgewicht

Zur Bestimmung der relativen Preise zweier gegeneinander austauschbarer Güter benötigt man zwei grundlegende Annahmen:

(i) Jedes Individuum ist mit einem gegebenen Bestand zumindest des einen und / oder des anderen Guts ausgestattet.

(ii) Jeder Besitzer eines Guts hat eine Nachfragekurve für Gut (B), die gleichzeitig auch sein Angebot von Gut (A) widerspiegelt, und umgekehrt.

Verdeutlichen wir uns die Tauschsituation an einem kleinen Beispiel. Ein Haferbesitzer und ein Weizenbesitzer treten miteinander in Kontakt und wollen Teile ihres Güterbestands gegeneinander austauschen. Beide besitzen je 1 000 kg

---

[4] L. *Walras;* Elements, S. 70.

[5] Ebenda, S. 83.

Hafer bzw. 1 000 kg Weizen. Sie stellen sich vor, wieviel sie vom jeweils anderen Gut zu erstehen gewillt bzw. welche Menge des eigenen Guts sie dafür herzugeben bereit sind. Man sieht hier sehr deutlich, daß Angebot und Nachfrage untrennbar miteinander verbunden sind, denn eine Nachfrage impliziert pari passu ein Angebot.

Wenn wir das Tauschproblem formalisieren, ergeben sich folgende Zusammenhänge:

Der Weizenbesitzer hat folgende Budgetbeschränkung:

$$q_w = y_w(p_w) + d_h p_h = y_w(p_w) + f_h(p_h)\, p_h\,. \tag{1}$$

q_w ist der Anfangsbestand von Weizen, y_w die Weizenmenge, die er zurückhält (Eigennachfrage), d_h ist die Nachfrage des Weizenbesitzers nach Hafer und p_h ist der Haferpreis ausgedrückt in Weizen.

Für den Haferbesitzer gilt analog:

$$q_h = y_h(p_h) + d_w p_w = y_h(p_h) + f_w(p_w)\, p_w\,. \tag{2}$$

Die Nachfragefunktion nach Weizen lautet $d_w = f_w(p_w)$, die nach Hafer $d_h = f_h(p_h)$. Daraus läßt sich leicht das Weizen- bzw. Haferangebot ableiten. Zu beachten ist, daß das Angebot nur die andere Seite der Nachfrage darstellt, denn die Hafernachfrage des Weizenbesitzers impliziert das Weizenangebot. Das Weizenangebot ist gleich der vom Weizenbesitzer nachgefragten Hafermenge multipliziert mit dem relativen Haferpreis.

$$O_w = d_h p_h = f_h(p_h)\, p_h\,. \tag{3}$$

Da es sich bei p_h um den relativen Haferpreis handelt, also um den Haferpreis ausgedrückt in Weizeneinheiten, gilt folgende definitorische Beziehung:

$$p_h = \frac{1}{p_w}\,, \quad p_h p_w = 1\,. \tag{4}$$

Wenn wir (4) in (3) einsetzen, dann erhalten wir:

$$O_w = f_h(1/p_w)\, 1/p_w\,. \tag{3'}$$

Gleichung (3′) beschreibt das Weizenangebot als Funktion des Weizenpreises. Analoges gilt für die Haferangebotsfunktion. Die Form und der Verlauf der Angebotsfunktion für Weizen hängt von der Form der Hafernachfragefunktion ab. Wir können die Weizennachfrage zunächst geometrisch verdeutlichen (Graphik I.1.), indem wir, Walras folgend, den Preis als unabhängige Variable behandeln und der Einfachheit halber einen lineraren Verlauf unterstellen:

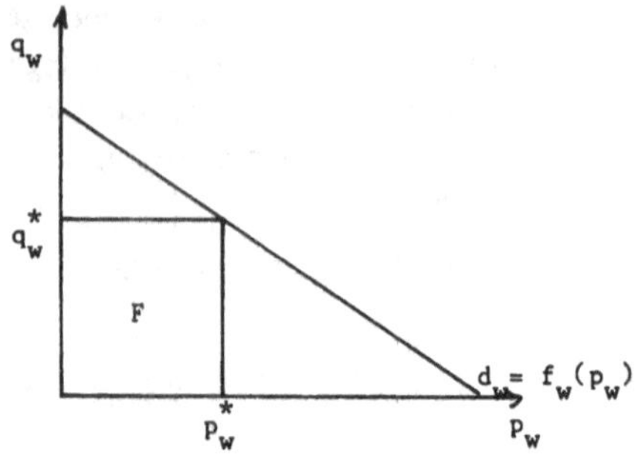

(Graphik I.1.)

Die Fläche F spiegelt das Haferangebot wider, denn

$$d_w^* p_w^* = f_w(p_w^*)\, p_w = f_w(1/p_h^*)\, 1/p_h^* = O_h^* \,.$$

Bei dem Haferpreis $p_h' = 1/p_w'$ ist sowohl die Weizennachfrage als auch das Haferangebot gleich Null. Das Haferangebot steigt zunächst mit steigendem Haferpreis und fällt dann asymptotisch gegen Null, wenn der Haferpreis gegen Unendlich geht.

Da

$$\frac{dO_h}{dp_h} = -\frac{1}{p_h^3} f_w' - \frac{1}{p_h^2} f_w = O$$

ist, erreicht das Haferangebot sein Maximum und einen Wendepunkt, wenn

$$\frac{1}{p_h} \cdot \frac{f'}{f_w} = -1$$

ist, also wenn die Elastizität der Weizennachfrage gleich eins ist.[6] Das Haferangebot wird ab einem bestimmten Haferpreis p_h' positiv, steigt dann mit dem Haferpreis bis zu einem Maximum an, fällt dann wieder und schmiegt sich asymptotisch an die Preisachse an (Graphik I.2.).

Gleichgewicht zwischen Angebot und Nachfrage herrscht, wenn das Weizenangebot gleich der Weizennachfrage und das Haferangebot gleich der Hafernachfrage ist.

$$f_h(p_h) = d_h = o_h = f_w(1/p_h)\, 1/p_h$$

und

$$f_w(p_w) = d_w = o_w = f_h(1/p_w)\, 1/p_w \,.$$

[6] Ein Sonderfall liegt vor, wenn die Weizennachfragefunktion eine gleichseitige Hyperbel ist. Dann ist das Haferangebot invariant gegenüber dem Haferpreis.

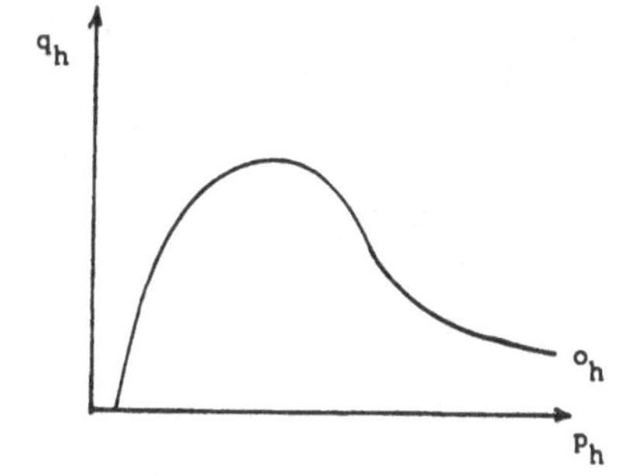

(Graphik I.2.)

Wenn die Angebotsfunktionen so verlaufen, wie wir sie gezeichnet haben (Graphik I.3.), gibt es eine Gleichgewichtslösung, vorausgesetzt, die Anfangsbestände von Hafer und Weizen sind nicht zu klein. Wären die Anfangsbestände von Hafer und Weizen von der Größe $\bar{q}_h$ bzw. $\bar{q}_w$, dann käme kein Tausch zustande.

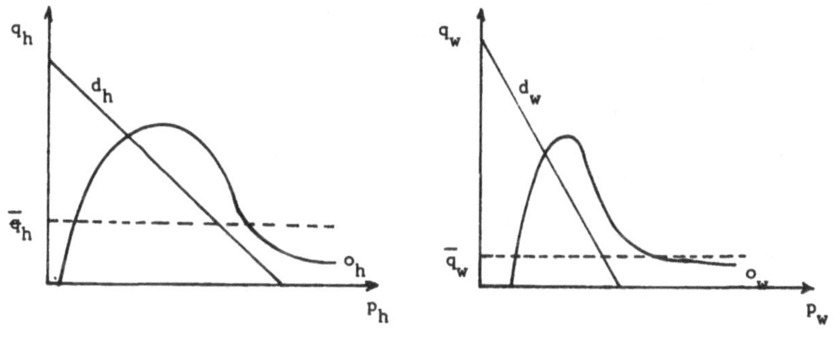

(Graphik I.3.)

Andere Komplikationen können auftreten, wenn sich Angebots- und Nachfragefunktion mehrfach schneiden. Es ergeben sich dann multiple Gleichgewichte, von denen einige nicht stabil sein können. Diese Probleme sollen an dieser Stelle jedoch nicht weiterverfolgt werden. Hier geht es vielmehr darum, auf die besondere Fassung des Angebotsbegriffs aufmerksam zu machen. Nicht die Nutzentheorie, die bestenfalls eine Begründung des empirischen Nachfrageverhaltens liefert, sondern die Ableitung des Angebots stellt die zentrale Innovation der Walrasschen Theorie dar.

> "Indeed, demand ought to be considered as the principal fact and offer as the accessory fact where two commodities are exchanged for each other in kind. (. . .) Offer is only a consequence of demand."[7]

[7] L. *Walras;* Elements, S. 89.

So wie die Nachfrage der Nutzenmaximierung bei gegebenen Preisen entspringt, so ist im Gleichgewicht der Preis, zu dem ein bestimmtes Angebot erfolgt, gleich dem Nutzenverlust, der durch die Hergabe einer marginalen Einheit des Anfangsbestands verursacht wird. Im Gleichgewicht muß der zusätzliche Nutzen, den der Weizenbesitzer von einer marginalen Hafermenge erhält, dem marginalen Nutzenentgang, den er durch die Aufgabe einer marginalen Weizenmenge hat, gleichen. Das Angebot ist daher keine selbständige Kraft, die im Zusammenspiel mit der Nachfrage die Preise regelt, sondern nur eine andere Form, die Nachfrage auszudrücken.

Die Voraussetzungen vorgegebener, fixierter Anfangsbestände ist die Basis, auf der Nachfrage- und Angebotskurven aufgebaut werden können. Wären die Anfangsbestände nicht gegeben, dann gäbe es keine obere Begrenzung der Nachfragekurve.[8] Gleichzeitig wäre dann aber auch der Angebotsbegriff hinfällig, denn der Nutzenverlust bei Aufgabe einer marginalen Menge des Anfangsbestands könnte nicht mehr definiert werden. Die Annahme gegebener und fixierter Anfangsausstattungen erweist sich somit als conditio sine qua non der Walrasschen Theorie. Unbedeutend für das Auffinden einer Gleichgewichtslösung ist dagegen die Annahme, daß die Gesamtmenge aller Anfangsausstattungen auf den Markt geworfen wird. Die Nachfragekurven nehmen dann (im Zwei-Güter-Fall) die Form gleichseitiger Hyperbeln an, und das Angebot ist invariant gegenüber dem Preis.[9]

Bevor wir uns dem Produktionsmodell zuwenden, sei noch angemerkt, daß die Erweiterung des Tauschmodells auf mehr als zwei Güter zwar keine grundsätzlich neuen Erkenntnisse liefert, daß aber einige technische Details hervortreten. Es sind dies Fragen, die im Zusammenhang mit der Wahl des Numéraires stehen, oder solche, die Bedingungen der Existenz eines Gleichgewichts behandeln. Für die uns interessierenden Fragestellungen sind diese Punkte nicht relevant.

3.2. Das Produktionsgleichgewicht

In seinem Produktionsmodell führt Walras die Produktion von Konsumgütern ein. Diese werden mit Hilfe gegebener, nichtreproduzierbarer Produktionsmittel produziert. Damit wird die für das Tauschmodell charakteristische Annahme gegebener Konsumgüterbestände durch die Annahme gegebener Produktionsmittelbestände ersetzt. Neben die Bestimmung der Konsumgüterpreise tritt jetzt noch die Aufgabe, die Preise der Produktionsmitteldienste zu determinieren. Hierzu ist es notwendig, aus der Konsumgüternachfrage die Nachfrage nach produktiven Diensten abzuleiten. Dies ist möglich, wenn man

— die Produktionstechnologie und
— die Art und Weise kennt, wie die Produktionstechnologie und die Preisbildung der In- und Outputs zusammenhängen.

[8] Vgl. Elements, S. 98.

[9] Vgl. Elements, S. 112-114.

Zum ersten Punkt ist zu sagen, daß Walras fixe Porduktionskoeffizienten annahm[10] und erst in Lektion 36 variable Koeffizienten berücksichtigte. Die Annahme fixer Koeffizienten bedeutet, daß die Technologie im Walrasschen Produktionsmodell, wie auch im folgenden Kapitalbildungsmodell, konstante Erträge aufweist.

Der im zweiten Punkt angesprochene Zusammenhang wird durch die Annahme von Konkurrenz begründet. Herrscht freie Konkurrenz, dann muß der Preis eines Guts seinen Produktionskosten entsprechen.

> "Equilibrium in production, which implies equilibrium in exchange, can now be easily defined. First, it is a state in which the effective demand and offer of productive services are equal (...).
>
> Secondly, it is a state in which the effective demand and supply of products are also equal (...).
>
> Finally, it is a state in which the selling prices of the products equal the cost of productive services that enter into them."[11]

Auf der Grundlage dieser zwei Punkte, sowie der Kenntnis des Tauschmodells, läßt sich das Walrassche Produktionsmodell konstruieren. Wir werden uns hier nicht der unübersichtlichen mathematischen Schreibweise Walras', sondern der modernen Vektor- und Matritzenschreibweise bedienen.

Beginnen wir das Produktionsmodell von der Faktorseite her aufzubauen. Walras unterschied zwei Arten von Faktoren: nichtreproduzierbare und reproduzierbare Produktionsmittel. Letztere werden im Produktionsmodell den nichtreproduzierbaren Produktionsmitteln gleichgesetzt. Erst im Kapitalbildungsmodell wird diese Unterscheidung wichtig, da dort die Produktion von Produktionsmitteln berücksichtigt wird.

Zur Einfachheit und ohne Beschränkung der Allgemeinheit nehmen wir an, daß die Faktorbesitzer unabhängig von den Preisen der Faktordienste die maximal mögliche Menge anbieten. Daher schreiben wir:

$$O_n = Q_n , \qquad (m) \tag{1}$$

$$O_k = Q_k , \qquad (l) \tag{2}$$

wobei O_n das Angebot nichtreproduzierbarer Produktionsmittel und O_k das Angebot reproduzierbarer Produktionsmittel bezeichnet. Q_n und Q_k sind die Vektoren der jeweiligen Anfangsausstattungen. O_n und Q_n sind jeweils $(m \times 1)$ Vektoren, O_k und Q_k sind jeweils $(l \times 1)$ Vektoren. Es gibt in diesem Modell also m nichtreproduzierbare und l reproduzierbare Produktionsmittel.

Um die Faktornachfrage aus der Konsumgüternachfrage abzuleiten, benötigen wir erstens die Konsumgüternachfrage selbst und zweitens die Produktionsgleichungen der Konsumgüter. Die Nachfrage nach den n Konsumgütern wird

[10] Vgl. Elements, S. 240.

[11] Elements, S. 224.

durch den ($n \times 1$) Vektor D_c symbolisiert. Die Nachfrage nach Konsumgütern ist eine Funktion der n Konsumgüterpreise p_n, der m Preise der Kapitaldienste nichtreproduzierbarer Kapitalgüter p_n und der l Preise der Kapitaldienste reproduzierbarer Kapitalgüter p_k.

$$D_c = F(p_c, p_n, p_k)\,. \qquad (n) \tag{3}$$

Die Preise der Konsumgüter müssen gleich ihren Produktionskosten sein, wobei die Konsumgüter mit Hilfe der Dienste der nichtreproduzierbaren und der reproduzierbaren Kapitalgüter hergestellt werden (Arbeit wird als nichtreproduzierbares Gut angesehen).

Die Matrix der Inputkoeffizienten nichtreproduzierbarer Kapitalgüter zur Produktion der Konsumgüter bezeichnen wir mit N, wobei N eine ($n \times m$) Matrix darstellt. Die Matrix B beinhaltet die Inputkoeffizienten der reproduzierbaren Kapitalgüter, die in der Konsumgüterproduktion verwendet werden. Die Matrix B ist eine ($m \times l$) Matrix.
Das Gleichungssystem für die Produktionskosten lautet:

$$p_c = Np_n + Bp_k\,. \qquad (n) \tag{4}$$

Die Nachfrage nach Inputs kann sofort abgeleitet werden:

$$D_n = N^T D_c\,,$$
$$D_k = B^T D_c\,.$$

Als Gleichgewichtsbedingung für den Faktormarkt erhalten wir:

$$O_n = N^T D_c\,, \qquad (m) \tag{5}$$
$$O_k = B^T D_c\,. \qquad (l) \tag{6}$$

Damit haben wir alle Gleichungen, die wir zur Lösung des Modells benötigen, spezifiziert. Wir müssen, um die Lösung des Modells zu finden, zunächst untersuchen, ob die Anzahl der Gleichungen denen der Unbekannten entspricht. Wir haben $2l + 2m + 2n$ Gleichungen. Als Unbekannte haben wir die Vektoren (O_n, O_k, D_c, p_c, p_n, p_k), also auch $2l + 2m + 2n$ Variable, so daß die Mindestvoraussetzung einer Lösung — die Übereinstimmung der Anzahl der Gleichungen mit der der Variablen — gegeben ist. Unter Berücksichtigung des Walras-Gesetzes reduziert sich die Anzahl der Gleichungen um eine. Da wir aber auch einen Preis zum Numéraire machen müssen, reduziert sich die Anzahl der Variablen auch um eine, so daß wieder Gleichheit zwischen der Anzahl der Unbekannten und der der Gleichungen besteht.

Während im Tauschmodell die fundamentale Symmetrie zwischen Nutzenzuwachs und Nutzenentgang der Tauschpartner bestand, besteht die Symmetrie im Produktionsmodell zwischen dem Nutzenzuwachs der Faktorbesitzer durch Konsumgüterkäufe und dem Nutzenverlust durch das Angebot von Faktordiensten. Wenn wir die Daten des Tauschmodells mit den Daten des Produktionsmodells vergleichen, fällt die strukturelle Ähnlichkeit der beiden Modelle sofort auf.

Tauschmodell	Produktionsmodell
(a) Die Nutzenfunktionen der einzelnen Wirtschaftssubjekte	(a) Die Nutzenfunktionen der einzelnen Wirtschaftssubjekte
(b) Die Anfangsausstattungen mit Konsumgütern	(b) Die Technologie
(c) Die Verteilung der Anfangsausstattungen	(c) Die Anfangsausstattungen mit Faktoren
	(d) Die Verteilung der Anfangsausstattungen zwischen den Wirtschaftssubjekten

Worin der Unterschied zwischen beiden Modellen besteht, erfahren wir von Walras selbst:

> "It is evident, now, that the theory of production, like that of exchange, starts with the problem of the attainment of the maximum satisfaction of wants by each trading party (. . .). The only difference is that services take the place of commodities. In fact, in the mechanism of production, services are exchanged for services."[12]

Die vielleicht gehegte Vermutung, daß die Einführung der Produktion dem Preisbildungsprozeß eine andere Dimension gibt, erweist sich als hinfällig. Im Walrasschen Modell wird Produktion auf Tausch, nämlich den Tausch von Diensten reduziert. Dieses Walrassche Produktionsmodell stellt noch heute die Ausgangsbasis der allgemeinen Gleichgewichtstheorie dar, obwohl es, wie Wicksell hervorhob, nur ein Baustein der Theorie sein sollte.

> „(. . .) in der Produktionslehre werden wir uns zuerst mit der ‚kapitallosen' Produktion beschäftigen, obgleich eine solche bis zur Unkenntlichkeit von der tatsächlichen Produktion verschieden sein würde, ja, streng genommen, in der Wirklichkeit gar nicht vorkommen kann. In allen solchen Fällen werden natürlich die Resultate nicht einmal approximativ richtig ausfallen, sondern rein hypothetisch sein; aber die Untersuchung ist darum nicht wertlos. Sie bildet vielmehr ein notwendiges Element der richtigen, vollständigen Lösung des behandelten Problems (. . .)."[13]

3.3. Das Kapitalbildungsgleichgewicht

Im Kapitalbildungsmodell ist nun endlich der Komplexitätsgrad erreicht, der es gestattet, dem Ansatz Walras', zumindest für den güterwirtschaftlichen Aspekt, theoretische Relevanz zuzusprechen. Die beiden anderen Modelle

[12] L. *Walras;* „Geometrical Theory of the Determination of Prices", in: Elements, Appendix I, S. 478.

[13] K. *Wicksell;* Vorlesungen über Nationalökonomie, Bd. I, Jena 1913, Neudruck Aalen 1969, S. 12.

liefern nur Bausteine und können somit keinen Anspruch auf die Erklärung ökonomischer Vorgänge geltend machen. Erst das in diesem Abschnitt präsentierte Modell kann einen Erklärungsanspruch erheben, da es einen wesentlichen Aspekt ökonomischer Produktionsvorgänge behandelt, der im Produktionsmodell ausgeklammert ist. Es handelt sich um die Produktion von Produktionsmitteln oder, um es mit Wicksell auszudrücken, um die „kapitalistische" Produktion.[14] Es geht jetzt um die Konstruktion einer Theorie, in der

> „die Frage der Kapitalbildung oder des Sparens — Produktion ohne entsprechende Konsumtion —"[15]

nicht mißachtet wird.

Durch die Berücksichtigung produzierter Produktionsmittel erweitert sich das Produktionsmodell um einige Gleichungen und Variable. Es gilt jetzt, die l Preise P_k und die l Nachfragemengen D_k der produzierten Produktionsmittel, sowie den Wert der gesamtwirtschaftlichen Ersparnis S festzulegen, und schließlich muß die Profitrate i (rate of net income) endogen bestimmt werden.

Im Produktionsmodell gab es keine Profitrate zu bestimmen, da Kapitalgüter nur zur Produktion von Konsumgütern eingesetzt wurden und somit eine „Wertübertragung" von den Konsumgütern auf die Kapitalgüter stattfand. Jetzt werden Kapitalgüter produziert, um Kapitalgüter und Konsumgüter herzustellen. Der entscheidende Unterschied zum Produktionsmodell besteht darin, daß jetzt zu der Nachfrage nach Konsumgütern und Faktordiensten (services) eine Nachfrage nach Kapitalgütern hinzutritt. Wozu aber werden Kapitalgüter nachgefragt? Walras antwortet:

> "They are demanded because of the land-services, labour and capital-services they render, or better, because of the rent, wages and interest which these services yield."[16]

Einige Zeilen weiter fährt er fort:

> "The price of a capital good depends essentially on the price of its services, that is to say, on its income."[17]

Walras unterschied in dieser Definition den Preis des Kapitalguts vom Preis des Kapitaldienstes. Beide Preise sind über die Profitrate miteinander verknüpft, und zwar ergibt sich die Profitrate aus dem Verhältnis zwischen dem Preis des Kapitaldienstes und dem Preis des Kapitalgutes.[18]

---

[14] Vgl. K. *Wicksell;* Vorlesungen . . ., Bd. I, S. 207.

[15] Ebenda, S. 8.

[16] Elements, S. 267.

[17] L. *Walras;* Elements, S. 267.

[18] Walras berücksichtigte noch die Abschreibungs- und Versicherungsraten (ν und γ), die einen Prozentsatz vom Preis des Kapitalguts darstellen. Dadurch ergibt sich bei Walras die folgende Formel für die Profitrate:

$$i = \frac{p_k - (\nu + \gamma) P_k}{P_k}.$$

(1) $$i = \frac{p_k}{P_k}.$$

Im Gleichgewicht muß die Profitrate für alle Kapitalgüter gleich sein.[19]

Um die Ersparnis in seinen multisektoralen Ansatz einführen zu können, mußte Walras zu einem kleinen Kunstgriff Zuflucht nehmen, denn neben Konsumgütern mußte jetzt noch ein Gut eingeführt werden, das die Ersparnis des Konsumenten repräsentiert. Hierzu definierte er ein Gut (E)[20], das pro Einheit einen ewigen Einkommensstrom mit der endogen zu bestimmenden Profitrate i liefert. Der Preis einer Einheit von Gut (E) p_e ist daher $p_e = 1/i$. Das Gleichgewicht des Konsumenten ist erreicht, wenn das Verhältnis zwischen dem Grenznutzen einer bestimmten Menge von (E) und dem Preis einer Einheit desselben gleich dem Verhältnis zwischen dem Grenznutzen irgendeines gekauften Guts zu dessen Preis ist.[21]

Summiert man über die einzelnen Konsumenten, so ergibt sich die gesamtwirtschaftliche Nachfrage nach Gut (E):

$$D_e = F_e(p_k, p_n, p_c, i).$$

Der Wert der gesamtwirtschaftlichen Ersparnis S ausgedrückt in Einheiten des Numéraires ist:

(1) $$S = D_e p_e = G_e(p_k, p_n, p_c, i).$$

Die Ersparnis ist somit eine Wertgröße, deren materielles Substrat aus einem „imaginären" Gut (E) besteht. So fragwürdig diese Konstruktion auch ist, so deutlich macht sie doch, daß Walras die Ersparnis als eine homogene Größe konzipierte.

Diese Ersparnis ist die positive Differenz zwischen Einkommen und Konsum und stellt die „Finanzierungsgrundlage" der Produktion neuer Kapitalgüter dar, so daß im Gleichgewicht der Wert der Ersparnis gleich dem Wert der nachgefragten neu produzierten Kapitalgüter sein muß:

(1) $$S = P_k^T D_k.$$

Endlich gilt, wie für alle anderen Güter, daß die Preise der neu produzierten Kapitalgüter gleich ihren Produktionskosten sein müssen:

(1) $$P_k = Ap_k + Mp_n.$$

Die Behandlung der Abschreibung bei Walras offenbart, daß er von Kapitalgütern mit konstanter Effizienz und unendlicher Lebensdauer ausging. Eine korrekte Behandlung der Abschreibung erfordert es, die Kapitalgüter als Kuppelprodukte zu behandeln. Vgl. hierzu: B. *Schefold;* Theorie der Kuppelproduktion, Basel 1971.

[19] Vgl. Elements, S. 268-269.

[20] Vgl. Elements, S. 274-275. Man könnte sich hier ein Wertpapier ähnlich den „British Consols" vorstellen.

[21] Vgl. Elements, S. 125 und S. 275.

A ist eine quadratische ($l \times l$)-Matrix, deren Elemente a_{ij} angeben, wieviel von dem reproduzierbaren Kapitalgut i benötigt wird, um eine Einheit des Kapitalgutes j herstellen zu können. M ist eine ($m \times l$)-Matrix, deren Elemente m_{ij} angeben, welche Menge des *nicht*reproduzierbaren Inputs i benötigt wird, um eine Einheit des Kapitalguts j herzustellen.

Zum Zwecke der Transparenz werden wir jetzt das Produktionsmodell und das Kapitalbildungsmodell nebeneinander halten:

Produktionsmodell			Kapitalbildungsmodell		
(P1)	$D_c = F_c(p_k, p_n, p_c)$	(n)	(K 1)	$D_c = F_c(p_k, p_n, p_c, i)$	(n)
(P2)	$O_n = N^T D_c$	(m)	(K 2)	$S = G_e(p_k, p_n, p_c, i)$	(1)
(P3)	$O_k = B^T D_c$	(l)	(K 3)	$O_n = N^T D_c + M^T D_k$	(m)
(P4)	$O_n = Q_n$	(m)	(K 4)	$O_k = B^T D_c + A^T D_k$	(l)
(P5)	$O_k = Q_k$	(l)	(K 5)	$O_n = Q_n$	(m)
(P6)	$p_c = Bp_k + Np_n$	(n)	(K 6)	$O_k = Q_k$	(l)
			(K 7)	$p_c = Bp_k + Np_n$	(n)
			(K 8)	$P_k = Ap_k + Mp_n$	(l)
			(K 9)	$P_k = 1/i\, p_k$	(l)
			(K10)	$S = P_k D_k$	(1)
Gleichungen: $2l + 2m + 2n$			Gleichungen: $4l + 2m + 2n + 2$		
Variable: $2l + 2m + 2n$			Variable: $4l + 2m + 2n + 2$		

Im Kapitalbildungsmodell ist die Anzahl der Gleichungen um $2l + 2$ Gleichungen ((K2), (K8), (K9), und (K10)) erweitert worden. Die Anzahl der Variablen hat sich um den l-Vektor der Kapitalgüterpreise P_k, den l-Vektor der Kapitalgüternachfragen D_k, den Skalar der Ersparnis und den der Profitrate i erweitert. Damit haben wir $2l + 2$ zusätzliche Variable, so daß die Anzahl der Gleichungen mit der der Variablen übereinstimmt.

Die exogenen Daten des Modells sind:

(a) die individuellen Nutzenfunktionen, in denen neben den Konsumgüterpräferenzen jetzt auch die Präferenz für Gut (E), also die Ersparnis, berücksichtigt wird;

(b) die Produktionstechnologien für Konsum- und Kapitalgüter;

(c) die Anfangsausstattungen der nichtreproduzierbaren und der reproduzierbaren Kapitalgüter;

(d) die Verteilung der Anfangsausstattungen zwischen den einzelnen Wirtschaftssubjekten.

Wie schon beim Übergang vom Tauschmodell zum Produktionsmodell, so erweist sich auch beim Übergang zum Kapitalbildungsmodell, daß die zusätzlichen Gleichungen den Kerngedanken des Walrasschen Ansatzes, nämlich die Reduktion ökonomischer Vorgänge auf den Tausch, nicht berühren. Die Bestimmung des Gleichgewichts im Kapitalbildungsmodell erfolgt einzig und allein durch den „Tausch" der Ersparnisse gegen neu produzierte Kapitalgüter.

"Thus equilibrium in capital formation ... will be established effectively by the reciprocal exchange between savings to be accumulated and new capital goods to be supplied within a given period of time, during which no change in the data is allowed."[22]

In diesem Zusammenhang sei darauf aufmerksam gemacht, daß die Existenz einer positiven Nettoersparnis für eine Gleichgewichtslösung mit positiver Profitrate notwendig ist. Da bei Walras eine positive Nettoersparnis gleichbedeutend mit einer wachsenden Ökonomie ist[23], kann eine positive Profitrate nur in einer wachsenden Ökonomie existieren, niemals aber in einer stationären oder schrumpfenden Wirtschaft. Den Grund für diese auf den ersten Blick weniger einleuchtende These werden wir noch im Zusammenhang mit der Kritik am Walrasschen Kapitalbildungsmodell ansprechen.

Tragende Kritiken an diesem Modell sind spärlich. Grundlegende Untersuchungen hierzu legten P. Garegnani[24], M. Morishima[25] und J. L. Eatwell[26] vor.

4. Probleme der Existenz eines Kapitalbildungsgleichgewichts

4.1. Garegnanis Kritik

Die erste grundlegende Kritik an Walras' Modell findet sich bei Garegnani. Er zeigte, daß die von Walras im Kapitalbildungsmodell eingeführten $2l+2$ Gleichungen nicht hinreichen, um die neuen $2l+2$ Variablen zu bestimmen. Um dies zu verdeutlichen, reduzierte er die vier neu eingeführten Gleichungssysteme (K2, K8, K9, K10), auf ein reduziertes System mit $l+1$ Gleichungen:

(1) (A) $$1/ip_k = Ap_k + Mp_n \quad (l)$$

(1) (B) $$1/ip_k D_k = G_e(p_k, p_n, p_c, i) \quad (1)$$

Ganz im Sinne von Walras, der, wie wir schon zeigten, das Kapitalbildungsgleichgewicht als durch den Austausch zwischen Ersparnissen und neu produzierten Kapitalgütern determiniert begriff, ging Garegnani davon aus, daß die Profitrate den zentralen Einfluß auf den Ausgleich zwischen Sparen und der Nachfrage nach Kapitalgütern ausübt. Er vernachlässigte zunächst Variationen der Preisvektoren p_c, p_n und p_k. Er folgte damit der Walrasschen Approximationsmethode und behandelte sie als gegeben.[27] Damit bleiben nur noch $l+1$ Variable, nämlich D_k und i, und $l+1$ Gleichungen zu bestimmen, aber:

---

[22] L. *Walras;* Elements, S. 282-283.

[23] Vgl. Elements, S. 269.

[24] P. *Garegnani;* Il Capitale nelle Theorie della Distribuzione, Milan 1960.

[25] M. *Morishima;* Equilibrium, Stability and Growth, Oxford 1964.

[26] J. L. *Eatwell;* Scarce and Produced Commodities, unveröffentlichte Dissertation, Harvard 1975.

[27] Vgl. Elements, S. 479.

«Dans les l équations du système (A), toutes les variables peuvent être considérées comme données sauf une: le taux d'intérêt i. Nous avons ainsi un cas de surdétermination: l équations indépendantes avec une seule inconnue.»[28]

Für Gleichung (B) ergibt sich das umgekehrte Problem:

«En second lieu, même si l'on avait un taux d'intérêt à placer à droite de l'équation, on ne serait à même de déterminer les l quantités D_k, $D_{k'}$, $D_{k''}$ . . . car on aurait l inconnues et une seule équation: c'est l'autre ‹face› de l'impossibilité à déterminer un taux unique de rendement net des différents types de biens-capitaux.»[29]

Daraus folgt, daß System (A) für l-Werte von i gelöst werden kann; wir brauchen aber nur einen einzigen. In (B) kann man mit einer einzigen Gleichung nicht l Unbekannte (D_k) bestimmen.

Um dieses Problem zu lösen, griff Walras auf die Gleichungen (K3) und (K4) zurück. Der Sinn dieses Rückgriffs besteht darin, die Preise der Faktordienste (p_k, p_n) und damit die Preise und die Produktionskosten als eine Funktion der Menge der neu produzierten Kapitalgüter auszudrücken. Damit ist die Möglichkeit eröffnet, durch Variationen in der Zusammensetzung des Outputs neu produzierter Kapitalgüter eine uniforme Profitrate, d. h. einen einzigen Wert für i zu finden. Diesen Rettungsversuch mußte Walras mit einer theoretisch unbefriedigenden Konsequenz bezahlen.

«Supposons, en effet, que, à cause de variation suffisamment fortes des quantités de biens-capitaux neufs produits, on puisse obtenir l'égalité de taux de rendements net; la possibilité d'obtenir de fait cette égalité dépend alors du montand des épargnes courantes: les variations possibles dans les quantités produites des biens-capitaux neufs et dans leurs coûts de production peuvent être d'autant plus grandes que les épargnes par unité de temps sont plus grande, et il est donc d'autant plus probable d'obtenir l'égalité entre les taux de rendement net. Cela nous amène à la surprenante conclusion que l'existence même d'un taux de rendement net uniforme sur tous les biens-capitaux, et donc l'existence même d'une position d'équilibre, quand elle est possible, dépend de l'existence d'un montant d'épargnes courantes qui dépasse un niveau minimum déterminé. A l'évidence quelque chose ne va pas dans la théorie qui nous impose cette conclusion.

L'erreur réside dans l'idée que la distribution des épargnes entre les biens-capitaux est déterminée, à l'équilibre, par la nécessité d'égaliser les taux de rendement net par des changement dans les coûts des production. Si l'équlilibre existe, les taux de rendements net sur tous les biens de ces capitaux productibles doivent être égaux tant dans le cas où l'on a des épargnes nettes que dans le cas où ces épargnes n'existent pas: (. . .)»[30]

Walras selbst hatte dieses Problem schon angedeutet:

"(. . .) it is not all certain that the amount of savings will be adequate for the manufacture of new fixed capital goods proper in just such quantities as will satisfy the last l equations of the above system."[31]

[28] P. *Garegnani;* Le capital dans les théories de la répartion, Paris 1980, S. 95. (Französische Übersetzung der italienischen Ausgabe.)

[29] Ebenda, S. 96.

[30] P. *Garegnani;* Le capital dans les théories de la répartition, S. 104-105.

Diese Argumente verdeutlichen, weshalb Walras der Ansicht zuneigte, daß es nur in einer wachsenden Ökonomie eine positive Profitrate geben könne. Wenn nämlich die Nettoersparnis null ist, dann ergibt sich aus Gleichung (K10), daß die Profitrate null sein muß, wenn $D_k \geq 0$ und $p_k \geq 0$ sind.

Garegnanis Kritik zeigt die Probleme in Walras' Theorie der Kapitalbildung auf. Sie geht aber nicht weit über die von Walras selbst angedeutete Vermutung hinaus. Eine wirkliche Konsistenzprüfung nahm erstmals 1975 J. Eatwell vor.

4.2. Die Kritik J. L. Eatwells

Eatwell untersuchte das Existenzproblem für zwei verschiedene Fälle. Zunächst berücksichtigte er nur reproduzierbare Kapitalgüter, und im zweiten Schritt ließ er dann auch *nicht*reproduzierbare Produktionsmittel zu. Schließlich konfrontierte er seine Ergebnisse mit den Lösungsvorschlägen von J. Schwartz[32] und M. Morishima.[33]

Wir können hier nicht alle Ausführungen Eatwells berücksichtigen, aber angesichts der Gewichtigkeit seiner Argumente zur Beurteilung der Walrasschen Theorie einerseits und des nicht gerade leichten Zugangs zu dieser Quelle andererseits möchte ich seine zentralen Argumente hier wiedergeben. Ich werde mich auf den Fall reproduzierbarer Kapitalgüter beschränken und auf seine Kritik an Morishimas Lösungsvorschlag eingehen.

Eatwell legt den Schwerpunkt seiner Untersuchung auf die Frage, ob eine ökonomisch sinnvolle Lösung *möglich* ist, und untersucht nicht, ob sie unter geeigneten Annahmen auch erreicht werden kann.

Betrachten wir also das Gleichungssystem (K1)-(K10) und modifizieren es für den Fall, in dem *nicht*reproduzierbare Kapitalgüter ausgeschlossen sind. Hierzu werden alle Preise und Mengen, die sich auf solche Kapitalgüter beziehen, eliminiert. Die Gleichung (K8) reduziert sich auf die folgende Form:

$$P_k = Ap_k\,,$$

und wenn wir (K9) in diese einsetzen, erhalten wir.

$$1/ip_k = Ap_k$$

und somit

$$(1/iI - A)\,p_k = 0\,.$$

[31] Vgl. Elements, S. 308.

[32] J. T. *Schwartz;* Lectures on the Mathematical Method in Analytical Economics, New York, 1961.

[33] M. *Morishima;* Equilibrium, Stability and Growth, Cambridge 1964, Appendix zu Kapitel III.

Dieses Gleichungssystem besitzt außer der Triviallösung $p_k = 0$ noch andere Lösungen, wenn die Matrix A eine nichtnegative, unzerlegbare und quadratische Matrix ist. Es gibt dann nur einen Wert der n charakteristischen Wurzeln $\lambda_j\,(=1/i)$, bei dem der entsprechende Eigenvektor p_k positiv ist.[34] Damit sind i und p_k simultan determiniert.

Durch (K7) wird der Konsumgüterpreisvektor bestimmt. Somit ist auch die Konsumgüternachfrage (K1) und die Ersparnis (K2) eindeutig festgelegt. Lediglich die Nachfrage nach Kapitalgütern bleibt zu bestimmen. Das Gleichungssystem wurde somit auf die Gleichungen (K4) und (K10) reduziert. Bevor wir uns der Bestimmung der Kapitalgüternachfrage zuwenden, sei hier noch kurz angemerkt, daß im Gleichgewicht die Nachfrage nach Kapitaldiensten dem Bestand der Kapitaldienste gleicht, da alle p_k positiv sind. Wäre die Nachfrage kleiner als der Bestand, dann müßten die entsprechenden Preise gleich Null sein — ein Ergebnis, das sich nicht mit der Annahme einer uniformen Profitrate verträgt.

Zurück zur Frage der Bestimmung der Kapitalgüternachfrage. Wir gehen das Problem am besten über die Kreislaufbedingung an. Nach dem Walras-Gesetz gilt, daß der Wert aller Konsumgüterkäufe plus dem gesamten Sparen dem verdienten Einkommen gleicht:

(1) $$p_c^T D_c + S = p_k^T Q_k\,.$$

Weiterhin muß gelten, daß die Preise der Konsumgüter ihren Produktionskosten entsprechen, so daß der Wert des Konsumgüteroutputs gleich dem Wert der in ihrer Produktion genutzten Dienste ist.

(2) $$p_c^T D_c = p_k^T Q_k^c\,,$$

Wobei Q_k^c den Vektor der in der Konsumgüterproduktion genutzten Kapitalgütermengen darstellt. Wenn wir (2) in (1) einsetzen, dann läßt sich die Ersparnis auch als Differenz zwischen dem Wert der insgesamt vorhandenen Kapitaldienste und dem Wert der in der Konsumgüterproduktion benötigten Kapitaldienste ausdrücken:

(3) $$S = p_k^T Q_k - p_k^T Q_k^c = p_k^T Q_k^a\,,$$

wobei Q_k^a den Vektor der Kapitaldienste bezeichnet, die zur Produktion von Kapitalgütern *übrig*bleiben. Dagegen ergibt sich der Kapitalgüterdienstbestand, der zur Produktion neuer Kapitalgüter (Q_k^r) *benötigt* wird, aus (K10), (K4) und (K6). Es gilt:

$$S = P_k^T D_k \text{ und } Q_k^r = A^T D_k\,.$$

[34] Vgl. W. *Gröbner;* Matrizenrechnung, Mannheim 1966, S. 156-175 (Satz von Frobenius über Eigenwerte).

Daraus folgt:

(4) $$S = P_k^T \, (A^T)^{-1} Q_k^r .$$

Da aus (K8) folgt, daß

$$p_k^T = P_k^T \, (A^T)^{-1}$$

ist, erhalten wir

(5) $$S = p_k^T Q_k^r = p_k^T Q_k^a .$$

Der Wert der für die Kapitalgüterproduktion *übrig*gebliebenen Kapitaldienste muß gleich der Ersparnis und gleich dem Wert der für die Kapitalgüterproduktion *erforderlichen* Kapitaldienste sein.

Gleichung (5) liefert nur dann eine konsistente Lösung, wenn $Q_k^a = Q_k^r$ ist, d.h. wenn ein Nachfragevektor für neu produzierte Kapitalgüter existiert, der dieser Bedingung genügt. Alle Elemente von D_k müssen nichtnegativ sein, woraus folgt, daß alle Inputs nichtnegativ zu sein haben:

(6) $$D_k = (A^T)^{-1} Q_k^r \geq 0 \, , \; Q_k^r \geq 0 \, .$$

Es gibt aber keine Bedingung im Modell, die sichert, daß auch $Q_k^a \geq 0$ ist, so daß die Gleichheit zwischen Q_k^r und Q_k^a in Frage gestellt ist. Zwar ist die Anfangsausstattung unzweifelhaft nichtnegativ, aber es kann eine aus der Konsumgüternachfrage abgeleitete Kapitaldienstnachfrage geben, der kein entsprechendes Kapitaldienstangebot entgegensteht, da gerade ein erforderlicher Kapitaldienst in der definitionsgemäß zufälligen Anfangsausstattung nicht vorhanden ist, d.h.

> "the solution may imply that the amount of any one element of the endowment available for the production of new capital goods would be negative, to the extent of $-\sum_j b_{jc} D_c$, the quantity of capital good j used in the production of consumption goods."[35]

Daß ein Element von Q_k^a kleiner als null ist, kann somit nicht ausgeschlossen werden, vielmehr ist die Menge $Q_k^a = -B^T D_c$ begrenzt. Damit kann die Gleichheit von Q_k^r und Q_k^a nicht gewährleistet werden, sondern ist reiner Zufall.

Darüber hinaus kann das System trotz der Einhaltung der Nichtnegativitätsbedingung für Q_k^a inkonsistent sein. Die Vektoren, die (6) erfüllen, liegen in einem konvexen Kegel innerhalb des positiven Orthanten, da sie Linearkombinationen der Spalten der Matrix A sind. Da die Matrix A nichtnegativ ist, sind alle positiven Linearkombinationen ebenfalls positiv. Allerdings umfaßt diese

[35] J. L. *Eatwell;* Scarce and Produced Commodities, S. 218.

Kegeltechnologie nicht den gesamten positiven Orthanten.[36] Wenn daher der *übrig*gebliebene Kapitalgüterbestand außerhalb des durch den Vektor des *erforderlichen* Kapitalgüterbestands aufgespannten Kegels liegt, dann kann Gleichung (6) nicht erfüllt werden.

Dies ist eine hinreichende Kritik und der Grund dafür, daß spätere Lösungsansätze hier mit einer Ungleichung operieren. Ob das jedoch zur Problemlösung beiträgt, diskutiert Eatwell im Zusammenhang mit Morishimas Lösungsversuch. Bevor wir uns diesem Problem zuwenden, sei der Vollständigkeit halber noch darauf hingewiesen, daß die Einführung *nicht*reproduzierbarer Produktionsmittel sowie die Berücksichtigung variabler Inputkoeffizienten am hier aufgezeigten Grundproblem nichts ändern.

4.3. Eatwells Kritik an Morishimas Lösungsvorschlag

Morishima liefert einen Existenzbeweis für das Walrassche Kapitalbildungsmodell,[37] das die Probleme mit nicht adäquaten Anfangsbeständen beheben sollte. Hierzu ersetzt er Gleichung (K8) durch die Ungleichung:

$$P_k \leq Ap_k + Mp_n .$$

Sie besagt, daß die Preise der neu produzierten Kapitalgüter kleiner oder gleich ihren Produktionskosten sein können, jedoch mit der Einschränkung, daß Kapitalgüter, deren Preise kleiner als die Produktionskosten sind, nicht produziert werden. Selbst wenn die Einführung von Ungleichungen für die Lösbarkeit des Gesamtsystems sorgt, so verliert das Modell gerade wegen der Ungleichungen ein wesentliches Charakteristikum der langen Periode, nämlich das der uniformen Profitrate. Denn falls der Preis eines neu zu produzierenden Kapitalguts niedriger als dessen Produktionskosten ist, dann wäre auch die Profitrate, berechnet auf der Basis dieses Guts, kleiner als die Profitrate eines anderen Kapitalguts, dessen Preis gleich seinen Produktionskosten ist.

Darüber hinaus ist jetzt aber zu untersuchen, ob trotz der Einführung von Ungleichungen eine Lösung existiert und unter welchen Bedingungen sie möglich ist. Um das zu analysieren, machte Eatwell einige, den Allgemeinheitsgrad jedoch nicht einschränkende Annahmen. So geht er wie bisher von konstanten Inputkoeffizienten aus und nimmt an, daß alle Produktionsmittel reproduzierbar sind. Weiterhin soll mindestens ein Inputkoeffizient eines jeden aktivierten Prozesses positiv sein. Unter diesen Voraussetzungen stößt die Lösbarkeit des Gleichungssystems wieder auf die grundsätzliche Problematik, daß der Vektor der *erforderlichen* Kapitalgüterdienste Q_k^r nicht gleich dem

[36] Sie würde den gesamten positiven Orthanten umfassen, wenn jeder Faktor der einzige Input für mindestens eine Ware wäre. Vgl. R. *Dorfman*, P. A. *Samuelson*, R. *Solow;* Linear Programming and Economic Analysis, New York 1958, S. 502.

[37] Vgl. M. *Morishima;* Equilibrium, Stability, and Growth, Anhang zu Kapitel III.

Vektor der aus der Konsumgüterproduktion *übrig*gebliebenen Kapitalgüterdienste Q_k^a zu sein braucht. Es ist daher möglich, daß einige Elemente von Q_k^a größer als die entsprechenden in Q_k^r sind. Andere Elemente von Q_k^a können wiederum kleiner als die in Q_k^r sein. Sind die Elemente in Q_k^a größer als die in Q_k^r, dann sind die *erforderlichen* Kapitaldienste in der Kapitalgüterproduktion bei den herrschenden Preisen kleiner als die *erhältlichen* Kapitaldienste, d. h. die Kapitaldienste, die *übrig*bleiben, wenn man die in der Konsumgüterproduktion erforderlichen Kapitaldienste vom gegebenen Gesamtbestand subtrahiert. Sind dagegen einige Elemente von Q_k^r größer als die in Q_k^a, dann sind die *erforderlichen* Kapitaldienste zur Produktion bestimmter Kapitalgüter größer, als die *erhältlichen* Kapitaldienste. In diesem Fall ist die Anfangsausstattung mit Kapitaldiensten kleiner als die in der gesamten Produktion erforderlichen Menge.

Um diese Diskrepanz auf der Mengenebene zu beheben, wird der Output des Kapitalguts j, bei dem das Verhältnis

$$\frac{q_j^a - q_j^r}{q_j}$$

am größten ist, gleich null gesetzt. Wenn die *erforderliche* Menge des Kapitaldienstes j kleiner als die *übrig*gebliebene Menge ist, dann liegt für Kapitaldienst j ein Überschußangebot vor. Da das Kapitalgut j nicht mehr produziert wird, kann es keinen Produktionspreis, sondern nur einen Knappheitspreis , der unter dem Produktionspreis liegen muß, haben. Dies fördert den Konsum von j-intensiven Konsumgütern. Durch die im Konsumgüterbereich eintretende Substitution werden andere Kapitaldienste weniger eingesetzt, was bedeutet, daß sich die Menge der *übrig*gebliebenen Kapitaldienste — j ausgenommen — erhöht und somit die Überschußnachfrage nach anderen Kapitaldiensten zu verringern hilft.

Wenn das Kapitalgut j nicht mehr produziert wird, weil für seinen Kapitaldienst ein Überschußangebot vorliegt, dann hat Kapitalgut j den Charakter eines *nicht*reproduzierbaren Kapitalguts. Es fällt daher aus der Menge der reproduzierbaren Kapitalgüter heraus und kann somit zur Herstellung einer uniformen Profitrate nichts beitragen. Somit ist nach dem nächsten reproduzierbaren Kapitalgut, bei dem das Verhältnis

$$\frac{q_k^a - q_k^r}{q_k} \cdot k = 1, \ldots, l$$

am größten ist, zu suchen und wie beschrieben zu verfahren. Da es a priori keinen Grund gibt, der gewährleistet, daß schon nach wenigen Schritten die Gleichheit zwischen Q_k^r und Q_k^a hergestellt ist, kann der Eliminationsprozeß solange fortgesetzt werden, bis nur noch ein reproduzierbares Kapitalgut vorhanden ist.

"Since the initial endowment is arbitrary it cannot be claimed that in such a case the existence of an equilibrium to the equations has been proven — since in general, for all circumstances, it has not. A configuration of the endowment can always be found which would result in the elimination being taken a stage further. Each stage of the elimination merely recreates this situation, and thus there is no reason to believe that the process will cease.

The process of elimination may thus continue until only two capital goods remain in production, and l-2 capital goods are consigned to the category of non-produced means of production."[38]

Aber selbst für den Fall, daß nur noch zwei reproduzierbare Kapitalgüter vorhanden sind, kann nicht a priori gesichert werden, daß für keines der beiden ein Überschußangebot vorliegt. Existiert für einen der beiden ein Überschußangebot, so bleibt nur noch ein Kapitalgut übrig und somit gibt es nur noch einen Wert, den die Profitrate annehmen kann.

"The only case in which there must necessarily be a solution to the system ist that in which only one capital good is produced."[39]

Selbst in einem verbesserten Walrasschen Kapitalbildungsmodell wird somit nur dann eine allgemeine Lösung existieren, wenn die Anzahl der reproduzierbaren Kapitalgüter auf ein einziges Kapitalgut reduziert wird. Der Versuch, mit dem Walrasschen Ansatz einerseits die Heterogenität von Kapitalgütern zu berücksichtigen und andererseits die Bedingung einer uniformen Profitrate einzuhalten, muß somit als gescheitert angesehen werden. Auch das Walrassche Kapitalbildungsmodell wird auf das zurückgeworfen, was für die auf der aggregierten Produktionsfunktion basierende neoklassische Kapitaltheorie gilt: Sie besitzt nur in einer Ein-Gut-Ökonomie Relevanz.

Es läßt sich jedoch auf der Basis der bisher gewonnenen Ergebnisse noch eine weitere fundamentale Kritik anbringen. Die Einführung von Ungleichungen sichert zwar die Möglichkeit einer Lösung. Das dabei angewandte Eliminationsverfahren greift jedoch in das Mengensystem derart ein, daß die Reproduzierbarkeit des Gesamtsystems in Frage gestellt wird. Handelt es sich nämlich bei dem eliminierten Gut um ein direkt und indirekt in allen Prozessen benötigtes Gut, dann ist das System nicht mehr reproduktionsfähig. Hier offenbart sich die Schwäche des Walrasschen Ansatzes: Die Reproduktionsfähigkeit ist reiner Zufall.

Das Kapitalbildungsmodell, von Walras als die vollendete Form seines theoretischen Ansatzes angesehen, scheitert an zwei offensichtlich unvereinbaren theoretischen Prämissen. Einerseits erfordert die rigorose Formulierung des Tauschprinzips auf der Basis einer Theorie von Angebot und Nachfrage die Existenz und Verteilung gegebener Anfangsbestände. Um einem Begründungszirkel zu entgehen, muß angenommen werden, daß diese Anfangsbestände und

---

[38] J. L. *Eatwell;* Scarce and Produced Commodities, S. 243.

[39] Ebenda, S. 244.

ihre Verteilung völlig zufällig sind. Andererseits erfordert die Berücksichtigung der Produktion von Produktionsmitteln, daß eine uniforme Profitrate erzielt wird, denn Kapitalgüter werden wegen ihres zukünftigen Einkommensstroms und nicht zum Zwecke der direkten Bedürfnisbefriedigung nachgefragt. Genau diese zwei Bedingungen — Zufälligkeit der Anfangsausstattungen und Uniformität der Profitrate — erweisen sich nur für den irrelevanten Fall der Ein-Gut-Ökonomie als kompatibel.

Soviel zur Kritik der Existenz einer Gleichgewichtslösung im Kapitalbildungsmodell. Einer dazu in Beziehung stehenden Problematik werden wir uns im nächsten Kapitel zuwenden. Es handelt sich um das Problem des Ausgleichs von Investition und Ersparnis.

5. Sparen, Investieren und die Bestimmung des Outputs

"The concepts of savings and investment are utterly foreign to the conventional environment of general equilibrium analysis. They do not refer to demand for or supply of a particular commodity; we may save in the form of money, bonds or physical goods; we may invest in various commodities. Therefore, there is no particular market where aggregate savings are equated with aggregate investment. The traditional market approach in terms of demand and supply of commodities is not directly applicable to the accounting concepts such as savings and investment, unless some appropriate alterations are made to it. Thus Walras was confronted with the same problem as was later discussed by Keynes."[40]

Walras konzipierte die Ersparnis als eine homogene Größe. Es ist die Nachfrage nach dem imaginären Gut (E) dessen Preis p_e sich umgekehrt proportional zur Profitrate verhält.

"A fairly exact counterpart of the ideal commodity (E) is to be found in the perpetual net income whose variable rate i, once it has been determined for a certain period of time, serves as a basis for the computation of life insurance rates."[41]

Dieser homogenen Ersparnis stehen die heterogenen, neu produzierten Kapitalgüter gegenüber. Der Austausch zwischen akkumulierten Ersparnissen und neu produzierten Kapitalgütern soll das Gleichgewicht der Kapitalbildung herstellen. Die Gleichgewichtsbedingung für diesen Markt — wir nennen ihn Kapitalmarkt — lautet:

$$S = P_k^T D_k .$$

Man sieht sofort, daß die Ersparnis eine einzige Wertgröße darstellt, während der Wert der neu produzierten Kapitalgüter aus zwei Vektoren gebildet wird. Miteinander multipliziert, stellen sie den Wert der Investitionen dar. Betrachten wir aber zunächst beide Vektoren getrennt.

---

[40] M. *Morishima;* Walras' Economics, Cambridge 1977, S. 70-71.

[41] L. *Walras;* Elements, S. 274.

Die Preise der Kapitalgüter werden durch die Preise der Kapitaldienste und die uniforme Profitrate bestimmt. Wenn wir *nicht*reproduzierbare Produktionsmittel der Einfachheit halber außer acht lassen, ergeben sich die Preise der Kapitaldienste und der Wert der Profitrate simultan aus den Gleichungen (K8) und (K9):

$$1/ip_k = Ap_k$$

oder

$$(1/i\,I - A)\,p_k = 0\,.$$

Damit sind auch die Preise der Konsumgüter, die Konsumgüternachfrage und die Ersparnis bestimmt. Da die Gleichungen (K6) und (K4) das gesamte Angebot an Faktordiensten festlegen, ergibt sich der Vektor der Kapitalgüternachfrage als Residualgröße:

$$Q_k - \mathrm{B}^T D_c = A^T D_k\,.$$

Die Kapitalgüternachfrage wird hinsichtlich ihres Umfangs von der Ersparnis und bezüglich der Zusammensetzung von der erforderlichen Uniformität der Profitrate bestimmt. Da das System ohne *nicht*reproduzierbare Produktionsmittel $2n+4l+2$ Gleichungen sowie die gleiche Anzahl von Variablen besitzt, würde die Einführung einer Investitionsnachfragefunktion zu einer Überbestimmung des Systems führen, denn man würde l neue Gleichungen, aber keine l neue Variablen hinzufügen. Das verdeutlicht den Stellenwert der Investitionsnachfrage im Walrasschen Kapitalbildungsmodell. Sie besitzt einen völlig passiven Charakter und ist im Grunde die „Dummy-Variable" des Systems, denn sie paßt sich den Sparentscheidungen der Konsumenten völlig an.

Der Einfluß der Investitionen auf das gesamtwirtschaftliche Einkommen kann in diesem Modell nicht thematisiert werden, da das Einkommen im gewissen Sinn schon durch die „Vollbeschäftigung" der Anfangsausstattungen determiniert wird. Existiert ein Gleichgewichtspreissystem, dann ergibt sich das Einkommen aus der Summe der genutzten und mit den Gleichgewichtspreisen bewerteten Anfangsbestände. Weiterhin wird durch dieses Gleichgewichtspreissystem der Wert des Konsums und der Ersparnis eindeutig bestimmt. Damit ist notwendig der Wert der Investitionen determiniert.

Diese notwendig passive Rolle der Investitionen läßt das Gesamtsystem nicht über die statische Perspektive hinauskommen. Das bemerkte bereits Walras:

> "Although the economy is becoming progressive, it remains (for the time being — W. Jaffé) static because of the fact that the new capital goods play no part in the economy until later in a period subsequent to the one under consideration."[42]

Morishima hält das Walrassche Kapitalbildungsmodell für ein temporäres Gleichgewichtsmodell, das dem Hicksschen Modell in „Value and Capital"

---

[42] L. *Walras;* Elements, S. 283.

entspreche.[43] Gegen diese Sichtweise spricht, daß Walras mit einer uniformen Profitrate, die ein Charakteristikum des langperiodigen Gleichgewichts ist, operiert.

Schon bei Walras scheint also der von Garegnani diagnostizierte Bruch mit der Methode der Gleichgewichtstheorie angelegt zu sein.[44]

6. Einige Bemerkungen zur Weiterentwicklung des Walrasschen Ansatzes

Die von Walras selbst in seinem Kapitalbildungsmodell aufgeworfenen Probleme gaben Anlaß zu einer Modifikation des Gesamtsystems. Pareto spielte die Theorie der Kapitalbildung schrittweise in den Hintergrund.[45] Eine beliebte und nicht nur für ihn charakteristische Argumentation besteht darin, Kapitalgüter durch ein Zeitprofil zu definieren. Ein Konsumgut wird zum Kapitalgut, wenn auf seine Konsumtion in der Gegenwart verzichtet wird. Die Transformation eines Gutes im Zeitablauf wird analog zum Transport eines Gutes von einem Ort zum anderen begriffen. Während jedoch beim Transport eines Gutes der Aufwand als physischer Aspekt der Kosten benannt werden kann, ist der Aufwand im Fall der „zeitlichen Transformation" nicht so klar zu bezeichnen. Wir wollen allerdings diesen Problemkreis, der uns unweigerlich in nutzentheoretische Bereiche führen würde, nicht weiter verfolgen.

Wicksell kritisierte am Walrasschen Kapitalbildungsmodell, daß es nur für eine wachsende Ökonomie gestatte, den Zinssatz zu bestimmen. Er nahm diese Kritik jedoch wieder zurück und argumentierte umgekehrt, daß Walras' Theorie sich gerade zur Analyse des stationären Zustands eigene, da nur für diesen Spezialfall zukünftige Änderungen der Preise der nichtreproduzierbaren Produktionsmittel vernachlässigt werden können.[46] Wicksell verfolgte eine andere kapitaltheoretische Fährte. Er bemühte sich um eine Weiterentwicklung des Ansatzes von Böhm-Bawerk.

Einem anderen schwedischen Ökonomen, G. Cassel, verdanken wir den ersten Versuch, die Existenz eines Konkurrenzgleichgewichts zu beweisen. Diese Problemstellung wurde Anfang der dreißiger Jahre in Karl Mengers „Mathematischem Kolloquium" aufgegriffen. Die grundlegenden Ergebnisse dieser Gruppe von Wissenschaftlern wurden 1936 von A. Wald in seinem bekannten Artikel „Über einige Gleichungssysteme der mathematischen Ökonomie" in der

---

[43] M. *Morishima;* Walras' Economics, S. 79-81.

[44] Vgl. P. *Garegnani;* On a Change in the Notion of Equilibrium in recent Work on Value and Distribution, in: M. *Brown,* K. *Sato,* P. *Zarembka,* (Hrsg.); Essays in Modern Capital Theory, Amsterdam 1976, S. 25-45.

[45] Garegnani hat diesen „Verdrängungsprozeß", der sich vom „Cours d'économie politique" zum „Manuel d'économie politique" hinzieht, nachgezeichnet. Vgl. P. *Garegnani;* Le Capital . . ., S. 193-210.

[46] Vgl. K. *Wicksell;* Vorlesungen . . ., Bd. 1; S. 226, Anm. 1.

Zeitschrift für Nationalökonomie veröffentlicht. Mit der Emigration dieser Gruppe emigrierten auch deren Ideen und Forschungsergebnisse in die Vereinigten Staaten. Im Jahr 1951 wurde Walds Artikel ins Englische übersetzt, und 1952 präsentierten Arrow und Debreu vor der Econometric Society ihren heute als locus classicus zu bezeichnenden Artikel über die Existenz eines Konkurrenzgleichgewichts. Interessant an dieser Entwicklung von Cassel bis Arrow-Debreu ist, daß als Referenzmodell nicht das Walrassche Kapitalbildungsmodell, sondern das Produktionsmodell herangezogen wurde. Bei Arrow-Debreu wird versucht, durch die Einbeziehung von Zukunftsmärkten die Existenz von Kapitalgütern zu berücksichtigen. Das Grundmodell ist jedoch mit dem Walrasschen Produktionsmodell identisch.

Da diese Modelle das Problem von Sparen und Investieren ex definitione nicht thematisieren, und da wiederum für die Keynessche Theorie — sowohl in der „Treatise on Money“ als auch in der „General Theory“ — die Analyse derjenigen Mechanismen im Vordergrund steht, die Sparen und Investieren zum Ausgleich bringen, muß man fragen, ob selbst modifizierte Arrow-Debreu-Modelle eine „mikroökonomische“ Fundierung der Keynesschen Theorie abgeben können.

Teil II

Die Theorie A. Marshalls

1. Einleitung

> "When I came up to Cambridge in 1922, and started reading economics, Marshall's Principles was the Bible, and we knew little beyond it."[1]

Dieses Zitat von Joan Robinson kann nicht darüber hinwegtäuschen, daß Marshalls "Principles" nur in Cambridge dominant waren. In anderen „Zentren" dominierten andere Theoretiker.[2] Später übte man sich in der Kenntnisnahme heterogener Ansätze, aus denen man ein scheinbar homogenes Theoriegebäude entwickelte. Die gegenwärtige Mikroökonomie ist eine solche Mischung verschiedener Theorieentwürfe:

> "The peculiar mixture of Walras with Pigou—supply and demand for given resources with profitmaximizing firms of optimum size—which nowadays passes for 'microtheory' was first blended by John Hicks after the General Theory was published."[3]

Mit der Theorie Marshalls assoziiert man: Partialanalyse, die fallende Nachfragekurve, die U-förmige Durchschnittskostenkurve usw. Das alles sind aber nur Bruchstücke eines Gesamtentwurfs, den Marshall in der Auseinandersetzung mit Mill, Cournot und v. Thünen entwickelte. Eine erste zusammenhängende Darstellung seiner Überlegungen findet sich in dem gemeinsam mit seiner Frau Mary Paley publizierten Buch „The Economics of Industry" (1879). Elf Jahre später erschien sein Hauptwerk „Principles of Economics" (1890), das er in den dann folgenden 30 Jahren revidierte, modifizierte und erweiterte, bis zur achten Auflage von 1920, der letzten von Marshall selbst besorgten Ausgabe. Marshall begriff seine „Principles" als eine Einführung in die ökonomische Theorie[4], der noch zwei anwendungsorientierte Abhandlungen folgen sollten. Diese legte er mit „Industry and Trade" (1919) und „Money, Credit and Commerce" (1922) vor. Für die theoretischen Konstruktionen bleiben jedoch

[1] J. *Robinson;* Collected Economic Papers Vol. I, Oxford 1966, S. VII.

[2] In Wien z.B. entwickelte sich auf der Grundlage von Mengers Arbeiten die Österreichische Schule.

[3] J. *Robinson;* The Second Crisis of Economic Theory, Richard T. Ely Lecture, AEA meeting 27. 12. 71, wiederabgedruckt in: Contributions to Modern Economics, Oxford 1978, S. 4.

[4] Vgl. A. *Marshall;* Principles of Economics, 9. Variorum Ausgabe, hrsg. von C. W. Guilleband in 2 Bdn., London 1961, S. XI. Im folgenden zitiert als „Principles".

die „Principles" und „The Economics of Industry" maßgebend, aber auch die „Frühschriften"[5] eröffnen einige wichtige Perspektiven.

In diesem Teil der Abhandlung soll aus den anschaulich geschriebenen „Principles" eine Struktur herausgearbeitet werden, die einen Vergleich mit Walras' Theorie ermöglicht.

Marshallianisches Gedankengut hat insbesondere bei Ökonomen der Cambridger Schule überlebt[6], reifte aber nie aus bzw. nahm nie die paradigmatische Form an, die Hicks, Samuelson und Debreu — um nur einige zu nennen — der walrasianischen Theorie gaben. Sicherlich kann man die Theorie der unvollkommenen Konkurrenz als einen im Rahmen des marshallianischen Paradigmas stehenden Ansatz begreifen, obwohl er eigentlich aus einer Kritik nicht einer Erweiterung des Kerns der Theorie entstand. Die Theorie der unvollkommenen Konkurrenz wurde von Sraffa wesentlich, aber in höchst ambivalenter Weise beeinflußt, denn man nahm nur seine abgemilderte Kritik zur Kenntnis[7]; sein fundamentaler und früherer Angriff auf Marshalls Theorie[8] hätte ein völliges Umdenken erfordert. Hierauf werden wir später noch eingehen. An dieser Stelle sei nur erwähnt, daß Sraffas Kritik am Marshallschen System im Jahre 1930 zum Symposium über „Increasing Returns and the Representative Firm"[9] führte, auf dem für einige Theoretiker die Grablegung der Marshallschen Orthodoxie vollzogen wurde. Pigou und Robertson hielten, jeder auf seine Weise, noch lange an der Marshallschen Tradition fest. Pigou, indem er in seinem Spätwerk „Employment und Equilibrium"[10] die vorkeynesianische Beschäftigungstheorie noch einmal formulierte. Robertsons Anlehnung an Marshall wird besonders in seinen „Lectures on Economic Principles"[11] deutlich. Diese Schriften, zusammen mit zahlreichen Artikeln über Marshalls Theorie, bilden den Hintergrund unseres Versuchs einer Rekonstruktion des Marshallschen Systems.

---

[5] The Early Economic Writings of Alfred Marshall 1867-90 in zwei Bänden, hrsg. von J. K. *Whitaker;* London 1975.

[6] Beispielsweise geht Joan Robinson in ihren zahlreichen Artikeln immer wieder auf marshallianische Konzepte ein und versucht, das ihrer Ansicht nach Sinnvolle daran fruchtbar weiterzuentwickeln. "If we scrape all the nonsense off it, his (Marshalls V.C.) theory is much more relevant to the economic system that we know." In: Contributions to Modern Economics, S. 185.

[7] P. *Sraffa;* The Laws of Returns under Competitive Conditions, Economic Journal, 1926, S. 535-550.

[8] P. *Sraffa;* Sulle relazioni fra costo e quantità prodotta, Annali di Economià, 1925. Deutsche Übersetzung in: B. Schefold (Hrsg.); Ökonomische Klassik im Umbruch, Frankfurt/M. 1986.

[9] Increasing Returns and the Representative Firm. A Symposium, E.J., 1930 S. 79-116.

[10] A. C. *Pigou;* Employment and Equilibrium, London 1941.

[11] Sir D. H. *Robertson;* Lectures on Economic Principles, Vol. I u. II, London 1957/58.

Zunächst werde ich kurz auf die theoriegeschichtlichen Wurzeln des Marshallschen Denkens eingehen, um dann schrittweise in seine Theorie einzudringen.

Die Einordnung der Marshallschen Theorie in eine bestimmte Theorietradition war und ist ein heikles Problem. Je nach dem Standpunkt des Dogmenhistorikers wurde Marshall mehr der klassischen oder der grenznutzentheoretischen Tradition zugerechnet. Schumpeter verglich ihn mit Smith[12], kritisierte aber sein Realkostenprinzip[13] und war nicht bereit, es als eigenständiges Prinzip neben dem Grenznutzen- bzw. Opportunitätskostenprinzip zu akzeptieren. L. Robbins rückte in seiner Einführung zu Wicksteeds „Common Sense of Political Economy“[14] Marshall sogar in die Nähe Ricardos.

> "The main substance of Marshall's theory of value and Distribution relates to costs — in the first instance to money costs, but in the last analysis to a conception of real cost coming directly from A. Smith and Ricardo."[15]

In einer Fußnote zu diesem Punkt bemerkte Robbins:

> "It can legitimately be argued, I think, that in this respect, Marshall was more Ricardian than Ricardo."[16]

G. F. Shove widersprach der Ansicht, Marshalls Theorie sei ein Kompromiß zwischen ricardianischer und grenznutzentheoretischer Ökonomie. Vielmehr müsse man sie als eine Weiterentwicklung der von Mill vertretenen Fassung der ricardianischen Theorie ansehen.[17] Auch K. Bharadwaj vertritt diese These, die sie durch eine gründliche Analyse eines von Marshall sehr früh verfaßten werttheoretischen Artikels erhärtet.[18]

Obwohl ich hier keinen erschöpfenden Literaturüberblick geben kann und will, wird doch deutlich, daß die Einschätzung und Beurteilung der Marshallschen Theorie recht verschieden ausfallen. Gestärkt wird dieser Eindruck noch durch die Monographie über „Classical and Neoclassical Theories of General Equilibrium“ von Walsh und Gram[19], in der der Name Marshalls nicht einmal im Autorenindex auftaucht. Die Autoren identifizieren neoklassische Theorie

---

[12] Vgl. J. A. *Schumpeter;* History of Economic Analysis, London 1954, S. 834-835.

[13] Ebenda, S. 920-924.

[14] P. H. *Wicksteed;* The Common Sense of Political Economy, Revised and enlarged Edition, London 1933.

[15] Ebenda, S. XVII.

[16] Ebenda, S. XVII.

[17] G. F. *Shove;* The Place of Marshall's Principles in the Development of Economic Theory; E.J. 1942.

[18] K. *Bharadwaj;* The Subversion of Classical Analysis: Alfred Marshall's early writings on value, C.J.E., 1978, S. 253-271. Marshalls Artikel findet sich in den „Early Writings“ Bd. I, S. 125-164.

[19] V. *Walsh* und H. *Gram;* Classical and Neoclassical Theories of General Equilibrium, Oxford 1980.

mit der Achse Jevons—Menger—Walras. Diesen divergierenden Einschätzungen möchte ich zunächst keine neue hinzufügen. Vielmehr schließe ich mich K. Bharadwajs These an, daß Marshalls theoretische Konzeption wesentlich durch Mill und später durch v. Thünen beeinflußt wurde. Ein Brief von 1908/09 an L. C. Colson untermauert diese These:

"Briefly—I read Mill's Political Economy in 1866 or '7, while I was teaching advanced mathematics: and, as I thought much more easily in mathematics at that time than in English, I tried to translate him into mathematics, before forming an opinion as to the validity of his work."

und an späterer Stelle heißt es:

"As I have said in my original preface, I owed much to the mental discipline afforded by Cournot, but the one book which really guided me was written by a landowner, who had very slight knowledge of mathematics, and indeed occasionally talked great nonsense in them. It was von Thünen, as you already know."[20]

Zu Marshalls Selbsteinschätzung braucht nichts hinzugefügt werden.

2. Aufgabe und Methode der ökonomischen Theorie

In den ersten beiden Büchern der „Principles" entwickelte Marshall in großen Umrissen das Feld der ökonomischen Wissenschaft. Hier finden sich Begriffsabgrenzungen, methodische Erörterungen und allgemeine Bemerkungen zur Stellung der ökonomischen Theorie im Kanon der Wissenschaften.

Beginnen wir mit Marshalls Definition und Abgrenzung der ökonomischen Wissenschaft:

"POLITICAL ECONOMY or ECONOMICS is a study of mankind in the ordinary business of life; it examines that part of individual and social action which is most closely connected with the attainment and with the use of the material requisites of wellbeing.

Thus it is on the one side a study of wealth; and on the other, and more important side, a study of man."[21]

Marshall erweiterte in dieser Definition das Aufgabengebiet der ökonomischen Wissenschaft, denn die Klassik hatte sich, was wir von Smith und Ricardo wissen, im wesentlichen darauf konzentriert, die Entstehung und Verteilung des Reichtums zu erklären. Was Marshall unter „a study of man" verstand, kann an dieser Stelle noch nicht ausführlich behandelt werden. Hierzu sei auf das Kapitel über die „Nachfrageseite" verwiesen. An dieser Stelle mag die Bemerkung genügen, daß Marshall darunter die Erforschung der Anstrengungen und Mühen verstand, die ein Mensch verausgabt, um seine Bedürfnisse zu befriedigen, aber nur

[20] A. *Marshall;* „A. Marshall the Mathematician as seen by Himself", Econometrica, 1933, S. 221-222.

[21] Principles I, S. 1.

"in so far as the efforts and wants are capable of being measured in terms of wealth, or ist general representative, *i.e.* money".[22]

Marshalls Begriffsbestimmung der ökonomischen Wissenschaft beinhaltet, wie wir gesehen haben, sowohl die klassische Aufgabenstellung, als auch den Versuch, menschliches Handeln theoretisch zu integrieren.

Ich möchte daher erstens dem Marshallschen Begriff des Reichtums und der ökonomischen Güter nachgehen und zweitens sein Konzept des ökonomischen Handelns vorstellen.

2.1. Reichtum und ökonomische Güter

Marshall definierte Reichtum wie folgt:

"All wealth consists of desirable things; that is, things which satisfy human wants directly and indirectly: but not all desirable things are reckoned as wealth. The affection of friends, for instance, is an important element of wellbeing, but it is not reckoned as wealth, except by a poetic licence."[23]

Alle wünschenswerten Dinge, die menschliche Bedürfnisse befriedigen können, nannte er Güter und klassifizierte sie nach zwei Gesichtspunkten: materielle und immaterielle Güter. Letztere unterschied er noch einmal danach, ob sie externer oder interner Art sind, d. h. ob sie sich auf ein der Person äußeres oder inneres Verhältnis beziehen. Diese Klassifikation ist für die Definition der ökonomischen Güter wichtig.

"For it includes all those things, external to a man, which (i) belong to him, and do not belong equally to his neighbours, and therefore are distinctly his; and which (ii) are directly capable of a money measure, —a measure that represents on the one side the efforts and sacrifices by which they have been called into existence, and, on the other, the wants which they satisfy."[24, 25]

Somit beinhaltet die Definition der ökonomischen Güter die materiellen Güter und die immateriellen externen Güter. Freie Güter sind solche,

"which are not appropriated and are afforded by Nature without requiring the effort of man."[26]

Die Abgrenzung der ökonomischen von den nichtökonomischen Gütern ist deshalb wichtig, weil damit der Geltungsbereich der ökonomischen Theorie festgelegt wird. Der Knappheitsaspekt, der in der heutigen Lehrbuchtradition eine zentrale Rolle spielt, tritt bei Marshall nur im Zusammenhang mit nichtvermehrbaren Gütern auf; er ist also ein Problem der Rententheorie. Marshall verblieb somit — wenn wir von den immateriellen externen Gütern

---

[22] Ebenda, S. 49.

[23] Ebenda, S. 54.

[24, 25] Ebenda, S. 57.

[26] Ebenda, S. 55.

absehen — im Rahmen der auch von der klassischen Theorie getroffenen Güterdefinition.

2.2. Ökonomisches Handeln

Seit Adam Smith wird das Prinzip des Eigennutzes als Motor ökonomischen Handelns hervorgehoben. Eine Person kann dann ihren Eigennutz durchsetzen, wenn sie auf einem Markt die Macht erlangt, für ihr Gut einen höheren als den natürlichen Preis zu erzielen. Die Abwesenheit der Marktmacht einzelner ist das, was Smith unter Konkurrenz verstand. Die Konkurrenz neutralisiert das Eigennutzstreben — oder besser — kanalisiert es, und führt zu einem für das Ganze günstigen Resultat, da niemand seine Interessen auf Kosten anderer durchzusetzen vermag. Bei Marshall macht der Begriff des Eigennutzes (selfishness) dem der Bedachtsamkeit (deliberateness) Platz.

> "It is deliberateness, and not selfishness, that is the characteristic of the modern age."[27]

Es wäre ausgesprochen voreilig und, wie sich noch heraustellen wird, sogar falsch zu glauben, Marshall habe mit der Idee des homo oeconomicus kokettiert. Sein Handlungsbegriff zielte auf tatsächliches, beobachtbares Handeln und nicht auf eine reine Entscheidungslogik.

> "For in this, as in every other respect, economics takes man just as he is in ordinary life: and in ordinary life people do not weigh beforehand the results of every action, whether the impulses to it come from their higher or their lower."[28]

Marshall konzedierte zwar, daß im ökonomischen Lebens- und Handlungszusammenhang das Aufrechnen von Vor- und Nachteilen am meisten verbreitet ist, aber nicht weil das einzelne Individuum ganz homo oeconomicus sei, sondern weil es Gebrauch und Sitte folgt.

> "(...), when he does follow habit and custom, and proceeds for the moment without calculation, the habits and customs themselves are most nearly sure to have arisen from a close and careful watching the advantages and disadvantages of different courses of conduct."[29]

Nicht das einzelne Individuum ist durch eine wohldefinierte Rationalität ausgezeichnet, sondern die Wirtschaftsethik.[30] Diese Unterscheidung hat eine tiefere Bedeutung, denn sie erlaubt, ökonomisches Handeln losgelöst vom Einzelfall zu behandeln. Dementsprechend kritisch beurteilte Marshall einen rein individualistischen Theorieansatz in der ökonomischen Theorie.

> "But in fact economists, like all other students of social science, are concerned with individuals chiefly as members of the social organism. As a cathedral is something more than the stones of which it is made, (...), so the life of society is something more than the sum of the lives of its individual members."[31]

---

[27] Ebenda, S. 6.

[28] Ebenda, S. 20.

[29] Ebenda, S. 21.

[30] Nicht der homo oeconomicus regiert, sondern die protestantische Ethik.

Marshalls methodische Position ist reflektiert, denn er hob mit diesem Beispiel hervor, daß die Ökonomie deshalb mehr als die Summe der einzelnen Agenten darstelle, weil sie auch die Beziehungen der Agenten untereinander umfasse. Jede individuelle Handlung hat einen Rückkoppelungseffekt, den man mehr oder weniger gut durchschauen bzw. erlernen kann. Das Ergebnis dieser Lerneffekte schlägt sich in Sitten und Bräuchen (habits and customs) nieder und wird somit auf Dauer gestellt. Eine derartige, Lerneffekte auslösende Institution ist der Marktmechanismus. Er belohnt oder bestraft bestimmte ökonomische Verhaltensweisen und erzeugt damit Regeln für das „ökonomische Überleben". Wenn das ökonomische Überleben eine außerordentliche Bedeutung für das physische Überleben hat, kann man davon ausgehen, daß jedes Individuum wenig Interesse zeigen wird, die ökonomischen „Überlebensregeln" dauerhaft zu ignorieren.[32] Den Markt als Sanktions- und Selektionsmechanismus zu begreifen, scheint der Marshallschen Denkweise besonders nahe zu kommen, denn Marshalls zumindest vorgegebenes methodisches Vorbild war bekanntlich die Biologie und nicht die Mechanik.[33]

2.3. Aggregation und Isolation

Wenn man wie Marshall der Ansicht ist, daß die ökonomische Theorie zwar prinzipiell vom individuellen Handlungszusammenhang her aufgebaut werden muß, Rückkoppelungseffekte jedoch nicht vernachlässigt werden dürfen, steht man unversehens vor einem wichtigen methodischen Problem: dem hermeneutischen Aggregationsproblem. Es geht dabei nicht um die Lösung der technischen Aggregation — diese setzt eine schon vollständig formulierte Mikroebene voraus —, sondern um die Frage, wie man mit solchen Modellen umgeht, die nicht durch technische Aggregation aus entsprechenden Mikromodellen abgeleitet wurden.

> „Man könnte nun aber meinen, daß das hermeneutische Aggregationsproblem jene Fälle behandelt, die vorläufig noch nicht in befriedigender Weise mikroökonomisch beschrieben worden sind (...). Doch selbst wenn man das zugäbe, würde man gezwungen sein mit gewissen Einheiten zu beginnen, die selbst wieder Aggregate darstellen."[34]

Das hermeneutische Aggregationsproblem bleibt somit solange bestehen, wie man nicht das Verhalten der kleinsten Teilchen erklären kann. Eine derart reduktionistische Position führt indes unwillkürlich zur Hypostasierung letzter Ursachen, was einer Aufhebung des Kausalprinzips gleichkäme. Wenn man das

[31] Ebenda, S. 25.

[32] Es wird nicht behauptet, daß sich die Individuen nur adaptiv verhalten. Es kann auch immer Bestrebungen geben, die „Überlebensregeln" selbst zu verändern, denn ökonomische „Überlebensregeln" sind von den Menschen erzeugt worden, wohingegen die natürlichen Bedingungen die unserer Menschwerdung sind.

[33] Vgl. Principles I. S. 777.

[34] E. *Schlicht;* Grundlagen der ökonomischen Analyse. Reinbeck 1977, S. 93-94.

Kausalprinzip nicht preisgeben will, läßt sich eine prinzipiell reduktionistische Position nicht aufrecht halten. Was aber wäre eine sinnvolle reduktionistische Position? Ideal wäre es, wenn man Handlungseinheiten definieren könnte, für die kontextunabhängige (z. B. tauschunabhängige oder kreislaufunabhängige) Relationen gelten würden, auf denen man sukzessiv ein System aufbauen könnte. Das einzelne Individuum wäre eine solche Einheit, wenn sein Verhalten aus seiner inneren Natur ableitbar wäre (z. B. Hang zum Tausch, Eigennutz usw.).

Eine mögliche methodische Position könnte darin bestehen, sich der Idee des Marktes als Selektionsmechanismus zu bedienen. Man sieht nur noch solche Verhaltensweisen als ökonomisch relevant an, die sich aus der Funktionsweise des Marktes ergeben. D. h., man analysiert eigentlich Märkte und kann, da die relevanten Verhaltensweisen im wesentlichen invariant sind, die verschiedenen Marktteilnehmer zu Gruppen aggregieren. Diese Vorstellung muß auch Marshall gehabt haben:

> "They (die Ökonomen, V. C.) watch carefully the conduct of a whole class of people, sometimes the whole of a nation, sometimes only those living in a certain district, more often those engaged in some particular trade at some time and place: (. . .)."[35]

Konsequenterweise konzentrierte sich Marshall daher auch auf die Analyse von Marktprozessen. Seine Einheiten stellen Aggregate dar, die nicht so global wie die der Kreislaufanalyse, aber auch nicht so atomistisch wie die der walrasianischen Mikrotheorie sind.

Wenn man komplexe Strukturen analysieren und auch die Interdependenzen berücksichtigen will, bleibt sehr leicht das Kausalprinzip auf der Strecke. Daß alles von allem abhängt, ist eine triviale Feststellung. Wichtig ist, wie sich die Abhängigkeitsverhältnisse gestalten. Nimmt man dieses Problem ernst, kommt man nicht umhin, bestimmte Aspekte eines Untersuchungsobjekts zu isolieren und bei Vernachlässigung aller anderen den Zusammenhang dieser untereinander zu untersuchen. Diese Isolationsmethode darf keinesfalls als Defizit einer Theorie aufgefaßt werden, denn sie ermöglicht erst die Anwendung des Kausalprinzips.

Es wird gegen Marshalls Theorie immer eingewandt, er argumentiere unter ceteris-paribus-Bedingungen, aber nie wird erwähnt, daß ohne diese Bedingung kaum eine sinnvolle Kausalitätsbeziehung aufgestellt werden könnte, und somit kaum eine Aussage mit prognostischer Relevanz formulierbar wäre. Allerdings ist klar, daß es bei einer hochkomplexen Struktur nicht nur nicht sinnvoll, sondern sogar gefährlich sein kann, bestimmte Faktoren zu isolieren und deren Auswirkungen ceteris-paribus zu analysieren, da mögliche Rückkoppelungseffekte vernachlässigt werden könnten.[36]

---

[35] Principles I, S. 26.

[36] Beispielsweise asymmetrische Einkommenseffekte.

Isolation und Aggregation sind genau genommen nur zwei Seiten eines Prinzips, nämlich des Kausalprinzips. Glaubt man, aus welchem Vorverständnis des Objektbereiches auch immer, die wichtigsten Einflußfaktoren zu kennen, so kann man diese isolieren und unter einem einheitlichen Gesichtspunkt aggregieren. Nichts anderes haben die Klassiker, Marshall und auch Keynes getan.

3. Die Nachfrageseite

Es war in der klassischen Theorie durchaus üblich, mit den Begriffen von Nachfrage und Zufuhr zu argumentieren, nur bezog man sich dabei auf die Erklärung der Abweichungen vom natürlichen Preis, nicht auf dessen Erklärung selbst.[37] Schrittweise ging man dann dazu über, den natürlichen Preis mittels der Begriffe von Nachfrage und Zufuhr zu bestimmen. Als ein folgenschwerer Schritt in dieser Entwicklung erwies sich die Wandlung in der Definition des Gebrauchswerts bei De Quincey und Mill. Während Ricardo und Smith unter dem Gebrauchswert einer Ware nur ihre stoffliche, d.h. qualitative Seite verstanden, begriff De Quincey diesen Aspekt als eine Zweckorientierung. Er definierte Gebrauchswert auch als „teleological value — value derived from the purpose which the article contemplates“[38] und sah im Gebrauchswert die äußerste Grenze des Tauschwerts.

> "Because the purpose which any article answers, and the cost which it imposes, must eternally form the two limits within which the tennis-ball of price flies backward and forward."[39]

Damit wurden Gebrauchswert und Tauschwert auf die gleiche Stufe gehoben; meßtheoretisch bedeutet das, beide in den gleichen Dimensionen auszudrücken. Für die Klassiker stand außer Frage, daß die Gebrauchswerte in geeigneten physischen Maßstäben auszudrücken sind, während die Tauschwerte in inkorporierter bzw. kommandierter Arbeit oder Geld zu messen sind. Mill übernahm von De Quincey diese Gebrauchswertdefinition, und Marshall folgte ihm hierin. Die Ähnlichkeit, mit der Marshall und De Quincey den Gebrauchswert definieren, ist geradezu verblüffend.[40] In seinem ersten werttheoretischen Artikel definiert Marshall den Gebrauchswert als

> "the value in use of a thing to a person is the value of the things which must be given him in order that he may be induced to give it up, or which he will give rather than not obtain it".[41]

[37] Eine detaillierte Diskussion dieser Frage findet sich bei B. *Schefold* „Nachfrage und Zufuhr in der klassischen Ökonomie“, in: Studien zur Entwicklung der ökonomischen Theorie, Hrsg. von F. *Neumark;* Schriften des Vereins für Socialpolitik, N.F. Bd. 115/I, Berlin 1981, S. 53-91.

[38] Th. *De Quincey;* „Political Economy and Politics“, Reprints of Economic Classics, N.Y. 1970, S. 190.

[39] Ebenda, S. 191.

[40] Vgl. Th. *De Quincey;* S. 191.

[41] A.*Marshall;* Early Economic Writings, Bd. I; S. 125.

Indem er den Gebrauchswert so definierte, legte er den Grundstein, ihn als den Preis zu begreifen, den ein Individuum zu zahlen bereit ist, um eine bestimmte Einheit eines Guts zu besitzen. Marshalls späterer Terminus hierfür war der Nachfragepreis. Die Einführung der Nachfrage in die Wert- und Preistheorie geschah bei Marshall also nicht über das Nutzenkonzept, sondern über die auf gleicher Ebene angesiedelten Pole Tauschwert und Gebrauchswert. Die nutzentheoretischen Überlegungen sind bei Marshall daher auch nicht essentiell und wirken angesichts der Entwicklung seiner theoretischen Konzepte fast aufgesetzt. Die Vorstellung aber, Tauschwert und Gebrauchswert seien die jeweilige Unter- und Obergrenze des Preises, wollen wir insbesondere für die Theorie der Nachfrage im Auge behalten.

3.1. Bedürfnisse und Tätigkeiten

Auf L. Robbins geht die bekannte Definition zurück, Ökonomie sei die Wissenschaft, die menschliches Verhalten bezüglich des Verhältnisses zwischen Zielen und knappen Mitteln mit alternativen Verwendungen studiere.[42] Wenn wir diese Definition auf den Konsumenten beziehen, dann ist das Ziel die Bedürfnisbefriedigung, und die knappen Mittel sind die dafür benötigten Güter. Die Produktion dieser zur Bedürfnisbefriedigung benötigten Güter kann in gleicher Weise unter die obige Definition subsumiert werden, so daß der gesamte ökonomische Prozeß als eine Einbahnstraße von der Produktion zur Bedürfnisbefriedigung angesehen werden kann. Dies ist eine Sichtweise, die gegenwärtig in der ökonomischen Theorie vielleicht nicht immer explizit, aber qua „choice-theoretical approach“ implizit vertreten wird. Ob man diese Sichtweise auch für Marshall reklamieren kann, muß allerdings schon angesichts seiner handlungstheoretischen Überlegungen stark bezweifelt werden. Hinzu kommt, daß er sich dagegen verwahrte, „die Theorie der Konsumtion zur wissenschaftlichen Basis der ökonomischen Theorie“ zu machen.[43] Auch die übliche Sichtweise, daß die Präferenzen der Konsumenten letztlich den ökonomischen Prozeß bestimmen, wird von Marshall zurückgewiesen:

> "Although it is man's wants in the earliest stages of his development that give rise to his activities, yet afterwards each new step upwards is to be regarded as the development of new activities giving rise to new wants, rather than of new wants giving rise to new activities."[44]

Er ließ auch keinen Zweifel daran, daß er den Aspekt der menschlichen Aktivitäten für wichtiger erachtet:

> "But if either, more than the other, may claim to be the interpreter of the history of man, whether on the economic side or any other, it is the science of activities and not that of wants; (. . .)"[45]

---

[42] L. *Robbins;* Essay in the Nature and Significance of Economic Science, MacMillan, London 1932.

[43] Vgl. Principles I, S. 90.

[44] Vgl. Principles I, S. 89.

Dies mag erklären, warum Marshall gegen die Überbetonung der Nachfrageseite bei Jevons wetterte[46] und der Angebotseite eine größere Bedeutung beimaß. Parsons hat sich die Frage gestellt, warum Marshall so auf der Bedeutung der Angebotsseite insistierte, und stellte fest:

"It seems beyond doubt, that a main — more probably the main — motive of Marshall's interest in supply, more especially in the supply of productive factors, lies in the fact that it is there that questions involving the types of energy, activity and character manifested in economic life impinge most directly on the problems of technical economic theory."[47]

Obwohl Marshall die menschlichen Bedürfnisse als wesentlich durch die menschlichen Tätigkeiten bestimmt begriff, konnte er diese wichtige Vorstellung nicht theoretisch umsetzen. Im Rahmen der genauen Formulierung der Nachfragetheorie blieb ihm dann nichts anderes übrig, als die Bedürfnisstruktur konstant zu halten.

"There is however an implicit condition in this law which should be made clear. It is that we do not suppose time to be allowed for any alteration in the character or tastes of the man himself."[48]

3.2. Die Theorie der Nachfrage

In den Grundvorlesungen zur Mikroökonomie wird wohl jeder Student mit der Nachfragekurve eines Konsumenten konfrontiert, die die nachgefragte Menge als Funktion des Preises ausdrückt. Diese Kurve wird auch als Marshallsche Nachfragekurve bezeichnet. Wenn es aber darum geht, die werttheoretischen Konstruktionsprinzipien dieser Kurve offenzulegen, d.h. dieser Kurve ihren ad-hoc-Charakter zu nehmen, bedient man sich einer Methode, die von Pareto entwickelt, von Hicks im angelsächsischen Sprachraum eingeführt wurde und ganz und gar unmarshallianisch ist.

Die Vermischung dieser verschiedenen Traditionen zeigt sich schon auf der sprachlichen Ebene, wenn man wie oben die Nachfragefunktion so formuliert, als handele es sich um bereits realisierte, also beobachtbare Größen. Wenn es sich aber um geplante Größen handelt, sind diese bestenfalls abfragbar, aber niemals auf einem Markt zu beobachten.

Zunächst werden wir uns mit der individuellen Nachfragekurve und deren Ableitung beschäftigen, um dann zur aggregierten, d.h. zur Marktnachfragekurve überzugehen. Hierzu muß ich noch anmerken, daß gerade in den 70er Jahren der Interpretation einer Marktnachfragefunktion im Rahmen der neo-walrasianischen Gleichgewichtstheorie verstärkte Aufmerksamkeit geschenkt wurde.[49]

---

[45] Vgl. Principles I, S. 90.

[46] Vgl. Principles I, S. 90, Fn. 1 sowie Appendix I, S. 817-819.

[47] T. *Parsons;* Wants and Activities in Marshall, Q.J.E., Vol. 46, 1931, S. 110-111.

[48] Vgl. Principles I, S. 94.

Wie schon in den methodischen Bemerkungen erwähnt, richtete Marshall sein Augenmerk im wesentlichen auf Marktphänomene, und er war eher am Verhalten von Gruppen als an individuellem Verhalten interessiert. Diese Grundsatzorientierung kommt auch in der Nachfragetheorie zum tragen.

> "In large markets, then ... the peculiarities in the wants of individuals will compensate one another in a comparatively regular gradation of total demand."[50]

Wenn man so wie Marshall den analytischen Schwerpunkt auf die Erklärung von Marktphänomenen — Marktpreise, Branchenoutput usw. — legt, muß man sich sehr genau überlegen, welche analytischen Instrumente hierfür geeignet sind. Aus der walrasianischen Theorie wissen wir, daß der Auktionator den Markt symbolisiert und die Marktpreise sozusagen vom Auktionator gemacht werden. Aber in der Marshallschen Theorie gibt es keinen Auktionator, oder, wie Arrow es ausdrückte,

> "there is no one left over whose job it is to make a decision on price".[51]

Wenn der Marktpreis das zu erklärende Phänomen ist, und nicht auf einen Auktionator zurückgegriffen werden kann, der aus der Menge der möglichen Marktpreise den Preis herausfindet, der alle individuellen Einzelpläne miteinander konsistent macht, dann kann es nicht besonders sinnvoll sein, den Preis zur unabhängigen Variablen der Nachfrage- und Angebotsfunktion zu machen. Parametrische Variationen des Preises ohne Auktionator sind schlecht mit der Idee der vollkommenen Konkurrenz vereinbar.[52]

Das sind Gründe, die dafür sprechen, nicht den Preis, sondern die Menge zur unabhängigen Variablen zu erklären. Nach Hicks steht diesem Ansatz — er nannte ihn „quantity into price-method" — dann eine Berechtigung zu, wenn man die Nachfrage einer ganzen Gruppe von Individuen, also deren Marktnachfrage, untersucht.

> "For we then very commonly begin with a given supply, and what we require to know is the price at which that given supply can be sold."[53]

Für den in der modernen Lehrbuchtradition Erzogenen muß dieser Ansatz ziemlich seltsam wirken, obwohl die traditionelle Bezeichnung des Koordinatensystems mit dem Preis als abhängiger Variablen an der Ordinate und der Menge als unabhängiger Variablen an der Abszisse auf den Marshallschen Ansatz zurückgehen. Daß aber auch die Marshallsche „quantity into price"-

---

[49] Vgl. H. *Sonnenschein* und W. *Shafer;* Market Demand and Excess Demand Functions in: Handbook of Mathematical Economics, Vol. II, ed. K. J. *Arrow* und M. D. *Intriligator,* Amsterdam 1982, S. 671 - 693.

[50] Vgl. Principles I, S. 98.

[51] K. J. *Arrow;* Toward a Theory of Price Adjustment, in: Studies in Resource Allocation Processes, ed. by K. J. *Arrow* and L. *Hurwicz,* Cambridge 1977, S. 382.

[52] Vgl. K. J. *Arrow;* S. 384.

[53] J. R. *Hicks;* A Revision of Demand Theory, Oxford 1956, S. 83.

Methode zur Ableitung sowohl der individuellen als auch der Marktnachfragefunktion verwendet werden kann, wird im nächsten Abschnitt gezeigt.

3.3. Individuelle Nachfrage und Nutzentheorie

Auf den ersten Blick scheint der Unterschied zwischen einem „price into quantity" ($q^D = f(p)$) und einem „quantity into price" ($p^D = h(q)$) Ansatz ein rein formaler zu sein.

Eine erste, vorläufige Erklärungshypothese für Marshalls „quantity into price"-Methode liegt m. E. darin begründet, daß er im Gegensatz zu Walras die Theorie der Nachfrage nicht über die reine Tauschwirtschaft entwickelte, sondern von Anfang an einen Ware-Geld-Tausch, also eine Geldwirtschaft vor Augen hatte. Da Geld das Medium ist, worin Preise ausgedrückt werden, und alle Wirtschaftssubjekte Geld geben, um Waren zu bekommen, kann man immer fragen, wieviel Geld ein Individuum für eine Einheit eines bestimmten Guts zu zahlen bereit ist. Wenn wir dann ganz verschiedene Mengen dieses Guts vorgeben und immer fragen, wieviel Geld er dafür bezahlen würde, so erhalten wir eine Relation zwischen vorgegebenen alternativen Mengen und den entsprechenden Nachfragepreisen. Wenn man die Mengendifferenzen hinreichend klein macht, kann man zu einer funktionalen Schreibweise übergehen.

Im nächsten Schritt wollen wir die Form dieser Funktion — wir nennen sie Nachfragepreisfunktion — genauer untersuchen. Nachdem Marshall das „Gesetz vom fallenden Grenznutzen" aufgestellt hatte, stand er vor dem Problem, dieses „Gesetz" in Preiseinheiten zu transformieren, denn er mußte ja zu Nachfragepreisen und nicht zu Nachfragemengen kommen.

> "Suppose, for instance, that tea of a certain quality is to be had at 2 s. per lb. A person might be willing to give 10 s. for a single pound once a year rather than go without it altogether; while if he could have any amount of it for nothing he would perhaps not care to use more than 30 lbs. in the year. But as it is, he buys perhaps 10 lbs. in the year; that is to say, the difference between the satisfaction which he gets from buying 9 lbs. and 10 lbs. is enough for him to be willing to pay 2 s. for it: while the fact that he does not buy an eleventh pound, shows that he does not think that it would be worth an extra 2 s. to him."[54]

Das bedeutet, daß 2 Schillinge den Grenznutzen der letzten gekauften Einheit darstellen. Marshall bezeichnete diese 2 Schillinge auch als den marginalen Nachfragepreis. Nachdem er den Zusammenhang zwischen Grenznutzen und marginalem Nachfragepreis dargestellt hatte, konnte er auch das Gesetz vom fallenden Grenznutzen in Preistermini ausdrücken:

> "The larger the amount of a thing that a person has the less, other things being equal (*i.e.* the purchasing power of money, and the amount of money at his command being equal), will be the price which he will pay for a little more of it: or in other words his marginal demand price for it diminishes."[55]

---

[54] Principles I, S. 94-95.

[55] Principles I, S. 95.

Marshall mußte als Kardinalist natürlich das Gesetz vom abnehmenden Grenznutzen postulieren. Wie Hicks später zeigte, ist dieses Postulat im Rahmen der ordinalen Nutzentheorie nicht mehr möglich und auch nicht mehr notwendig. Es wird durch das Prinzip der abnehmenden Grenzrate der Substitution ersetzt.[56] Auf der Basis einer von Pareto entwickelten und von Hicks verfeinerten ordinalen Nutzentheorie wurde dann die Theorie der Nachfrage aufgebaut. Gemäß dieser Theorie gewinnt man eine Nachfragemenge, indem man bei gegebenen Preisen und gegebenen Anfangsbeständen ein maximales Nutzenniveau zu erreichen versucht. Variiert man den Preis eines Guts, so ergeben sich unterschiedliche Nachfragemengen für dieses Gut. Bei hinreichend kleinen, also marginalen Preisänderungen, erhält man eine kontinuierliche Beziehung zwischen Preisen und Mengen: die Nachfragefunktion. Ihr fallender Verlauf kann aber nur dann gesichert werden, wenn man einerseits bestimmte Annahmen über die Präferenzstruktur, d.h. die Indifferenzkurve, macht und wenn andererseits gesichert werden kann, daß auch bei inferioren Gütern der Substitutionseffekt die Gegenläufigkeit des Einkommenseffekt überkompensiert. Im Fall nicht-inferiorer Güter haben Substitutions- und Einkommenseffekt ohnehin die gleiche Wirkungsrichtung.

Bei der Interpretation einer so gewonnenen Nachfragekurve muß genau darauf geachtet werden, unter welchen Bedingungen sie konstruiert wurde. So folgt aus der bisher diskutierten Herleitung, daß das Nominaleinkommen entlang dieser Kurve konstant ist, somit also das Realeinkommen bei sukzessiven Preisänderungen variiert, und zwar derart, daß das Realeinkommen steigt, wenn man den Preis des betrachteten Guts senkt.

Wie wir bereits angedeutet haben, ist die bisher angeführte Konstruktion der Nachfragefunktion mit Hilfe der „price into quantity"-Methode durchgeführt worden. Da wir aber bereits wissen, daß Marshall sich der „quantity into price"-Methode bediente, ist keinesfalls evident, daß seine Nachfragekurve genauso wie die aus der „price into quantity"-Methode gewonnene interpretiert werden kann, und in der Tat hat es hierüber auch einige Diskussionen gegeben. Friedman vertrat die Ansicht,[57] Marshalls Nachfragekurve sei einkommenskompensiert, d.h. konstruiert unter der Bedingung eines konstanten Realeinkommens. Das Realeinkommen kann gemäß Friedmans Interpretation durch zwei verschiedene Effekte konstant gehalten werden:

1. Die durch eine Preisänderung des betreffenden Guts hervorgerufene Einkommensänderung wird durch Preisvariationen der anderen Güter insofern kompensiert, als die Kaufkraft des Geldes konstant gehalten wird.
2. Eine durch eine Preisänderung hervorgerufene Realeinkommensänderung wird durch eine Geldeinkommensänderung (= Änderung des Grenznutzens des Geldes) kompensiert.[58]

[56] Vgl. J. R. *Hicks* und R. G. D. *Allen;* A Reconsideration of the Theory of Value, Economica 1934, S. 52-76 u. 196-219.

[57] M. *Friedman;* The Marshallian Demand Curve, J. P. E. Vol. LVII, 1949, S. 463-495.

[58] Vgl. ebenda, S. 465-468 und 491-492.

Gegen eine Verallgemeinerung von Friedmans These spricht, daß Marshall Veränderungen des Grenznutzens des Geldes explizit diskutierte, dem daraus resultierenden Effekt allerdings keine große Bedeutung beimaß:

> "The substance of our argument would not be affected if we took account of the fact that, the more a person spends on anything the less power he retains of purchasing more of it or of other things, and the greater is the value of money to him (in technical language every fresh expenditure increases the marginal value of money to him)."[59]

Marshall gab weiterhin in einer Fußnote[60], sowie in der Note VI des mathematischen Anhangs der „Principles" einen Hinweis, wann Veränderungen des Grenznutzens des Geldes vernachlässigt werden können. Sie sind genau dann vernachlässigbar, wenn der wertmäßige Anteil dieses Guts nur einen kleinen Teil des Werts der Gesamtausgaben ausmacht. Dies ist auch die gleiche Bedingung, unter der der Einkommenseffekt der traditionellen „price into quantity"-Methode vernachlässigt werden kann.[61] Weiterhin spricht gegen Friedmans These, daß Marshall explizit Einkommenseffekte von Preisänderungen berücksichtigte.[62]

Die bisherigen Ausführungen mögen intuitiv einsichtig sein, sie haben nur den Nachteil, daß sie Probleme miteinander vergleichen, die auf der Basis unterschiedlicher Ansätze entstehen. Das Problem, ob eine Nachfragekurve einkommenskompensiert ist oder nicht, stellt sich dann, wenn man der „price into quantity"-Methode folgt. Wie ist aber eine Nachfragefunktion zu interpretieren, die man mit Hilfe der „quantity into price"-Methode gewinnt?

Diese Methode bereitet zunächst einige Schwierigkeiten, da man bei einer vorgegebenen Menge sofort andere Marktkonstellationen assoziiert als im Fall vorgegebener Preise. Hicks bemerkte sehr treffend:

> "It is very difficult to maintain the assumption of a competitive market on a 'quantity into price' approach."[63]

Er fährt unmittelbar fort:

> "It is, however, precisely this last consideration which gives us our clue",[64]

denn wir erhalten natürlich nicht den Marktpreis als Funktion der Menge, sondern den maximalen Preis, den ein Konsument zu bezahlen bereit ist, um eine bestimmte Menge eines Guts zu erhalten. Es wird somit eine funktionale Beziehung zwischen gegebener Menge eines Guts und dessen maximalem Nachfragepreis hergestellt.[65]

---

[59] Principles I, S. 132.

[60] Vgl. Principles I, S. 132, Fußnote 2.

[61] Vgl. J. R. *Hicks;* Value and Capital, Oxford 1946, S. 32.

[62] Vgl. Principles I, S. 132.

[63] J. R. *Hicks;* A Revision of Demand Theory, Oxford 1956, S. 84.

[64] Ebenda, S. 84.

Wir wollen uns jetzt schrittweise einer analytischen Betrachtung der „quantity into price"-Methode zuwenden.

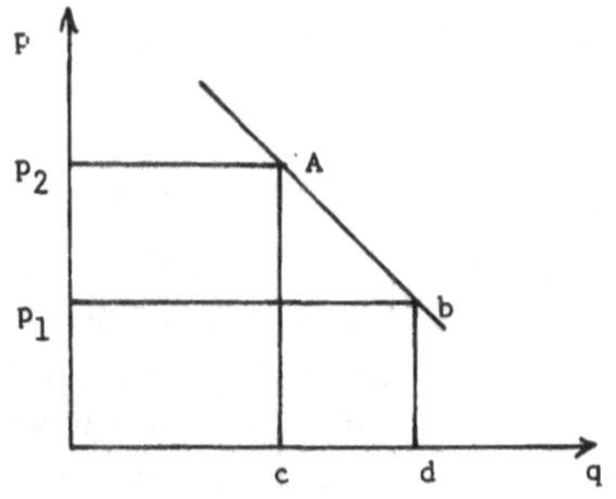

(Graphik II.1.)

Angenommen, wir haben bereits eine Nachfragepreiskurve *Ab*. Außerdem sei die gegenwärtige Position des Konsumenten durch die Menge *Oc* und den Preis OP_2 gekennzeichnet. Wenn wir jetzt fragen, wieviel der Konsument für die zusätzliche Menge *cd* des Gutes *Q* maximal zu zahlen bereit ist, so muß er eine bestimmte Menge Geld — die Preise sind in Geld ausgedrückt — hergeben, um eine zusätzliche Menge des Guts *Q* zu erhalten. Wenn wir wissen wollen, wieviel der Konsument von seinem Einkommen ausgedrückt in Geld für die zusätzliche Menge *cd* des Guts *Q* maximal zu zahlen bereits ist, läßt sich sofort sagen, daß er (vorausgesetzt daß er sein gegenwärtiges Nutzenniveau zumindest nicht verschlechtern will) für die zusätzliche Menge des Gutes *Q* auf eine Summe Geld P_2AbP_1 zu verzichten bereit ist. Anders ausgedrückt: Anstatt den Preis P_1 für die Menge *Od* zu zahlen, bezahlt er für die ersten *Oc* Einheiten den Preis P_2 und zusätzlich eine Summe Geld *Acdb* für die zusätzlichen Einheiten *cd*, wodurch er P_2abP_1 verliert. Seine Bewertung zusätzlicher Einheiten des Guts *Q* entspricht dem Substitutionseffekt der traditionellen „price into quantity"-Methode. Der Konsument vollzieht sozusagen eine Substitution von Geld durch Gut *Q*.

Wenn das eine vollständige und korrekte Interpretation der „quantity into price"-Methode ist, dann wäre die aus dem angedeuteten „Kalkül" resultierende Funktion tatsächlich eine einkommenskompensierte Nachfragefunktion, denn der Konsument würde sich fortwährend entlang einer und nur einer Indifferenzkurve bewegen; sein Realeinkommen bliebe konstant.

Wir haben aber bisher vernachlässigt, daß im Zuge des Bewertungsvorgangs der Preis des Guts *Q* gefallen ist. D. h. die Menge Geld, die er für die zusätzliche Menge des Guts *Q* herzugeben bereit war, hat sich tatsächlich verringert, weil der Nachfragepreis gesunken ist. Dadurch wird aber jetzt das Nutzenniveau des

[65] An dieser Stelle sei noch einmal darauf hingewiesen, daß De Quincey durch seine Umbestimmung des Gebrauchswertbegriffs als „Marktpreisobergrenze" in gewisser Weise der Marshallschen Sichtweise Vorschub geleistet hat.

Konsumenten beeinflußt, da er auf eine andere Indifferenzkurve überwechselt. Dieser zweite Effekt ist das Analogon zum Einkommenseffekt der „price into quantity"-Methode.

Wie Hicks zeigen konnte, führt die „quantity into price"-Methode zu den gleichen Ergebnissen, wie sie aus der „price into quantity"-Methode abgeleitet werden können. Auch Mayston[66] kommt nach ausführlicher Transformation der „quantity into price"-Begriffe in die traditionelle Indifferenzkurve zum gleichen Ergebnis.

Dies gibt uns die Berechtigung, im weiteren Verlauf der Darstellung statt von einer Nachfragefunktion von einer Nachfragepreisfunktion reden zu können, ohne dabei mit den Grundlagen der Nutzentheorie in Konflikt zu geraten.

4. Produktivkräfte, Ertragsgesetze und Zufuhr

Das dritte Buch der „Principles" ist dem Bedürfnisaspekt, also der Nachfrageseite gewidmet, wohingegen das vierte Buch, das wir im folgenden behandeln werden, die „activities", also die Angebotsseite zum Untersuchungsobjekt hat.

Marshall behandelt in diesem Buch drei wichtige theoretische Bausteine: Zuerst diskutiert er die Entwicklung der Produktivkräfte, wobei er der klassischen Trinität von Land, Arbeit und Kapital die Organisation als vierte Kraft hinzufügt. Ein zweites theoretisches Problem besteht in der Handhabung verschiedener Ertragsverläufe, und endlich führt er schon an dieser Stelle das Konzept der repräsentativen Unternehmung ein.

Ich werde noch einen weiteren Aspekt in diesem Abschnitt diskutieren, nämlich das Problem, welche Bedeutung die alternativen Annahmen fixer oder variabler Faktorzufuhr[67] für den Gleichgewichtsbegriff haben.

4.1. Die Produktionsfaktoren

Wie schon angedeutet, behielt Marshall den klassischen Faktorbegriff bei, diskutierte aber im vierten Buch der „Principles" nicht die Entlohnung der Faktoren, also das Verteilungsproblem, sondern die allgemeine Entwicklung dieser Faktoren einerseits und die speziellen Gesetzmäßigkeiten, unter denen sich die verschiedenen Faktoren entwickeln, andererseits. Er folgte auch hier wieder der klassischen Tradition und setzte den Produktionsfaktor Land von den anderen Faktoren deutlich ab:

---

[66] Vgl. D. J. *Mayston;* On the Nature of Marginal Utility — a neo-Marshallian Theory of Demand, E.J. Vol. 86, 1976, S. 493-507.

[67] Ich wähle den Begriff „Zufuhr" deshalb, weil der Begriff des Angebots eigentlich schon einen fixen Bestand voraussetzt, denn Angebot ist die subjektive Entscheidung, auf die Eigennutzung eines Guts / Faktors zu verzichten. Angebot ist eigentlich die Eigennachfrage mit umgekehrtem Vorzeichen. Siehe Teil I dieser Arbeit.

"The area of the earth is fixed: the geometric relations in which any particular part of it stands to other parts are fixed. Man has no control over them; they are wholly unaffected by demand; they have no cost of production, there is no supply price at which they can be produced."[68]

Der Bestand des Produktionsfaktors Land — Marshall subsumiert alle natürlichen Ressourcen unter diesem Begriff[69] — ist fix, wohingegen dies für die anderen Produktionsfaktoren nicht vorausgesetzt wird. Sowohl ‚Arbeit' als auch ‚Kapital' können prinzipiell vermehrt werden. Wir müssen streng darauf achten, daß Marshall hier eine rein mengenorientierte Betrachtung anstellt; über die Preise der Faktoren kann man erst im Rahmen der Verteilungstheorie nachdenken. Es geht ihm zunächst (wie schon in den „Economics of Industry" angedeutet) darum, die Entwicklungsgesetze der Produktionsfaktoren herauszuarbeiten:

"We have now to seek for the Law of fertility of Land, the Law of the increase of population, and the Law of the growth of capital."[70]

4.1.1. Land und fallende Skalenerträge

In der klassischen Theorie, insbesondere bei Ricardo, dient das Gesetz der fallenden Erträge im Rahmen der Verteilungstheorie dazu, den Surpluscharakter der Rente hervorzuheben, d.h. deutlich zu machen, daß aus gesamtwirtschaftlicher Sicht die Rente kein bestimmender Faktor der Produktionspreise ist, sondern deshalb gezahlt werden kann, weil der Preis für Landprodukte (Korn) so hoch ist, daß sich die Produktion auf dem schlechtesten Land gerade noch lohnt und auf allen besseren Böden wegen Produktivitätsvorteilen Differentialrenten erzielt werden können. Diese Art der Argumentation setzt allerdings eine spezifische Form fallender Erträge voraus. Die Besonderheiten dieser ertragsgesetzlichen Argumentation werden wir jetzt genauer untersuchen.

Das klassische Gesetz abnehmender Erträge hat drei wichtige Voraussetzungen:

(1) Die Produktionstechnik ist gegeben und fix.
(2) Es existieren Böden unterschiedlicher Qualität.
(3) Die zusätzlich eingesetzten Mengen Arbeit und Kapital sind homogen, d.h. von gleicher Qualität.

Bei gegebener Produktionstechnik lassen sich dann gemäß der Produktivität die Böden in eine eindeutig bestimmte Ordnung bringen.

Wenn man eine im Zeitablauf steigende Nachfrage nach landwirtschaftlichen Produkten unterstellt, bedeutet dies, daß man sukzessive schlechtere Böden

---

[68] Principles I, S. 145.

[69] Vgl. Principles I, S. 144-145.

[70] A. *Marshall* and M. Paley *Marshall;* The Economics of Industry, London 1988, S. 21. Im folgenden zitiert: „Economics of Industry".

bebauen muß, d.h., daß die Durchschnitts- und Grenzerträge zusätzlich in die Bebauung investierter Einheiten von Kapital und Arbeit sinken. Diese Argumentation kann aber nur geführt werden, wenn die Produktionstechnik konstant gehalten wird, wie Marshall richtig bemerkte:

> "There is no absolute measure of the richness or fertility of land. (...) In other words, many of those lands which are the least fertile when cultivation is merely extensive, become among the most fertile when cultivation is intensive."[71]

Heute wissen wir, daß selbst bei konstanter Technik ein Wechsel in der Fruchtbarkeitsordnung stattfinden kann, wenn sich das Verhältnis zwischen Lohnsatz und Profitrate ändert. Wenn aber ein so formuliertes Gesetz abnehmender Erträge selbst von Verteilungsrelationen beeinflußt wird, kann es nicht schlechterdings zur Grundlage verteilungstheoretischer Argumentation gemacht werden. Dies muß im Rahmen der Verteilungstheorie berücksichtigt werden.

Einen ganz anderen Gehalt hat das Gesetz abnehmender Erträge, wenn wir homogenes Land, also Land gleicher Fruchtbarkeit, untersuchen. Hier macht es keinen Sinn, die Technik konstant zu halten, denn der Produzent wird immer die Technik wählen, die ihm den höchsten Durchschnittsertrag erbringt. So wird der Produzent bei steigender Nachfrage solange mit der gleichen Technik die Bewirtschaftung auf dem homogenen Land ausdehnen, bis dieser Boden erschöpft ist und Grenz- und Durchschnittsertrag bei weiteren ‚Dosen' von Kapital und Arbeit zu fallen beginnen.

Das Gesetz vom abnehmenden Ertragszuwachs so zu formulieren, als ob zunächst steigende und dann fallende Grenz- und Durchschnittserträge vorlägen, hat, wie Sraffa schon 1925[72] zeigte, wenig Sinn.[73] Bei der üblichen Formulierung wird immer davon ausgegangen, daß das gesamte homogene Land bebaut werden muß. Dies ist aber schon intuitiv nicht einsichtig. Warum sollte ein Bauer seine 100 ha bewirtschaften, wenn er, bei gegebener Technologie und der ihm zur Verfügung stehenden Arbeitskraft, nur 50 ha bearbeiten kann? Verdoppelt er sowohl Arbeit und Kapital, dann kann er die gesamte Fläche bebauen. Da dies bei gleicher Technologie geschieht, bleibt die Durchschnittsproduktivität konstant, und wir erhalten konstante Skalenerträge, da sich auch die bebaute Landfläche verdoppelt. An der ‚Grenze' angelangt, bringt eine weitere „Dosis" von Kapital und Arbeit keine der Dosis proportionale Ertragssteigerung mit sich. Die Frage ist jetzt, ob jenseits der Grenze die zusätzlichen „Dosen" Kapital und Arbeit homogen bleiben oder heterogen werden. Der Begriff der Intensivierung ist hier nicht eindeutig. Entweder der Produzent erhöht seinen Kapital- und Arbeitseinsatz noch einmal, indem er zu den zwei Traktoren und Arbeitern noch ein drittes Paar hinzufügt, dann kann er

[71] Principles I, S. 157.

[72] P. *Sraffa;* Sulle relazioni fra costo e quantità prodotta.

[73] Vgl. auch W. *Eichhorn;* Deduktion der Ertragsgesetze aus Prämissen, ZfN 1968, S. 191-205.

die gleichen Produktionsvorgänge häufiger durchführen, oder er führt eine Maschine ein, die einen völlig anderen Produktionsvorgang ermöglicht und beispielsweise die Fruchtfolge völlig ändert. Die letztere der beiden Möglichkeiten begreift den zusätzlichen Einsatz von Kapital und Arbeit als eine Änderung in der Technologie. Im Fall der konstanten Technologie sind fallende Grenz- und Durchschnittserträge bei proportionaler Faktorkomplexvariation leicht einzusehen, denn eine Technologie, die sich bei Variation aller Faktoren durch konstante Skalenerträge auszeichnet, muß bei Konstanz eines Faktors und Variation der anderen Faktoren unterproportionale Skalenerträge erzielen. Dies muß aber a priori nicht der Fall sein, wenn an der „Grenze" ein Technikwechsel stattfindet.

Da wir im „klassischen" Fall auch von einer Konstanz der Technologie ausgegangen sind, müssen wir, um Vergleichbarkeit zu gewährleisten, auch im anderen Fall von der Konstanz der Technologie ausgehen.

Marshall hatte beide Formen des Gesetzes zwar unterschieden, hielt sie aber für den Unterschied zwischen einzel- und gesamtwirtschaftlicher Perspektive, was das Verständnis seiner weiteren Ausführungen erschwert.

> "But when the older economists spoke of the Law of Diminishing Return they were looking at the problems of agriculture not only from the point of view of the individual cultivator but also from that of the nation as a whole."[74]

Zusammenfassend kann festgehalten werden, daß das „Gesetz der fallenden Erträge" das Entwicklungsgesetz der landwirtschaftlichen Produktion darstellt. Es trägt der Tatsache Rechnung, daß

> "from the social point of view, land is not on exactly the same footing as those implements of production which man can increase without limit".[75]

4.1.2. Die Entwicklung des Arbeitskräftepotentials

Marshall begriff die allgemeine Bevölkerungsentwicklung als Zufuhr (supply) der Produktivkraft Arbeit. Es muß hier darauf geachtet werden, daß die Zufuhr (supply) nicht nur vom Reallohn abhängt, sondern durch ein Spektrum von Faktoren beeinflußt wird. Marshall diskutiert auf dieser Ebene vor allem allgemeine Tendenzen der Bevölkerungsentwicklung, wobei er im wesentlichen zwei Aspekte hervorhebt. Erstens beleuchtet er das Malthussche Bevölkerungsgesetz aus der Retrospektive und zweitens behandelt er die Entwicklung des Ausbildungsstands der Bevölkerung und damit den qualitativen Aspekt des Arbeitskräftepotentials.[76]

Nachdem er das Malthussche Bevölkerungsgesetz schlicht und einfach mit dem Argument erledigt, daß der prognostische Gehalt des Gesetzes deshalb

---

[74] Principles I, S. 170.

[75] Ebenda, S. 170.

[76] Vgl. Principles I, S. 173, und Economics of Industry, S. 27-35.

gering sei, weil die technischen Veränderungen in der landwirtschaftlichen und industriellen Produktion, sowie die enormen Verbesserungen im Transportwesen nicht in die antecedens-Bedingungen eingegangen seien, kommt er zu einer recht interessanten Diskussion der Determinanten der demographischen Entwicklung. Zwei zentrale Faktoren der natürlichen Bevölkerungsentwicklung sind zu klären: die Geburtenrate und die Sterberate. Für beide Größen gibt es einmal eine große Anzahl medizinischer, ernährungsphysiologischer und sozialer Einflußfaktoren, ferner machen sich im Fall der Geburtenrate Einflüsse ethisch-moralischer und ökonomischer Art stark bemerkbar.

Ein ganz anderer Aspekt des Arbeitskräftepotentials stellt der Ausbildungsstand der Bevölkerung dar. Marshall begriff „education", also Ausbildung, als eine nationale Investition, deren direkter Ertrag unter Umständen gering sei, die aber langfristig und in ihrer Gesamtheit gesehen einen wichtigen Beitrag zur Produktivkraftentwicklung darstelle.

> "And the economic value of one great industrial genius is sufficient to cover the expenses of the education of a whole town; (. . .)"[77]

Aus der individuellen Perspektive sind es die Eltern, die Investitionen in die Ausbildung vornehmen. Daß hier einfache Rentabilitätsrechnungen nicht am Platze sind, muß nicht weiter diskutiert werden. Die Steuerung der Ausbildung erfolgt eher nach tradierten Verhaltensmustern und nicht so sehr nach kurzfristigen Maximierungsregeln, da die Rentabilität der getroffenen Investition im wesentlichen davon abhängt, ob die sich ex post einstellende allgemeine Arbeitsmarktsituation richtig von den Eltern antizipiert worden ist. Marshall glaubte, daß diese Fähigkeit nur bei den höheren Schichten kulturell hochentwickelter Länder zu erwarten sei.

Für den weitaus größten Teil der Bevölkerung, vermutete er, gelte eher die Regel „wie der Vater so der Sohn".

> "Parents generally bring up their children to occupations in their own grade, and therefore the total supply of labour in any grade in one generation is in a great measure determined by the numbers in that grade in the preceding generation, yet within the grade itself there is greater mobility."[78]

Die Konsequenzen solch tradierter Verhaltensweisen sind dann später im Rahmen der Verteilungstheorie insbesondere in der Diskussion des Arbeitsmarktes zu berücksichtigen. Marshall schloß das der Produktivkraft Arbeit gewidmete Kapitel mit der Bemerkung:

> "If the state of knowledge, and of ethical, social and domestic habits be given; then the vigour of the people as a whole if not their numbers, and both the number and vigour of any trade in particular, may be said to have a supply price in this sense, that there is a certain level of the demand price which will keep them stationary; that a higher price would cause them to increase, and that a lower price would cause them to decrease."[79]

[77] Principles I, S. 216.

[78] Principles I, S. 217.

Im Gegensatz zu Land, das keinen Angebotspreis hat, weil es eben nicht vermehrbar ist, muß im Fall der Produktivkraft Arbeit davon ausgegangen werden, daß ihre quantitative Veränderung mit dem Preis, also dem Lohnsatz, zusammenhängt. Die Produktionskosten des „Faktors" Arbeit teilen sich der Staat und die Privaten, wobei auf seiten der Privaten die Kosten bei den Eltern und die Erträge bei den Kindern anfallen.

4.1.3. Kapital oder materieller Reichtum

Wie schon in „The Economics of Industry" beschäftigte sich Marshall in den „Principles" mit den Ursachen des Kapitalwachstums. Der Aspekt der konsumtiven Verwendung des Reichtums bzw. des Kapitals war in den „Economics of Industry" noch nicht vorhanden. Hier fühlte sich Marshall noch stärker der klassischen Tradition verpflichtet, die die konsumtive Verwendung des Reichtums als Verschwendungssucht des Feudaladels anprangerte und dieser die produktive Verwendung des Reichtums durch die Bürgerlichen gegenüberstellte. In den „Principles" erhielt der konsumtive Aspekt eine Bedeutung, da im Gegensatz dazu die investive Verwendung des Reichtums sozusagen als eine Leistung angesehen wird. Während es das Ziel des „klassischen" Unternehmers war, seinen Reichtum zu vergrößern, will der „neoklassische" Unternehmer den Nutzen, den er aus seinem Reichtum ziehen kann, erhöhen. Wenn man ihm für seinen Konsumverzicht nicht das zu zahlen bereit ist, was er sich vorstellt, dann konsumiert er eben seinen Reichtum, anstatt ihn produktiven Zwecken zuzuführen.[80]

Marshalls Position ist in diesem Punkt ambivalent, weshalb wir uns sein Konzept der Akkumulation etwas genauer ansehen werden. Es rankt sich sowohl in „The Economics of Industry" als auch in den „Principles" um zwei fundamentale Begriffe: Die Sparfähigkeit (power to save) und die Sparneigung (will to save).[81] J. St. Mill folgend definierte Marshall die Sparfähigkeit in Abhängigkeit von der Höhe des Nettoprodukts, welches sich ergibt, wenn man

---

[79] Principles I, S. 217-218.

[80] Vielfach wird in der neoklassischen Fassung dieses Sachverhalts eine Rechtfertigungslehre des Profits gesehen. Dies ist meines Erachtens zu vordergründig, denn die klassische Theorie enthält ebenso eine Rechtfertigungslehre. Der Unternehmer erhält den Profit, um wiederum Investitionen durchzuführen, d.h. den „Reichtum der Nation" zu mehren. Viel entscheidender scheint mir die Einführung des neoklassischen Nutzenkonzepts zu sein, denn erst dadurch wird der Unternehmer vor die Wahl gestellt zu konsumieren oder zu akkumulieren. Auch die klassische Tradition kennt den Nutzenbegriff, sie verwendet ihn aber nicht als Relationsbegriff zwischen Dingen und Subjekt, sondern als eine Relation zwischen Subjekten vermittelt über Dinge. Genaugenommen heißt das, daß ein Subjekt nicht durch den Besitz eines Dings einen Nutzen hat, sondern weil es durch den Besitz eines Dings gesellschaftliche Anerkennung erhält, nützt ihm der Besitz etwas. Vgl. hierzu: A. *Smith;* Theorie der ethischen Gefühle, Hamburg 1977 (unveränd. Nachdruck der 1. Aufl. 1926), S. 307-330.

[81] Vgl. The Economics of Industry, S. 36-37.

vom Bruttoprodukt das zur Reproduktion Notwendige abzieht, was den notwendigen Konsum, also den Subsistenzkonsum, einschließt. Das Nettoprodukt ist dann im wesentlichen der Fond, aus dem die Akkumulation gespeist werden kann, wenn man hiervon noch einen Teil für den Konsum des höheren Bedarfs abzieht. Die Größe bzw. das Wachstum des Nettoprodukts hängt vom Stand der Technik, von den Fähigkeiten der arbeitenden Bevölkerung, von der Fruchtbarkeit der Böden und von der allgemeinen Infrastruktur ab. In den „Principles" finden wir einen modifizierten Surplusbegriff. Hier wird er auf das Individuum bezogen, so daß die Höhe der Sparfähigkeit definiert wird als

> "an excess of income over necessary expenditure; and this is greatest among the wealthy".[82]

Der zweite Teil des Satzes stellt eigentlich einen Vorgriff auf verteilungstheoretische Probleme dar. Marshall ging hier sogar noch weiter, indem er Verteilungsänderungen zugunsten der Lohnempfänger nicht a priori als eine Schwächung der Akkumulationskraft verstanden wissen wollte, solange sichergestellt werde, daß die „gleichmäßigere" Verteilung dazu führe, daß der Ausbildungsgrad und die Gesundheit der Arbeitenden verbessert würden.[83]

Die Höhe des Nettoprodukts determiniert also die potentielle Akkumulationsfähigkeit des ökonomischen Systems. Da aber nicht das gesamte Nettoprodukt zu Akkumulationszwecken verwendet werden kann, mußte Marshall den Teil bestimmen, der einer investiven Verwendung zugeführt werden sollte. Diese Fragestellung diskutierte er unter dem Begriff der Sparneigung.

Die von Marshall sowohl in den „Economics of Industry" als auch in den „Principles" angeführten, die Sparneigung beeinflussenden Faktoren sind bis auf eine wichtige Ausnahme miteinander identisch. Es sind dies die Vorsorge für die Zukunft, intendierter sozialer Aufstieg, gesellschaftliche Vorteile, die durch ein Vermögen erreicht werden können, sowie Sicherheit durch stabile politische Zustände.[84] Ein wesentlicher Unterschied besteht hier zu den „Economics of Industry", in denen er den Hauptgrund einer hohen Sparneigung in familiären Bindungen sah.

> "There is probably more wealth saved for the sake of others than for the future enjoyment of those who save it."[85]

In den „Principles" änderte sich seine Sichtweise. Hier formulierte er das intertemporale Kalkül, wonach die Ersparnis als Konsumverzicht anzusehen sei.

> "If he thinks he could obtain more satisfaction by transferring some of it (some goods of a stock of goods, V.C.) from one use to another he will do so."

---

[82] Principles I, S. 229.

[83] Vgl. Principles I, S. 229-230.

[84] Vgl. Economics of Industry, S. 37-39, und Principles I, S. 224-231.

[85] Economics of Industry, S. 38.

Einige Zeilen weiter heißt es:

> "We saw, further, that the principle remains the same whether all the uses are present, or some are present and others deferred: (...)"[86]

Da die Zukunft unsicher sei und der Mensch zukünftige Bedürfnisse geringer schätze als gegenwärtige, müsse der Konsument eine Belohnung erhalten, wenn er auf gegenwärtigen Konsum verzichte. Akkumulation sei dann im wesentlichen das Verschieben des gegenwärtigen Konsums auf zukünftigen Konsum „or, of a *waiting* for it".[87]

Der Unterschied zwischen den „Economics of Industry" und den „Principles" besteht darin, daß es in den „Principles" nicht ganz klar ist, ob die Person, die auf gegenwärtigen Konsum verzichtet, mit der Person identisch ist, die später dann die „Erträge" erhält. In den „Economics of Industry" ist es deutlich, daß es sich nicht um die gleichen Personen handelt.

Wenn wir davon ausgehen, daß es sich um die gleichen Personen handelt, kann man Marshalls Bemerkung verstehen:

> "The 'demand price' of accumulation, that is, the future pleasure which his surroundings enable a person to obtain by working and waiting for the future, takes many forms: but the substance is always the same."[88]

Seine Argumentation muß aber noch einmal genau untersucht werden, da sie doch einige fragwürdige Aspekte zu haben scheint.

Marshall verglich beispielsweise den zusätzlichen Vorteil, den ein Bauer erhält, wenn er sich einen Wetterschutz baut, (im Gegensatz zu denen, die gegenwärtige Vergnügen bevorzugen und einen solchen Wetterschutz nicht gebaut haben), mit der Alterspension, die ein Arzt durch Zinszahlungen aus einem von ihm früher investierten Kapital erhält. Was hier dem Arzt als Pension ausgezahlt wird, läßt sich als interne Verzinsung seines Kapitals interpretieren, so daß die Argumentation, ein erwarteter Anstieg zukünftiger Genüsse, Erträge usw. erhöhe die Bereitschaft, auf gegenwärtigen Konsum zu verzichten, sinnvoll ist. Denn bei gegebenem Zinssatz erhöht sich der Kapitalwert einer Auszahlung, bzw. man kann seine Auszahlung erhöhen, ohne einen Rückgang der internen Verzinsung zu riskieren.

Die Argumentation beinhaltet aber auch, daß ein Sinken des Zinses die Sparneigung erhöht, denn bei gegebenen Erwartungen über zukünftige Erträge bewirkt ein Rückgang des Zinses eine Erhöhung der Kapitalwerte und somit eine Tendenz, nicht zu konsumieren sondern zu sparen. Marshall hat diese Argumentation selbst geführt, bezeichnete sie aber als eine „exception to the rule".[89]

---

[86] Principles I, S. 231.

[87] Vgl. Principles I, S. 233.

[88] Ebenda, S. 233.

[89] Vgl. Principles I, S. 234-235.

Festzuhalten bleibt, daß Marshall in der Sparfähigkeit und in der Sparneigung die zwei zentralen Determinanten der Akkumulation des Kapitals sah. Die Sparfähigkeit wird durch die Höhe des Nettoprodukts bestimmt, die Sparneigung ist eine Funktion des Zinssatzes, wobei sowohl eine positive, als auch eine inverse Beziehung von Marshall für möglich gehalten wurde.

4.1.4. Organisation und Arbeitsteilung

Auf die allgemeinen Auswirkungen der Arbeitsteilung muß an dieser Stelle nicht mehr ausführlich eingegangen werden. Marshall begriff die Arbeitsteilung als bewußten Akt des Unternehmers bzw. des Managements, womit Marshall die Organisation, d. h. die Tätigkeit des Unternehmers oder Managements, als vierten Produktionsfaktor neu einführte.

Das auf die fortschreitende Arbeitsteilung und besonders auf die Einführung der Maschinerie zurückzuführende Wachstum des Produktionsvolumens nötigte Marshall zur Formulierung des „Gesetzes der steigenden Erträge". Er unterschied jedoch zwei wesentlich voneinander verschiedene Effekte, nämlich einerseits

> "those dependent on the general development of the industry"

und andererseits

> "those dependent on the resources of the individual houses of business engaged in it, on their organization and the efficiency of their management".[90]

Erstere nannte er externe, letztere interne Effekte. Indem Marshall das Zusammenwirken beider Formen diskutierte, stellte er beide auch auf die gleiche logische Ebene, obwohl das im Rahmen der klassischen Theorie und auch der modernen Theorie nicht ganz unproblematisch ist. Das „Gesetz der fallenden Erträge" ist in der klassischen Theorie (insbesondere bei Ricardo) Bestandteil der Verteilungstheorie, genaugenommen der Rententheorie. Steigende Erträge werden dagegen im Rahmen einer allgemeinen Produktionstheorie bzw. Theorie der Produktivkraftentwicklung diskutiert.

Beide „Gesetze" haben jedoch eine Facette gemeinsam, und dies könnte Marshall veranlaßt haben, sie auf die gleiche Ebene zu stellen. Sowohl in der klassischen Formulierung der fallenden Erträge als auch im Fall steigender Erträge spielt die Entwicklung der allgemeinen Nachfrage eine gewisse Rolle. Fallende Erträge ergeben sich in der Landwirtschaft bei steigender Bevölkerungszahl und somit steigender Nahrungsmittelnachfrage durch einen Übergang auf schlechtere Böden. Steigende Erträge ergeben sich einerseits durch erhöhte Arbeitsteilung und technische Veränderungen, andererseits durch Zentralisation und Konzentration der Produktionsmittel. Beide Tendenzen sind, wie schon Smith richtig bemerkte, im wesentlichen an die Ausdehnung der

[90] Principles I, S. 266.

Märkte gekoppelt. Eine Ausdehnung der Märkte ist aber wiederum nur dann möglich, wenn Güter verstärkt über Märkte transferiert werden und wenn generell die gesamte Nachfrageentwicklung einen steigenden Verlauf nimmt. Beide Gesetzesverläufe sind somit mutatis mutandis Konstruktionen, d.h. Verläufe, die unter der Veränderung der Nachfrage erzeugt werden. In der neoklassischen Theorie hat das klassische Gesetz der fallenden Erträge keinen Stellenwert, wie schon Wicksteed deutlich hervorhob.[91] Die fallenden Skalenerträge kommen nur deshalb zustande, weil die verschiedenen Bodenqualitäten nach ihrer Produktivität angeordnet werden, und zwar so, daß der Boden mit der höchsten Produktivität am Anfang und der „schlechteste" Boden am Ende der Skala steht. Mit dieser Anordnung ist das „Fallen" der Kurve schon impliziert, und es wird nicht durch die sukzessiven Dosen von Kapital und Arbeit „verursacht".

Die neoklassische Version des Gesetzes lebt dagegen von der Konstanz einer bestimmten Fläche homogenen Bodens, die mit verschiedenen Mengen von Arbeit und Kapital bebaut werden kann. Die Konstanz eines Faktors ist essentiell für die Formulierung des Gesetzes.

Bei der Formulierung des Gesetzes steigender Erträge werden dagegen alle Faktoren variabel gehalten.

Zusammenfassend läßt sich sagen, daß steigende und fallende Erträge im Rahmen der neoklassischen Theorie auf verschiedenen Ebenen stehen, da man im einen Fall (steigende Erträge) eine totale Faktorvariation, im anderen Fall nur eine partielle Faktorkomplexvariation vornimmt.

Marshall hatte unmißverständlich beide „Gesetze" auf die gleiche Ebene gestellt und als gegeneinander wirkende Kräfte charakterisiert. In Branchen, in denen sich beide Kräfte neutralisieren, habe man konstante Erträge. Welche Branchen von welchen Kräften dominiert werden, hänge im wesentlichen davon ab, ob viel oder wenig Naturprodukte als Inputs benötigt werden, und ob in diesen Branchen die Möglichkeiten für technische Verbesserungen und Großanlagen gegeben sind. Er folgte also nicht J. St. Mill[92] und ordnete bestimmten Branchen bestimmte Skalenertragsverläufe zu, sondern er dachte, daß Ertragsverläufe von der Inputstruktur und den technischen Entwicklungsmöglichkeiten einer Branche abhingen. Für die industrielle Produktion galt nach Marshalls Ansicht jedoch ein weitgehendes Vorherrschen steigender Erträge.

> "But in most of the more delicate branches of manufacturing, where the cost of raw material counts for little, and in most of the modern transport industries the law of increasing return acts almost unopposed."[93]

---

[91] Vgl. P. H. *Wicksteed;* The Scope and Method of Political Economy in the light of the 'Marginal' Theory of Value and Distribution, E.J., 1914, S. 1-23.

[92] J. St. Mill nahm folgende Zuordnung vor:
fallende Erträge — Landwirtschaft
konstante Erträge — Handwerk
steigende Erträge — Industrie.

5. Die Theorie des partiellen Gleichgewichts

Die Ausführungen über die Entwicklung der Produktivkräfte dienen in der Marshallschen Theorie der Spezifizierung des physischen Aspekts der Zufuhrpreisfunktion.

Wie wir sahen, betrachtete Marshall nur Land als einen physisch fixen Produktionsfaktor. Die Produktionsfaktoren Arbeit und Kapital sind nicht nur prinzipiell reproduzierbar, sondern auch vermehrbar. Den Ansatz seiner Akkumulationstheorie stellten wir vor. Allerdings fehlt uns zur Konstruktion einer auch die Wertseite berücksichtigenden Zufuhrtheorie noch die verteilungstheoretische Basis. Diese benötigen wir, um Zufuhrpreisfunktionen, die die Produktionskosten alternativer Outputs angeben, konstruieren zu können. Marshalls Vorgehensweise, die Verteilungsseite erst im letzten, dem VI. Buch der „Principles", zu behandeln und trotzdem im V. Buch mit Zufuhrpreiskurven zu operieren, hat ihm bis zum heutigen Tag von verschiedenen Seiten erhebliche Kritik eingetragen.[94] Genaugenommen handelt es sich dabei um eine Kritik der partialanalytischen Methode. Um nämlich von der rein physischen Diskussion der Ertragsverläufe auf Kostenkurven bzw. Zufuhrpreiskurven übergehen zu können, muß man annehmen, die Preise der Produktionsfaktoren seien gegeben und konstant. In der traditionellen Lehrbuchökonomie wird dies mit der Voraussetzung vollkommener Konkurrenz auf dem Faktormarkt begründet. Allerdings konstruiert die Lehrbuchtheorie nur Angebotsfunktionen für einzelne Unternehmungen, während Marshalls Kurven auf die gesamten Branchen bezogen sind. Da wir Marshalls Vorgehensweise folgen wollen, werden wir jetzt zur partiellen Gleichgewichtsanalyse, d. h. zur Wert- bzw. Preistheorie übergehen. Die hier getroffenen Voraussetzungen müssen dann im Kapitel über die Verteilungstheorie wieder aufgegriffen werden, so daß wir erst durch die Einbeziehung der Verteilungstheorie die vollständige Theorie Marshalls vor Augen haben werden.[95]

5.0.1. Märkte und Konkurrenz

Für eine ökonomische Theorie, die ein System zu erklären versucht, dessen Gesamtzusammenhang über Tauschprozesse hergestellt wird, erweist es sich als notwendig, den Markt als die Institution, in der der Tausch sich vollzieht, begrifflich zu fassen.

Ohne tiefer in die Dogmengeschichte eindringen zu wollen, sei kurz darauf hingewiesen, daß der Begriff des Marktes sehr eng mit dem der Konkurrenz verbunden ist. Der Begriff der freien Konkurrenz war noch bei A. Smith ein

[93] Principles I, S. 319.

[94] Schon Walras kritisierte diese Vorgehensweise scharf. Vgl. Elements, S. 486.

[95] Marshall selbst sah im VI. Buch der Principles seine Vision von der biologischen Methode in der ökonomischen Theorie am besten entwickelt. Vgl. A. *Marshall;* Distribution and Exchange, E.J. 1898, S. 35-59, hier S. 52-54.

kritischer, denn er wollte zeigen, daß Märkte auch ohne Regelungen durch Zünfte und Gilden zur Mehrung des Wohlstandes beitragen.

Im Rahmen der Ausdifferenzierung des neoklassischen Paradigmas wurde die Idee der freien Konkurrenz durch das Konzept der vollkommenen Konkurrenz verdrängt.[96] Dieser Begriff bildet heute die Basis grundlagentheoretischer Überlegungen. Folgende Bedingungen sind für die Definition der vollkommenen Konkurrenz notwendig:

(1) Homogenität des betreffenden Guts
(2) Anonymität von Produzenten und Konsumenten
(3) Zahlreiche Anbieter und Nachfrager, so daß kein einzelner den Preis beeinflussen kann.
(4) Vollkommene Information
(5) Freier Marktzutritt für Produzenten und Konsumenten.

Wie wir im weiteren sehen werden, kann dieser Konkurrenzbegriff Marshall nicht unterstellt werden, da in seiner Theorie nur einige der o.g. fünf Bedingungen implizit angeführt werden. Zum Problem der Homogenität findet sich in den „Principles" keine eindeutige Aussage. Zu den Bedingungen (2), (3) und (4) dürfte folgende Passage aus den „Principles" aufschlußreich sein:

"(. . .) we assume that the forces of demand and supply have free play; that there is no close combination among dealers on either side, but each acts for himself, and there is much free competition; that is, buyers generally compete freely with buyers, and sellers compete freely with sellers. But though everyone acts for himself, his knowledge of what others are doing is supposed to be generally sufficient to prevent him from taking a lower or paying a higher price than others are doing."[97]

Die hier genannten Bedingungen freier Konkurrenz sind im Gegensatz zu den o.g. weniger restriktiv. Weder wird Anonymität noch vollkommene Information gefordert, und bezüglich der Anzahl der Produzenten und Konsumenten wird keine Aussage getroffen. Nur das Verhalten der einzelnen Wirtschaftssubjekte ist näher bestimmt: Jede Wirtschaftseinheit handelt individuell, daß heißt nicht abgestimmt. Daß grundsätzlich freier Marktzutritt gewährleistet sein muß, scheint für Marshall eine Selbstverständlichkeit zu sein. Während er sich in der genannten Passage nicht über den Informationsgrad äußert, findet sich im Zusammenhang mit einer Exposition des „process of substitution" folgende Passage über vollkommene Information und vollkommene Konkurrenz.

"Perfect competition requires a perfect knowledge of the state of the market; and though no great departure from the actual facts of life is involved in assuming this knowledge on the part of dealers when we are considering the course of business in Lombard Street, the Stock Exchange, or in a wholesale Produce Market; it would be an altogether unreasonable assumption to make when we are examining the causes that govern the supply of labour in any of the lower grades of industry."[98]

---

[96] Vgl. P. J. *McNulty;* Economic Theory and the Meaning of Competition, Q.J.E., 1968, S. 639-656.

[97] Principles I, S. 341.

Marshall machte hier deutlich, daß der Informationsgrad im wesentlichen vom Organisationsgrad eines Marktes abhängt, und im Fortgang seiner Argumentation betonte er, daß die Information nicht vollkommen zu sein braucht, sondern dem Organisationsgrad des Marktes angemessen sein muß:

> "It is therefore specially important to insist that we do not assume the members of any industrial group to be endowed with more ability and forethought, or to be governed by motives other than those which are in fact normal to (...) the members of that group; account being taken of the general conditions of time and place."[99]

Wir können also vorläufig festhalten, daß Marshall die Vorstellung der vollkommenen Konkurrenz, wie sie die Lehrbücher formulieren, nicht teilt. Dies wird auch in seiner Wortwahl deutlich, denn er spricht immer von freier und nicht von vollkommener Konkurrenz. Sein Konkurrenzbegriff kann die Nähe zur klassischen Tradition nicht verleugnen. Für diese war essentiell, daß die Marktbedingungen die Herstellung einer uniformen Profitrate gewährleisten mußte. Somit ist für den klassischen Konkurrenzbegriff nur die Gewährleistung des freien Marktzutritts konstitutiv.[100] Für den Marshallschen Konkurrenzbegriff treten noch zwei weitere Bedingungen hinzu: Erstens darf kein abgestimmtes Verhalten existieren, und zweitens sollten Unternehmen keine Monopolstellung haben. Weiterhin gilt — eher als Ergebnis denn als Bedingung freier Konkurrenz —, daß einheitliche Preise für homogene Güter und Produktionsfaktoren herrschen.

Ein ganz anderer Aspekt des Markt- und Konkurrenzbegriffs ergibt sich, wenn man fragt, wer eigentlich den Markt schafft. Ein Teilproblem dieser Fragestellung hatten wir schon einmal im Rahmen der „quantity into price"-Analyse angesprochen. In Arrows Worten lautete das Problem, „who makes a decision on price"? Die Frage lautet also: Wer macht den Markt? Den in der walrasianischen Theorie dafür Verantwortlichen haben wir bereits kennengelernt: Es ist der Auktionator. Marshalls „Marktmacher" ist der Groß- und Einzelhändler.[101] Die Regeln, denen dieser folgt, sind insbesondere im Rahmen der Stabilitätsanalyse noch genau zu analysieren. Wir halten hier nur kurz fest, daß Groß- und Einzelhändler das Bindeglied zwischen Produzenten und Konsumenten darstellen; sie „machen" sozusagen den Markt, und ihre Verhaltensweisen sind im Rahmen einer Analyse der Marktfunktionsweise von herausragender Bedeutung. Diese konnte er erst diskutieren, nachdem er die den transistorischen Marktbewegungen unterliegenden Kräfte hinreichend analysiert hatte. Schon in den „Economics of Industry" unterschied er dieser Einsicht folgend „normal values" von „market values".

---

[98] Principles I, S. 540.

[99] Principles I, S. 540-541.

[100] Die aus Sraffas Kritik resultierende Entwicklung einer Theorie der unvollkommenen Konkurrenz kann angesichts des Marshallschen Konkurrenzbegriffs m.E. nicht überraschen.

[101] Vgl. A. *Marshall;* Industry and Trade; 3. Aufl., London 1920, S. 278ff. im folgenden zitiert als „Industry and Trade".

5.0.2. Zum Verhältnis von Marktpreis und Normalpreis

Die Unterscheidung von Normalpreis und Marktpreis ist wiederum ein Tribut an die klassische Theorie, deren Begründer A. Smith zwischen dem „natürlichen Preis" und dem Marktpreis einer Ware deutlich unterschied. Während die Klassik mit Hilfe von Angebot und Nachfrage die Abweichungen des Marktpreises vom natürlichen Preis erklärte[102], dehnte Marshall das Konzept von Angebot und Nachfrage auf die Erklärung der normalen Preise aus. Die Abweichungen der Marktpreise von den normalen Preisen führte Marshall im wesentlichen auf Änderungen in der Kaufkraft des Geldes, Unsicherheit u.a. institutionelle Faktoren zurück.[103]

Das Auseinanderfallen von Markt- und normalem Preis wird in den „Principles" im Rahmen der Stabilitätsbetrachtung thematisiert. Daß Marshall seinen analytischen Apparat vorwiegend für die Theorie der Normalpreise entwickelt hat, läßt sich mehrfach belegen.[104] In einem Brief aus dem Jahr 1902 an Edgeworth wird Marshalls Intention sehr deutlich:

> "You know I never apply curves or mathematics to market values. For I don't think they help much. And market values are, I think, either absolutely abstract or terribly concrete and full of ever-varying (though individually vital) side issues. Also Ox for market values measures a stock and not a 'flow'; and I found that, if I once got people to use Demand and Supply curves which discussed stocks along the axis of x, they could not easily be kept from introducing the notion of stock when flow was essential."[105]

Durch das in diesem Zitat angedeutete stock/flow-Problem wird klar, daß nach Marshalls Ansicht eine Theorie der Marktpreise auf Bestandgrößen basieren müsse, während die Theorie der Normalpreise mit Stromgrößen zu operieren habe. Ob die stock/flow-Unterscheidung grundsätzlich sinnvoll ist, sei erst einmal offengelassen, zunächst kann sie aber dazu dienen, eine Periodenabgrenzung zu ermöglichen. Kurven für Marktpreise sind definiert für bereits am Markt befindliche Mengen. In diesem Fall geht es um die simultane Bestimmung der umgesetzten Menge und des erzielten Preises. Kurven für Normalpreise beziehen sich auf produzierbare und nachgefragte Mengen pro Zeitraum.[106] Wir werden daher in Zukunft immer von Zufuhr sprechen, wenn

---

[102] Vgl. B. *Schefold;* Nachfrage und Zufuhr in der klassischen Theorie, in: Studien zur Entwicklung der ökonomischen Theorie, hrsg. v. F. *Neumark,* Berlin 1981, S. 53-91.

[103] Vgl. Economics of Industry, Kapitel I-III.

[104] Vgl. Principles II, S. 65, 364, 808ff.

[105] Early Writings Bd. I, S. 123.

[106] Pigou, Marshalls Nachfolger in Cambridge, transformierte die von Marshall getroffene Unterscheidung zwischen Markt- und Normalpreis in unterschiedliche Gleichgewichtsbegriffe. Er unterschied zwischen Marktgleichgewicht und Strömungsgleichgewicht (flow equilibrium), wobei für Pigou ein Marktgleichgewicht im Grunde immer existiert. Wenn man sein Beispiel berücksichtigt, wird klar, daß er auch alle Rationierungssituationen unter den Begriff des Marktgleichgewichts subsumierte. Ein Strömungsgleichgewicht erfordert, daß auf allen Ebenen des ökonomischen Systems, d.h. auf allen

wir den Strom, und vom Angebot, wenn wir den Bestand der angebotenen Menge meinen.

Die hier getroffenen Unterscheidungen werden im Zuge der Charakterisierung verschiedener Gleichgewichtstypen benötigt. Die von Marshall getroffene Unterscheidung zwischen Marktpreis und Normalpreis ist nicht nur im Rahmen der Stabilitätsanalyse, sondern auch für die Klassifikation von Gleichgewichtstypen konstitutiv. Dem Begriff des Marktpreises korrespondiert der Gleichgewichtstyp des temporären Gleichgewichts, dem des Normalpreises entspricht das Gleichgewicht der kurzen und der langen Periode. Wie schon erwähnt, schenkte Marshall dem Problem der Marktpreisbildung in den „Principles" nur geringe Beachtung. Wir werden diesem Gleichgewichtstyp jedoch mehr Aufmerksamkeit widmen.

5.1. Das temporäre Gleichgewicht

Ein temporäres Gleichgewicht läßt sich dadurch charakterisieren, daß der Bestand der zum Verkauf anstehenden Gütermenge gegeben ist und sich nicht von heute auf morgen verändern läßt. Beispiele hierzu gibt es genug: Der Fischmarkt ist wohl der populärste, weil von Marshall gewählte, ebenso ließe sich auch der Kornmarkt für eine Jahresproduktion, der saisonale Obstmarkt usw. anführen. Auf diesen Märkten wird ein sogenannter Gleichgewichtspreis durch ein „higgling and bargaining of the market"[107] erzielt.

Käufer und Verkäufer stehen sich feilschend und handelnd gegenüber, der Informationsfluß garantiert, daß keine Preisdifferenzierung auftritt und somit die Einheitlichkeit des Preises gewährleistet wird. Der sich dabei herausbildende Preis, so Marshall,

> "has thus some claim to be called the true equilibrium price: because if it were fixed on at the beginning, and adhered to throughout, it would exactly equate demand and supply (. . .)"[108].

Der Beschreibung dieses Preisfindungsprozesses unterliegt jedoch die Annahme,

> "that the sum which purchasers were willing to pay, and which sellers were willing to take, (. . .) would not be affected by the question whether the earlier bargains had been made at a high or a low rate".[109]

Es handelt sich bei diesem Gleichgewichtstyp um eine Betrachtung, die Vergangenheitserfahrungen und Zukunftserwartungen vollkommen außer acht läßt.[110]

Märkten die Zufuhr (= Strom des Angebots) gleich dem Strom der Nachfrage ist. Vgl. A. C. *Pigou;* Employment and Equilibrium, London 1941, S. 29-37.

[107] Vgl. Principles I, S. 333.

[108] Ebenda, S. 333.

[109] Ebenda, S. 334.

Diesem Gleichgewichtstyp maß Marshall im Rahmen seiner Wert- und Preistheorie wenig Bedeutung bei.

Um einen ganz anderen temporären Gleichgewichtstyp handelt es sich aber im Fall dauerhafter und solcher Güter, deren Produktionsbedingungen keine saisonalen Outputschwankungen erzeugen, sondern permanent produziert werden können, was für die meisten Industriegüter gilt. Sie werden über ein Netz von Groß- und Einzelhändlern zum Konsumenten gebracht, so daß der Händler mit dem Konsumenten direkt konfrontiert wird. Auf einem durch diese Institution (Handel) charakterisierten Markt findet kein „higgling und bargaining" zwischen Käufer und Verkäufer statt. Hier herrschen, sofern keine monopolistischen Elemente dominieren, weitgehend uniforme Preise vor, und Schwankungen der Nachfrage werden, wenn nicht allzu drastisch, durch Lagerveränderungen der Händler bei konstanten Preisen ausgeglichen. Dieser zweite Gleichgewichtstyp wurde von Marshall in seinem ersten Manuskript über die Werttheorie entwickelt[111] und liegt seinem Buch „Industry and Trade" zugrunde[112]. In den „Principles" taucht er explizit nicht auf.

Wenn wir beide temporären Gleichgewichtstypen miteinander vergleichen, so läßt sich festhalten: In beiden Fällen haben wir es mit dem Problem von Kauf und Verkauf bereits vorhandener Gütermengen zu einem Zeitpunkt zu tun. Wenn die produzierte Menge gegeben ist und eine Vergrößerung dieser Menge für die nächste Zeit nicht erwartet werden kann, haben wir den Typ des „Fischmarkts" vor Augen.

Graphisch läßt sich dieser Fall wie folgt darstellen:

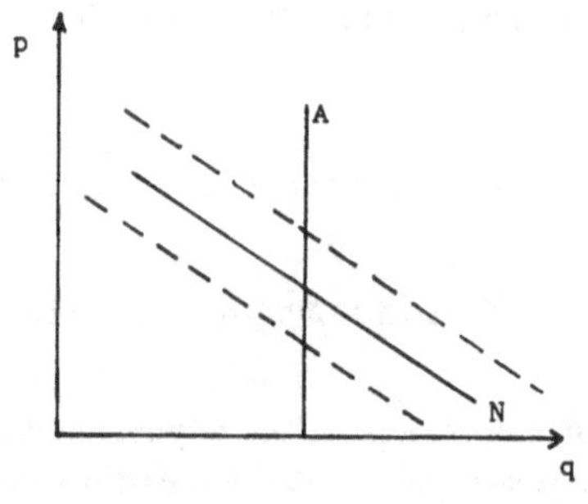

(Graphik II.2.)

Wir haben ein fixes Angebot (keine Zufuhr) und eine preiselastische Nachfrage. Der Marktpreis wird von der Nachfrageseite bestimmt.

---

[110] Auf diesem Gleichgewichtstyp basiert Hicks' „temporary equilibrium method". Die Periodenlänge wird durch die Konstanz der Erwartungen definiert. Vgl. J. R. Hicks; Capital and Growth, S. 58-75.

[111] Early Writings, S. 134-135.

[112] Vgl. Industry and Trade, S. 278ff.

Im anderen Fall ist zwar auch die produzierte Menge gegeben, aber es geht nicht darum, diese Menge zu einem bestimmten Zeitpunkt zu verkaufen.

"(...) the whole amount bought is a very small proportion of the amount on sale; the buyer is influenced merely by considering whether he can afford to pay the price at which the commodity is offered, and does not in general look forward to either a rise or a fall in the price (...)."[113]

Der Händler richtet sich in seiner Preisgestaltung nach seinen Kosten, sowie den Preisen seiner Konkurrenten.

Graphisch ergibt sich daher folgendes Bild:

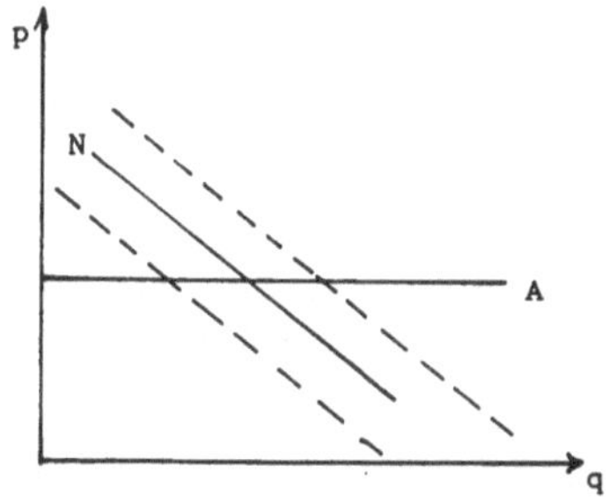

(Graphik II.3.)

Das Angebot ist variabel und der Preis konstant. Die Schwankungbreite des Angebots hängt von der Lagerkapazität sowohl der Einzel- als auch der Großhändler ab. Wenn die Lager leer sind, müssen die Konsumenten warten oder auf Substitute umsteigen.

Der Hicksschen Terminologie folgend, läßt sich der „Fischmarkt-Typ" als Flexpreis-Markt, der „Händler-Typ" als Fixpreis-Markt bezeichnen.

Abschließend sei noch einmal nachdrücklich hervorgehoben, daß die Angebotskurven in beiden Fällen keinen Produktionsaspekt haben, so daß Assoziationen zu Ertrags- oder Kostenverläufen völlig deplaziert sind.

5.2. Die Theorie der Normalpreise

In Marshalls Theorie des temporären Gleichgewichts ist das Angebot als Bestandsgröße gegeben, und eine Bestandsgröße hat keinen Zufuhrpreis, wie Marshall schon im Rahmen seiner Analyse des Bodens als Produktivkraft erwähnte.[114] In einer Theorie der Normalpreise gilt es jedoch, die Zufuhrpreise zu erklären, während im temporären Gleichgewicht diese vorhandene Menge als

[113] Early Writings, Bd. I, S. 134.

[114] Vgl. Principles I, S. 145.

das Ergebnis von Produktionsentscheidungen angesehen werden muß, die im Lichte vergangener Erfahrungen getroffen wurden.[115] Diese Erfahrungen können jedoch nicht zum Gegenstand eines Kalküls gemacht werden, denn

> "we are specially concerned with movements of price ranging over still longer periods than those for which the most far-sighted dealers in futures generally make their reckoning: we have to consider the volume of production adjusting itself to the condition of the market, and the normal price being thus determined at the position of stable equilibrium of normal demand and normal supply".[116]

Die Nachfrageseite, oder besser die Bestimmung des Nachfragepreises, wurde schon behandelt; jetzt geht es darum, die Bestimmungsfaktoren des Zufuhrpreises zu untersuchen. Zu diesem Zweck führte Marshall zwei Begriffe ein: die Produktionsausgaben und die realen Produktionskosten. Mit Produktionsausgaben bezeichnete Marshall die in Geld ausgedrückten Preise aller zur Produktion eines Guts benötigten Inputs; unter realen Produktionskosten verstand er:

> "(. . .) the exertions of all the different kinds of labour that are directly or indirectly involved in making it; together with the abstinences or rather the waitings required for saving the capital used in making it; (. . .)".[117]

Die Produktionsausgaben (expenses of production) werden auf reale Produktionskosten zurückgeführt, indem man alle Ausgaben auf Arbeitseinheiten und „Warten" reduziert. Marshall verwies in diesem Zusammenhang auf den darin involvierten infiniten Regreß, aber er glaubte, daß der Reduktionsprozeß ohne Schaden abgebrochen werden könne, indem man die Zufuhrpreise der Inputs als bekannt voraussetzt.[118]

Wenn wir einerseits die Preise der Inputs und andererseits den mengenmäßigen Zusammenhang zwischen Inputs und Outputs kennen, lassen sich die Produktionsausgaben und somit der Zufuhrpreis einer bestimmten Menge für ein gegebenes Zeitintervall bestimmen. Dies ist der Punkt, an dem sich die Marshallsche Theorie über die reine Partialmarktbetrachtung hinausbewegt, denn die Definition des normalen Zufuhrpreises setzt normale Faktorpreise voraus. Marshall vernachlässigte zwar den Einfluß anderer Gütermärkte auf den betrachteten Gütermarkt, aber er berücksichtigte die vorgelagerten Märkte, d.h. die Faktormärkte. Er berücksichtigte sozusagen die „Tiefeninterdependenz" und vernachlässigte die „Querinterdependenz".

---

[115] Vgl. Principles I, S. 337.

[116] Principles I, S. 338.

[117] Principles I, S. 338-339.

[118] Ebenda, S. 339. Es zeigt sich hier, wie Marshall theoretische Strenge durch pragmatische Behauptungen ersetzt.

5.2.1. Die Zufuhrpreiskurve

Im Vorfeld der Konstruktion einer Zufuhrpreiskurve sind einige grundlegende Fragen zu klären. Zunächst handelt es sich nicht um eine Kurve für eine individuelle Unternehmung, sondern um die eines Sektors oder Branche. Hierzu ist zunächst das Kriterium der Sektorenbildung offenzulegen, denn sowohl die Art der Inputs als auch der Outputs können als Kriterium dienen, sofern sie homogen sind. Wenn man mit Marshall die Outputseite als Kriterium wählt, muß man berücksichtigen, daß auf der Inputseite eine indirekte Beziehung zu anderen Sektoren entsteht und insofern die Ceteris-paribus-Bedingung nicht eingehalten werden kann. Ein ähnliches Problem entsteht intrasektoral, denn die verschiedenen Unternehmen einer Branche fragen auch weitgehend ähnliche Inputs nach, obwohl die Proportionen, in denen sie Faktoren nachfragen, je nach Technologie verschieden sein können.

Weiterhin muß deutlich sein, welche Ertragsverläufe in der Branche und welche im Bereich der Inputs, d.h. der Produktionsfaktoren, dominieren. Fallende Erträge ergeben sich nur dann, wenn bei einer Vergrößerung des Outputs ein Input (Faktor) nicht vermehrt werden kann. In der klassischen wie auch der Marshallschen Theorie besitzt der Produktionsfaktor Land diese Eigenschaft. Das Phänomen der abnehmenden Erträge war in der Klassik mit dem Problem der Rente verknüpft und gehörte damit zur verteilungstheoretischen Seite der Theorie. Zunehmende Erträge treten insbesondere im Zuge fortschreitender Arbeitsteilung und technologischer Verbesserungen auf, und wurden unter dem Begriff der „Produktion" subsumiert. Im Falle zunehmender Erträge sind alle Faktoren variabel.

Die von der Klassik vorgenommene Trennung der Problemstellungen fand bei Marshall im Periodenbegriff ihren Ausdruck. Damit bleiben aber fallende Erträge nicht mehr nur auf landwirtschaftliche Produktion beschränkt, sondern können prinzipiell auf alle Produktionsfaktoren ausgedehnt werden. Das Argument für die Konstanz des Faktors liefert ein gewählter Zeitraum, dessen Länge so definiert wird, daß in ihm die Menge des Faktors nicht vermehrt werden kann. So ist Marshalls kurze Periode gerade dadurch gekennzeichnet, daß der Kapitalstock eines Sektors konstant gesetzt wird, wohingegen die lange Periode diese Konstanz aufhebt und Kapital zu dem macht, was es stofflich ist, nämlich produziertes Produktionsmittel, und insofern vermehrbar und variabel. Wie in der Klassik bleibt Land der einzige nicht vermehrbare Faktor.

Weiterhin bleibt anzumerken, daß die Art der Erträge in einer Branche noch keine hinreichende Grundlage für eine Zufuhrpreiskurve liefert, da die Skalenertragsverläufe der Inputs konterkarierende Effekte auslösen können. Wenn z.B. in der Müllereiindustrie konstante Skalenerträge vorliegen, der zentrale Input „Getreide" aber fallenden Erträgen unterliegt, dann steigen die Durchschnittskosten der Mehlherstellung bei erhöhter Mehlproduktion, wenn die Preise für Getreide steigen.

All das verdeutlicht die Grenzen einer sektoralen, also partialmarktorientierten Analyse. Wir werden im nächsten Schritt versuchen, die Konstruktion einer Zufuhrpreiskurve für die kurze und dann für die lange Periode durchzuführen, dabei die genannten kritischen Punkte berücksichtigen, aber auch die m.E. interessanten und weiterführenden Aspekte hervorheben.

5.2.2. Die Zufuhrpreiskurve der kurzen Periode

Wie schon erwähnt, wird die kurze Periode nicht durch irgendeine kalendarische Zeiteinheit wie Jahr, Monat etc. abgegrenzt, sondern ist einfach dadurch definiert, daß in diesem Zeitraum der Kapitalstock, mit dem eine Industrie produziert, konstant ist. Für eine Unternehmung dieser Industrie stellt sich die Situation anders dar. Vorausgesetzt es existiert eine hinreichende Anzahl von Unternehmen und jede Unternehmung benötigt Kapital als Input, dann ist der Preis für Kapital gegeben und die Unternehmung paßt sich mengenmäßig diesem Preis an. Steigt die Nachfrage nach Kapital, so würde der Preis steigen und die angebotene Menge unverändert bleiben. Intrasektoral wäre aber noch Kapital als Input zu erhalten, und die einzelnen Unternehmen würden in gegenseitiger Konkurrenz den Preis für Kapital in die Höhe treiben. Charakteristisch für diese Sichtweise ist die Konstanz des dieser Branche zur Verfügung stehenden Kapital*angebots*. Mit der Annahme der Konstanz des Kapital*stocks* meint Marshall aber, daß die Anzahl der Produktionsanlagen und deren inter- und intrasektorale Struktur gegeben ist und fiktiv konstant gehalten wird. Jede einzelne Wirtschaftseinheit produziert somit unter fallenden Skalenerträgen, da sie unter der Bedingung konstanten Fixkapitals produziert. „Kapital" hat in diesem Fall die gleichen Eigenschaften wie Land.

> "To sum up then as regards short periods. The supply of specialized skill and ability, of suitable machinery and other material capital, and of the appropriate industrial organization has not time to be fully adapted to demand; but the producers have to adjust their supply to the demand as best they can with the applicances already at their disposal."[119]

Um eine sektorale Zufuhrpreiskurve der kurzen Periode zu konstruieren, müssen wir folgendes berücksichtigen:

1. Der Sektor besteht aus mehreren Unternehmen.
2. Die Unternehmen können hinsichtlich ihrer technologischen Ausstattung, Organisation, Standort usw. verschieden sein.
3. Die Technologie, Organisation usw. kann nicht verändert werden.

So wie im Rahmen der ricardianischen Rententheorie verschiedene Böden nach dem Grad ihrer Fruchtbarkeit angeordnet werden, so kann man hier die

---

[119] Principles I, S. 376. Es könnte an dieser Stelle überlegt werden, ob Marshall mit Konstanz des Kapitalstocks den physischen oder den wertmäßigen Aspekt meinte. M.E. beweist das obige Zitat wie auch sein erster Essay on Value, daß er den physischen Aspekt meinte. Vgl. auch Early Writings, Bd. I, S. 137-139.

Unternehmen nach ihrer ökonomischen Effizienz anordnen.[120] Dies bedeutet, daß die Unternehmen gemäß ihrer Durchschnittskostenminima in eine Rangfolge gebracht werden, wobei am Anfang der Skala die Unternehmung mit dem geringsten und am Ende die mit dem höchsten Durchschnittskostenminimum steht.

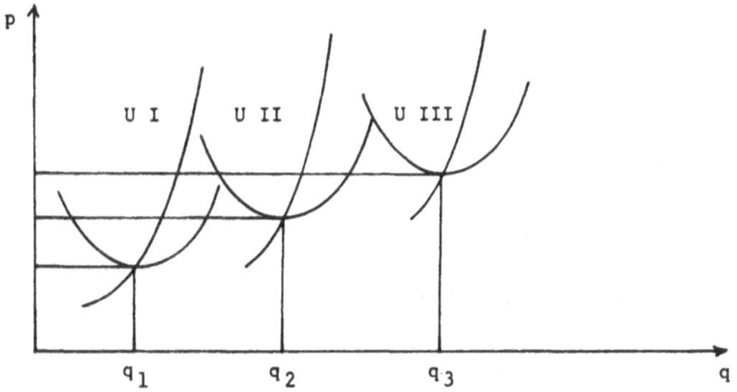

(Graphik II.4.)

(*U* I und *U* II sind intramarginale Unternehmen; *U* III ist die marginale Unternehmung. Wäre der Branchenoutput q_2, dann wäre *U* II die marginale Unternehmung und nur *U* I bliebe intramarginal.)

Wenn jede einzelne Unternehmung bestrebt ist, die Differenz zwischen Erlös und Kosten zu maximieren[121], wird sie bei gegebenem Preis (Annahme der vollkommenen Konkurrenz) entlang ihrer individuellen Grenzkostenkurve anbieten. Bei gegebenem Preis (= Marktpreis) gilt für die marginale Unternehmung, daß der Preis nicht nur gleich den Grenzkosten, sondern auch gleich den variablen Durchschnittskosten ist. Da die kurze Periode durch eine gegebene Produktionsstruktur ausgezeichnet ist, die somit den Outputbedingungen nicht angepaßt werden kann, weisen nur im Ausnahmefall alle Unternehmen eine „optimale" Struktur auf, d.h. produzieren im kurzfristigen Durchschnittskostenminimum. Intramarginale Unternehmen produzieren mit niedrigeren Durchschnittskosten als die marginale Unternehmung und erzielen dadurch Quasirenten.

[120] Ökonomische Effizient schließt technologische Effizient ein, berücksichtigt zusätzlich aber noch die Faktorpreise. Da die Technologie konstant, d.h. die Nachfrage nach Fixkapital Null ist, interessiert uns dieser Faktorpreis nicht. Die einzig wichtigen Faktorpreise sind der Lohnsatz und die Preise des zirkulierenden Kapitals.

[121] Ich möchte den Gewinnbegriff hier vermeiden, denn er wird oft mit dem englischen „Profit" gleichgesetzt, obwohl der „normale Profit" in den Kosten enthalten ist. Was hier eigentlich maximiert werden soll, sind rentenähnliche Einkommen.

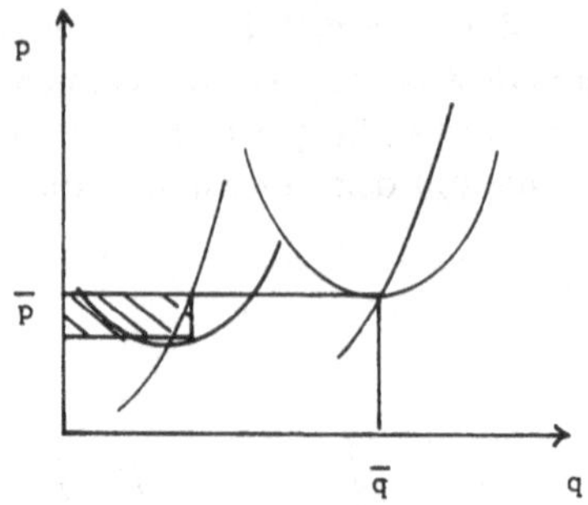

(Graphik II.5.)

Marshall und die in seiner Tradition stehenden Theoretiker sprachen hier von Quasirenten, da kein Widerpart auf der Kostenseite vorhanden ist, d.h. die Quasirente ist kein Preisbestandteil, sondern fällt an, weil der Preis über den Durchschnittskosten liegt.

Marshall bemerkte hierzu:

> "The income (die Quasirente, V. C.) is a surplus of total receipts over prime cost; (that is, it has something of the nature of a rent (...)."[122]

Um Mißverständnissen vorzubeugen, sei kurz auf Marshalls Unterscheidung zwischen „prime costs" und „supplementary costs" eingegangen. Die „prime costs" umfassen die Lohnkosten, Rohstoff- und Materialkosten sowie zurechenbare Abnutzung der Produktionsmittel. Die „supplementary costs" setzen sich aus den Gehältern der Angestellten, den fixen Kosten der Produktionsmittel sowie dem Profit zusammen. Der Profit besteht aus Zinszahlungen (Kapitalkosten) und Unternehmerlohn.[123]

Zum Verhältnis von Quasirente und Kosten schrieb Marshall:

> "Quasi-rent is correctly described as an unnecessary profit in regard to short periods, because no 'special' or 'prime' costs have to be incurred for the production of a machine that, by hypothesis, is already made and waiting for its work."[124]

Dies mag auf den ersten Blick irreführend scheinen. Natürlich fallen in der Unternehmung auch in der kurzen Periode „supplementary costs" an. Gesamtwirtschaftlich sind sie jedoch einer Bestimmung durch Angebot und Nachfrage entzogen, da die Gebäude, Maschinen usw. nicht der Marktbewertung unterworfen sind. Da der Produktionsapparat schon existiert und nicht erst produziert werden muß, gibt es für diese Güter keinen Zufuhrpreis. Sie haben daher in der kurzen Periode die gleichen Eigenschaften wie Land. Erst in der langen Periode werden die „supplementary costs" zu Kosten im gesamtwirt-

[122] Principles I, S. 377.

[123] Vgl. Principles I, S. 376.

[124] Ebenda, S. 424, Fußnote 1.

schaftlichen Sinne, weil ihnen hier auch ein Einkommen entspricht, das einen Teil der Produktionskosten bildet.

Bisher haben wir die Perspektive der einzelnen Unternehmung eingenommen und konnten zeigen, daß ihre individuellen Grenzkostenkurven als Zufuhrpreiskurven zu interpretieren sind. Um eine Zufuhrpreiskurve für die betreffende Industrie zu konstruieren, müssen wir allerdings noch weitere Überlegungen anstellen.

Während aus der Perspektive der Einzelunternehmung der Preis die unabhängige und die Menge die abhängige Variable darstellt, kann aus der Branchenperspektive der Preis nicht als unabhängige, sondern muß als die zu erklärende und zu bestimmende Variable angesehen werden. Vielleicht stärker als im Fall der Nachfragetheorie werden hier die unterschiedlichen Blickwinkel der „price into quantity"- und „quantity into price"-Methode deutlich. Auch R. Frisch macht auf diese von der traditionellen Theorie verschiedene Sichtweise aufmerksam:

> "The choice between price or volume as the independent variable in the present case is more than a formality. If all the data are available, a cost (total, unit, or marginal) can be computed as a *single valued* function of the price. (. . .) On the other hand this curve does *not* give the volume of production as a single valued function of the price. Since the curve, at first falls and then rises—as Marshall expressly has said it does—the volume will be a *multiple valued function* of the price."[125]

Die Grenzkostenfunktion ist aber eine *ein-eindeutige* Funktion der Menge. Darüber hinaus ist es auch ökonomisch sinnvoll, die Menge als unabhängige Variable anzusehen, da bei vollkommener Konkurrenz auf der Inputseite die Preise gegeben sind und die Kosten nur über Outputvariationen beeinflußt werden können. Die Kosten sind keinesfalls eine Funktion des Preises der verschiedenen Outputs. Es ist daher schon auf der Ebene der Unternehmung ökonomisch sinnvoll, von einer Zufuhrpreis- anstatt einer Angebotsfunktion zu reden.

Da Marshall aber an Zufuhrpreiskurven für eine gesamte Industrie interessiert war, müssen wir die individuellen Zufuhrpreisfunktionen aggregieren. Dies geschieht in der Regel durch horizontale Aggregation der einzelnen, über dem Durchschnittskostenminimum liegenden Grenzkostenkurven. Hierzu bringen wir die einzelnen Unternehmen gemäß der Höhe ihrer Durchschnittskosten in eine eindeutige Rangfolge und aggregieren die oberhalb des Durchschnittskostenminimums liegenden Grenzkostenkurven. Die Aggregation erfolgt horizontal mit sukzessiver Erhöhung des hypothetischen Marktpreises.

Ist die Anzahl der Unternehmen in der Branche groß, dann kann die treppenförmige Zufuhrpreiskurve der Branche durch eine stetige Kurve approximiert werden. Man erhält somit eine steigende Zufuhrpreiskurve für die gesamte Branche. Diese Kurve ist eine interessante Konstruktion, denn man muß bei ihrer Interpretation die Bedingungen ihrer Konstruktion mitberück-

---

[125] R. *Frisch;* Alfred Marshall's Theory of Value, Q.J.E. 1950, S. 518.

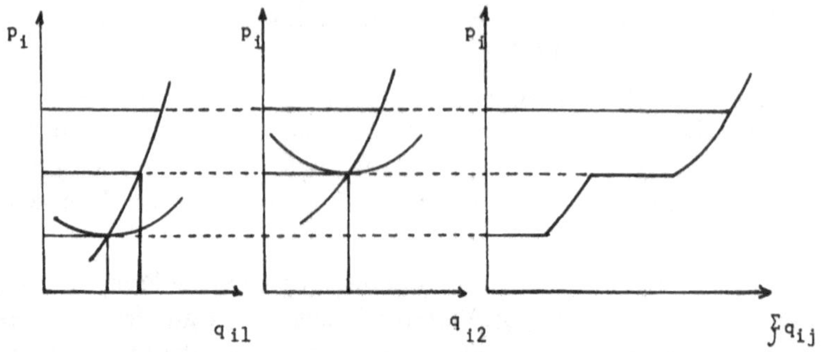

(Graphik II.6.)

sichtigen. Sie wird unter hypothetischer Variation des Preises gewonnen. Würde man die Preisvariation nicht vornehmen, ergäbe sich nur ein Punkt und keine Kurve. Die Preisvariation ist aber im Grunde nichts anderes als eine Nachfragevariation, denn bei vollkommener Konkurrenz gilt Preis gleich Grenzerlös, und die Nachfragekurve ist eine Horizontale. Damit wird aber die Bedingung der Unabhängigkeit von Angebot und Nachfrage verletzt, denn die Zufuhrpreiskurve wird unter Variation der Nachfrage gewonnen. Wie sonst wäre Marshall zu verstehen, wenn er sagte:

> "Here we see an illustration of the almost universal law that the term Normal being taken to refer to a short period of time *an increase in the amount demanded raises the supply* price."[126]

Folgende Argumentation scheint mir deshalb sinnvoll zu sein: Innerhalb einer bestimmten Zeitperiode existiert ein bestimmtes Nachfrageniveau. Um diese Nachfrage zu befriedigen, d. h. um das entsprechende Gütervolumen herstellen zu können, muß der Zufuhrpreis so hoch sein, daß gerade die marginale Unternehmung, die noch gebraucht wird, um dieses Volumen zu produzieren, überleben kann.

Ähnlich argumentiert Marshall in seiner Auseinandersetzung mit Jevons' Kausalkette der Werterklärung:

> "Utility determines the amount that has to be supplied,
> The amount that had to be supplied determines cost of production,
> Cost of production determines value,
> because it determines the supply price which is required to make the producers keep to their work."[127]

Die Zufuhrpreiskurve einer Branche kann genau genommen aus zwei verschiedenen Gründen steigen:

1. weil die individuellen Grenzkosten steigen,
2. weil Effizienzunterschiede zwischen den Unternehmen existieren.

[126] Principles I, S. 370.

[127] Principles I, S. 819.

Der *erste* Grund ist m.E. kaum diskussionsbedürftig. Selbst wenn alle Unternehmen in einer Branche identisch wären, und die individuellen Grenzkosten stiegen, gälte dies ebenfalls für die aggregierte Grenzkostenkurve als Zufuhrpreiskurve der Branche. Das *zweite* Argument ist eigentlich eine Problemstellung, die eher im Rahmen der Verteilungstheorie angesprochen wird. Man könnte nämlich argumentieren, daß der hohe Preis (Marktpreis) überhaupt erst inferiore Produktionsverfahren zuläßt und somit die Effizienzunterschiede keine Ursache der Preiserhöhung, sondern deren Folge sind. Wenn z.B. die Nachfrage nach Fisch dauerhaft angestiegen ist, kann mit der normalerweise eingesetzten Fangflotte die entsprechende Menge Fisch nicht gefangen werden. Somit werden alte Boote hinzugenommen,

> "and even vessels that were not specially made for fishing, can be adapted and sent to fish for a year or two".[128]

Die höhere Nachfrage — es handelt sich um eine Rechtsverschiebung der Nachfragepreiskurve — erlaubt auch einen höheren Preis, und somit können auch „inferiore" Produktionsverfahren, die höhere Produktionskosten und somit einen höheren Zufuhrpreis bedingen, kurzfristig eingesetzt werden.[129]

Eine solche Zufuhrpreiskurve wird durch komparativ-statische Marktexperimente erzeugt, wobei die Nachfragepreiskurve den Markt repräsentiert[130] und die Zufuhrpreiskurve nicht unabhängig vom Marktgeschehen gezeichnet werden kann. Insofern hat die Zufuhrpreiskurve der kurzen Periode ähnliche Eigenschaften wie die aggregierte Grenzproduktkurve bei heterogenem Land, denn auch auf dieser wird durch das Nachfrageniveau festgelegt, auf welchem Land produziert wird. Der Preis für „Korn" wird dann durch die Produktionskosten auf dem marginalen, rentenlosen Land bestimmt. Analog dazu gilt, daß die Produktionskosten der marginalen Unternehmung den Zufuhrpreis der kurzen Periode bestimmen, wohingegen die Nachfrage bestimmt, welche die Grenzunternehmung ist. Für die Grenzunternehmung gilt: Preis gleich variable Durchschnittskosten gleich Grenzkosten; alle andere Unternehmen erhalten Renten.

Wenn dies eine richtige Rekonstruktion der Marshallschen Zufuhrpreisfunktion darstellt und das Marktgleichgewicht von Angebot und Nachfrage durch den Schnittpunkt von Zufuhrpreis- und Nachfragepreiskurve gegeben ist, dann setzt ein Marktgleichgewicht nicht notwendig individuelle Gleichgewichte voraus. Marshall, und später auch Pigou, haben das ausdrücklich angesprochen:

---

128 Principles I, S. 370.

129 Interessant an dieser Konstruktion ist, daß sich auch die Produktion immer der Nachfrage anpaßt. Man könnte ja auch argumentieren, daß eine hohe Nachfrage den Preis für Fisch so ansteigen läßt, daß die Nachfrage rasch wieder auf das alte Niveau zurückfällt und somit eine Produktionsausweitung nicht nötig wäre. Diese Argumentation wäre für eine Theorie, die Preise als Knappheitsindikatoren begreift, durchaus sinnvoll.

130 Vgl. R. *Frisch,* S. 518.

> "That is, let us assume that this is the price (normal supply price, V. C.) the expectation of which will just suffice to maintain the existing aggregate amount of production; some firms meanwhile rising and increasing their output, and others falling and diminishing theirs; but the aggregate production remaining unchanged."[131]

Pigou führt aus:

> "The industry as a whole will be in a state of equilibrium; the tendencies to expand and contract on the part of the individual firms will cancel out; but it is certain many individual firms will not themselves be in equilibrium and possible that none will be."[132]

Bestünde in jedem Fall ein individuelles Gleichgewicht, so bedeutete dies, daß jedes Unternehmen im Minimum der totalen Durchschnittskosten produzierte und keine Quasirenten mehr anfielen.

Das Gleichgewicht der kurzen Periode ist insofern ein Gleichgewicht, als markträumende Preise existieren. Es ist aber kein „full equilibrium", da Unternehmen existieren, deren Quasirenten größer, kleiner oder gerade gleich den „supplementary costs" sind. Alle Unternehmen, deren Quasirente über den „supplementary costs" liegen, erzielen in der langen Periode eine höhere als die normale Profitrate auf vorgeschossenes Kapital. Liegt die Quasirente unter den „supplementary costs", ist die erzielte Profitrate kleiner als die „normale". Eine normale Profitrate ist dann bestimmbar, wenn wir die „supplementary costs" unabhängig von der Profitrate berechnen können. Den über den „supplementary costs" liegenden Teil der Quasirente kann man auch als Surplusprofit bezeichnen. „Full equilibrium" herrscht erst dann, wenn alle Surplusprofite durch Konkurrenz eliminiert sind und alle Quasirenten den „supplementary costs" entsprechen. Gleichzeitig wird dann eine uniforme, „normale" Profitrate auf den Zufuhrpreis für Kapital erzielt. Diese Überlegung leitet zur Theorie der langen Periode über.

5.2.3. Die lange Periode

Die lange Periode ist die analytische Ebene, auf der Marshall mit der Klassik vergleichbar ist. Sie ist das Kernstück seiner Theorie. Was er unter dem Begriff der langen Periode verstand, beschrieb er wie folgt:

> "As regards *normal* prices, when the term Normal is to refer to *long* periods of several years, Supply means what can be produced by plant, which itself can be remuneratively produced and applied within the given time; (...)."[133]

War die kurze Periode durch die physische Konstanz des Kapitalstocks gekennzeichnet, so ist die lange Periode durch dessen Variabilität charakterisiert.

---

[131] Principles I, S. 343.

[132] A. C. *Pigou;* An Analysis of Supply; E.J. 1928, S. 239.

[133] Principles I, S. 379.

"In long periods on the other hand all investments of capital and effort in providing the material plant and the organization of a business, and in acquiring trade knowledge and specialized ability, have time to be adjusted to the incomes which are expected to be earned by them: and the estimates of those incomes therefore directly govern supply, and are the true long-period normal supply price of the commodities produced."[134]

Eine umfassende Behandlung der langen Periode ist eigentlich nur dann möglich, wenn wir die Verteilungstheorie als Theorie der „Faktorpreisbildung" in die Betrachtung einbeziehen. Wie schon mehrfach erwähnt, werden wir in diesem Abschnitt aber noch von der Annahme gegebener Faktorpreise ausgehen. In der kurzen Periode mußten wir allerdings einen Faktorpreis völlig außer acht lassen: den Preis für produzierte Produktionsmittel, d.h. den Angebotspreis für Kapital. Da in der kurzen Periode Kapital als nichtreproduzierbares Gut behandelt wird, kann es, wie Land, keinen Angebotspreis haben. Somit ist auch die Vorstellung einer Profitrate, berechnet auf der Basis des Zufuhrpreises, nicht sinnvoll. Marshall führte gerade deswegen die Quasirente ein.

In der langen Periode wird die künstliche Trennung zwischen fixen und variablen Größen aufgehoben. Fixes Kapital wird produziert, so daß Produktionskosten entstehen und somit ein Zufuhrpreis existiert. Variabilität des „Faktors Kapital" bedeutet aber nicht nur, daß man die Reproduzierbarkeit desselben berücksichtigt, sondern auch, daß sich eine Nivellierungstendenz im Faktor „Organisation" durchgesetzt hat.

5.2.4. Die Zufuhrpreisfunktion der langen Periode

Da in der langen Periode kein konstanter Faktor existiert und monopolistische Elemente ausgeschlossen werden, kann es — die Landwirtschaft ausgenommen — kaum zu sinkenden Erträgen kommen. Wenn eine Industrie ihre Inputs aus vielen anderen Sektoren erhält, so kann man vorläufig und mit gutem Grund von konstanten Erträgen in der betrachteten Industrie ausgehen. Sind auch die Inputpreise konstant, dann herrschen in der Industrie konstante Kosten, und die Zufuhrpreiskurve der Industrie ist eine Horizontale. Wir können uns die Zufuhrpreiskurve der Industrie in diesem Fall als Verbindungslinie der Minima der individuellen Durchschnittskosten der einzelnen Unternehmen vorstellen. Bei vollkommener Konkurrenz liegen die Durchschnittskostenminima in der langen Periode auf dem gleichen Niveau.[135] Steigerungen der Nachfrage werden durch eine Erhöhung des Branchenoutputs gedeckt, und zwar durch neu eintretende Unternehmen, die definitionsgemäß die gleiche Kostenstruktur aufweisen müssen wie die in der Branche bereits existierenden. Auch diese Zufuhrpreiskurve wird wiederum durch Variation der Nachfrage gewonnen, und zwar indirekt über eine Anpassung des Branchenoutputs. Eine

[134] Principles I, S. 377.

[135] Es handelt sich hier nicht um die besondere Form einer Enveloppe, da wir die Betriebsgröße gar nicht variieren.

in dieser Weise begründete Konstruktion der Zufuhrpreiskurve ist von Marshall nie konsequent durchgeführt worden, sie folgt aber aus seinen Prämissen. Sraffa ging in seinem Artikel von 1925[136] sogar soweit zu behaupten, daß im allgemeinen nur konstante Erträge innerhalb einer Industrie mit Marshalls Theorie der langen Periode verträglich seien. Wenn Sraffas Argumentation zutrifft — m. E. spricht nichts dagegen —, konnte Marshalls ursprüngliches Vorhaben, die Erklärung des normalen Preises mit Hilfe einer Theorie von Angebot und Nachfrage zu leisten, nicht eingelöst werden, denn bei konstanten Erträgen und im engeren Sinne konstanten Kosten in der Industrie wird der Preis von den Produktionskosten und die Menge von der Nachfrage bestimmt. Die klassische Trennung bei der Bestimmung von Preis und Menge hat sich als einzige mit den Prämissen verträgliche Konzeption durchgesetzt, wenn auch über die scheinbar einschränkende Voraussetzung konstanter Erträge. Marshall konnte sich konstante Erträge nur als Ergebnis sich kompensierender Effekte vorstellen. Sie ergäben sich, wenn die Tendenz der fallenden gerade durch die Tendenz der steigenden Erträge ausgeglichen würde.[137] Aus zwei Gründen sind aber gerade diese beiden Verlaufsformen für die Theorie problematisch. So ist bei fallenden Erträgen nicht klar, was der langfristig konstante Faktor sein soll, während bei steigenden Erträgen die Annahme der vollkommenen Konkurrenz nicht aufrechterhalten werden kann.

Bleiben wir aber zunächst noch bei der Hypothese fallender Erträge. Was könnte selbst in der langen Periode noch als konstanter Faktor angesehen werden, wenn wir die landwirtschaftliche Produktion zunächst einmal ausnehmen?

Eine denkbare Argumentationslinie könnte von der Vorstellung einer optimalen Unternehmensgröße ausgehen, wobei eine Steigerung des Branchenoutputs zu einem Wachstum der Unternehmensgröße führt. Man kann unterstellen, daß eine bestimmte Technologie nicht mit jeder beliebigen Unternehmensgröße harmoniert, so daß aufgrund organisatorischer Ineffizienz die Durchschnittskosten zu steigen begännen. Dies widerspricht allerdings Marshalls Begriff der langen Periode, denn natürlich wird auch der Faktor „Organisation" in der langen Periode entsprechend angepaßt. Eine andere Argumentationsrichtung knüpft an das „trees in the forest"-Beispiel[138] an und betrachtet die Entwicklung des Branchenoutputs in Form des Aufstiegs und Niedergangs von Unternehmen. Das ist allerdings eher die Beschreibung eines Prozesses und nicht die eines Gleichgewichtszustands.

Meines Erachtens gibt es bei Marshall eigentlich kein Argument, das einen Anstieg der Zufuhrpreiskurve der Industrie in der langen Periode stützen könnte, es sei denn es handelt sich um den landwirtschaftlichen Sektor. Marshall

---

[136] P. *Sraffa;* Sulle relazioni fra costo e quantità prodotta.

[137] Vgl. Principles I, S. 318.

[138] Vgl. Principles I, S. 315-316.

selbst hat die durch steigende Erträge auftretenden Probleme gekannt und den einzigen, aber speziellen Ausweg aus dem theoretischen Dilemma aufgezeigt.[139] Zunächst ist es sinnvoll, zwischen steigenden Erträgen, die der Unternehmung intern sind und solchen, die der Unternehmung extern aber der Industrie intern sind, zu unterscheiden. Sind die steigenden Erträge der Unternehmung intern, wird sie bei gegebenem Preis versuchen, ihren Output solange auszudehnen, bis sie allein den gesamten Branchenoutput produziert. Bei diesem Output ist ihr Gewinn maximal. Dies würde aber die Bedingung der vollkommenen Konkurrenz aufheben. Das gleiche gilt auch für den Fall, daß in allen Unternehmen der Branche steigende Erträge herrschen. Hier wird sich die Unternehmung mit der effizientesten Technologie durchsetzen und den Markt monopolisieren. Die Tendenz zur Monopolisierung kann durch Absprachen, Preisdifferenzierung usw. durchbrochen werden, so daß die Branche in ein Gleichgewicht bei unvollkommener Konkurrenz gelangen könnte. Die einzige Möglichkeit, ein stabiles Gleichgewicht bei vollkommener Konkurrenz zu sichern, besteht darin, steigende Skalenerträge als der Branche intern, aber den Unternehmen extern zu betrachten. Dies bedeutet, daß die einzelnen Unternehmen zwar steigende Grenz- und Durchschnittskosten zu verzeichnen haben, die Branche als Ganzes jedoch fallende Durchschnittskosten hat. Die Möglichkeit findet sich bei Marshall angedeutet[140] und wurde von Pigou[141] zum Zweck der Rettung des marshallianischen Lehrgebäudes ausgearbeitet. Die Argumentation Pigous, respektive Marshalls, basiert auf der Überlegung, daß die Produktionskosten einer Unternehmung nicht von ihrem eigenen Output, sondern auch von der Höhe des Branchenoutputs abhängen. Erstere nennt man interne Kosten, letztere externe Kosten.

Wenn der Unternehmensoutput im Verhältnis zum Branchenoutput relativ klein ist, wird auch der Einfluß der externen Kosten auf die Gesamtkosten der Unternehmung gering sein. Obwohl die Durchschnittskosten des Branchenoutputs fallen, können die individuellen Grenzkosten steigen. Dieser Fall kann beispielsweise dann auftreten, wenn durch Markterweiterung auf der Outputseite günstigere Konditionen bei den Inputpreisen erzielt werden. Dies setzt voraus, daß in der vorgelagerten Branche auch steigende Erträge vorherrschen.[142]

Externe Erträge oder Verluste sind fast immer vorhanden. Da sie aber auf eine Gruppe von Ursachen, die nicht originär etwas mit dem Wachstum des Branchenoutputs zu tun haben, zurückzuführen sind, darf man sie nicht als systematische Einflußfaktoren auffassen, sondern muß sie unter die Gruppe der „externen Effekte" subsumieren.

---

139 Vgl. Principles I, Buch V, Ch. XII und App. H.

140 Vgl. Principles I, S. 266, 284ff., 314-315.

141 Vgl. A. C. *Pigou;* An Analysis of Supply, S. 241 ff.

142 Diese Argumentation führt allerdings zu einem infiniten Regreß, wenn in einer Branche nicht intern steigende Skalenerträge vorliegen.

Die Konsequenz, daß nur extern steigende Skalenerträge mit den Bedingungen eines stabilen Marktgleichgewichts vereinbar sind, ist eigenartig, da ansonsten immer die „internen Kräfte" — wie Gewinnstreben etc. — angeführt werden, um die Tendenz zum Gleichgewicht zu begründen.[143]

5.3. Stationarität und lange Periode

Sich an dieser Stelle mit dem Begriff der Stationarität auseinanderzusetzen mag auf den ersten Blick eher als ein unbedeutender Exkurs erscheinen, doch wird sich herausstellen, daß durch die Untersuchung dieses Begriffs das Fundament der Gleichgewichtskonzeption deutlich zum Vorschein kommt.

Bei Marshall selbst findet sich ein Hinweis, der es nahelegt, das Konzept der Stationarität näher zu beleuchten.

> "But in fact a theoretically perfect long period must give time enough to enable not only the factors of production of the commodity to be adjusted to the demand, but also the factors of production of those factors of production to be adjusted and so on; and this, when carried to its logical consequences, will be found to involve the supposition of a stationary state of industry, in which the requirements of a future age can be anticipated an indefinite time before-hand.[144]

Das Konzept des stationären Stadiums ist so alt wie die ökonomische Theorie selbst. Was man darunter verstand und heute versteht, ist jedoch recht verschieden. Robbins hat die Unterschiede zwischen zwei voneinander wesentlich verschiedenen Konzeptionen des stationären Gleichgewichts herausgearbeitet.[145] Er unterscheidet eine Sichtweise, die im wesentlichen auf der klassischen Tradition fußt und im Werk Marshalls kulminiert[146], von einer anderen, die sowohl bei Clark als auch bei den Österreichern und Wicksteed zu finden ist[147]:

> "It is perfectly true that in both the Clarkian and the classical construction the quantities of the factors of production are constant. But—and this is the fundamental difference which it is desired here to exhibit—in the one, this constancy is the condition of equilibrium; in the other, it is simply one of the resultants of the equilibrating process. In the Clarkian state, population and capital are to be constant—they are not allowed to vary. In the classical constructions, population and capital are constant, but this is because, together with wages and interest, etc. they have reached a position of rest."[148]

---

[143] Vgl. P. *Sraffa;* A Criticism, in: Increasing Returns and the Representative Firm. A Symposium, E.J. 1930, S. 90.

[144] Principles I, S. 379, Fußnote 1.

[145] L. *Robbins;* On a Certain Ambiguity in the Conception of Stationary Equilibrium, E.J., 1930, S. 194-214.

[146] Vgl. ebenda, S. 200.

[147] Vgl. ebenda, S. 208.

[148] Ebenda, S. 204.

Marshall folgt auch hier der klassischen Tradition, was sich daran festmachen läßt, daß er das stationäre Stadium als Ergebnis eines Prozesses begreift.

> "In the stationary state all the conditions of production and consumption are reduced to rest: (...)."[149]

Dem steht die Sichtweise entgegen, bei der bestimmte Größen einfach als konstant gesetzt werden. Die Konstanz betrifft hier die Ausgangsbedingungen und nicht das Ergebnis. Dieses Konzept stammt von J. B. Clark[150], und er selbst nannte es statisch und nicht stationär. Im Vorwort zu „The Distribution of Wealth" heißt es:

> "What would be the rate of wages, if labour and capital were to remain fixed in quantity, if improvement in the mode of production were to stop, if consolidating of capital were to cease and if the wants of consumers were never to alter?"[151]

Im statischen Zustand werden bestimmte ökonomische Größen als Parameter behandelt, und man untersucht, welche Werte die Variablen unter diesen Bedingungen annehmen. Im stationären Zustand nehmen bestimmte Variable Werte an, die das ökonomische System stationär werden lassen. Es ist ein Unterschied, ob man definitionsgemäß die Nettoinvestitionen mit null ansetzt, oder sich Nettoinvestitionen von null ergeben. Eine stationäre Ökonomie reproduziert sich auf dem gleichen allgemeinen Niveau, so daß die Nettoinvestitionen gleich null werden, während die Bedingung $I^{net} = 0$ offen läßt, ob intensiver gearbeitet wird, um mehr konsumieren zu können. Ein Bauer kann sich entschließen, jedes Jahr nur 1 t Weizen als Saatgut zu reinvestieren, während gleichzeitig die Intensivierung der Bebauung ein Wachstum des Weizenoutputs ermöglicht. Diese zusätzliche Weizenmenge wird dann verkonsumiert und nicht investiert. Dieser Unterschied wird im Zusammenhang mit der vergleichenden Analyse des III. Teils wichtig. Um die Bedeutung der Sache anzudeuten, sei hier nur folgendes erwähnt: Walras operierte, wie wir bereits gesehen haben, mit der definitionsgemäß fixierten Ausgangsverteilung der Güter und Faktoren, während Marshall nur Land als fixe Größe behandelte, Arbeit und Kapital jedoch für prinzipiell variabel hielt.

5.4. Die Stabilität des Gleichgewichts

Die Frage, ob ein Gleichgewicht stabil ist, d.h. ob Abweichungen vom Gleichgewicht wieder zurück in den alten Zustand führen, oder ob sich ein neuer stabiler Zustand herausbildet, ist das zentrale Problem der Stabilitätsanalyse.

In der klassischen Theorie steht dieser Anpassungsprozeß mit der Idee der Konkurrenz in engem Zusammenhang. Die natürlichen Preise als Gravitations-

---

[149] Principles I, S. 369.

[150] J. B. *Clark;* The Distribution of Wealth, New York 1899.

[151] Ebenda, S. VI-VII.

zentren der Marktpreise sind dadurch definiert, daß auch der Preis des Kapitals, die Profitrate, einheitlich, d.h. uniform ist. Liegen in bestimmten Branchen die Marktpreise über den natürlichen Preisen, so werden Surplusprofite erzielt, und das Kapital wird in diese Industriezweige wandern, weil die Kapitalisten hoffen, daß sie dort eine höhere Verzinsung ihres Kapitals erzielen. Dieser „Wanderungsprozeß" wird die Surplusprofite wegkonkurrieren, und ein neues „Gravitationszentrum" mit anderen natürlichen Preisen und einer anderen uniformen Profitrate bzw. Lohnrate bildet sich heraus. Dies ist in grober Form die Idee des Anpassungsmechanismus, den wir von Adam Smith bis zu Marx vorfinden. Bei Marshall finden wir insofern eine Abweichung vom klassischen Mechanismus, als die Trennung zwischen Marktpreis und normalem Preis nicht nur unter dem Aspekt der langen Periode gesehen wird, sondern in verschiedenen Perioden unterschiedliche Effekte auslöst. Jeder Gleichgewichtstyp hat sozusagen seinen eigenen Anpassungsmechnismus. Referenzpunkt bleibt aber die lange Periode, denn sowohl das temporäre Gleichgewicht, als auch das Gleichgewicht der kurzen Periode sind nur beschränkt stabil. Sie haben als Gleichgewichte nur transitorischen Charakter. Genaugenommen sind sie nur Konstruktionen, um ganz bestimmte Effekte hervorzuheben, während andere unter die ceterisparibus-Bedingung subsumiert werden. Marshall hat seine Vorstellung vom Stabilitätsmechanismus im wesentlichen am Konzept der langen Periode ausgerichtet.[152] Es sind Variationen des Produktionsvolumens, die das Gleichgewicht zwischen Nachfrage und Zufuhr wiederherstellen.

> "When therefore the amount produced (in a unit of time) is such that the demand price is greater than the supply price, then sellers receive more than is sufficient to make it worth their while to bring goods to the market to that amount; and there is at work an active force tending to increase the amount brought forward to sale."[153]

In „The Theory of Domestic Values" bezeichnet er die positive Differenz zwischen Zufuhrpreis (p^s) und Nachfragepreis (p^d) als Surplusprofit[154] und verdeutlicht damit die Nähe zur klassischen Auffassung. Meines Erachtens kann man der Marshallschen Stabilitätsanalyse nur dann gerecht werden, wenn die Anpassungsvorgänge der einzelnen Gleichgewichtstypen sukzessiv betrachtet werden, was natürlich nicht heißen soll, daß sie auch in der Wirklichkeit in dieser zeitlichen Reihenfolge ablaufen. Marshall beschrieb einen solchen Anpassungsprozeß für die Fischereiindustrie.[155]

---

[152] Die erste Formulierung seines Stabilitätskonzepts findet sich in The Pure Theory of Domestic Values, in: Early Writings Vol. II, S. 199. Interessant ist, daß Marshall für die Theorie des internationalen Handels Preisvariationen als stabilisierend ansah (vgl. S. 151 E.W.) während er in der Theorie der „domestic values" Mengenvariation als Ausgleichsmechanismus diskutierte.

[153] Principles I, S. 345.

[154] Vgl. Early Writings II, S. 200.

[155] Vgl. Principles I, S. 369-370.

Stellen wir uns eine Nachfrageerhöhung nach Fisch vor. Wir betrachten zunächst den temporären Gleichgewichtsfall. Der Bestand an gefangenem Fisch ist gegeben, und seine Größe wird im wesentlichen durch die Kapazität der Fangflotte determiniert. Die gestiegene Nachfrage läßt bei unelastischem Angebot die Marktpreise nach oben schnellen. Die Fischer werden gut verdienen, aber das Angebot nicht ausdehnen, solange sie nicht wissen, ob die Nachfrage so hoch bleiben oder schon nach einigen Tagen wieder auf das alte Niveau zurückgehen wird. Angenommen, die Fischnachfrage sei nicht deshalb hoch, weil Karfreitag ist, sondern weil eine große Seuche in der Viehhaltung ausgebrochen und daher für längere Zeit mit einer nicht ausreichenden Fleischzufuhr zu rechnen ist. Ist dies in der Fischindustrie bekannt, lohnt es sich, mehr Fisch zu fangen, denn es kann damit gerechnet werden, daß eine mengenmäßige Nachfrage dauerhaft vorhanden sein wird. Dies ist die Voraussetzung, um überhaupt die kurze Periode zu betrachten. Die z.Z. noch herrschenden hohen Marktpreise erlauben eine intensivere Nutzung vorhandener Kapazitäten. So können beispielsweise Überstunden für zusätzliche Schichten bezahlt werden, oder man kann bereits existierende Boote, die nicht zum Fischfang ausgerüstet sind, provisorisch umrüsten und auf Fang schicken. Diese Ausdehnung der Produktion erhöht die Produktionskosten, kann aber selbst bei höheren Produktionskosten erfolgen, da der Marktpreis noch immer hoch genug ist. Die nun größere Fischzufuhr wird die Marktpreise langsam fallen lassen, bis der Zufuhrpreis der kurzen Periode gleich dem Nachfragepreis ist. Wir haben jetzt ein Gleichgewicht der kurzen Periode, wobei der existierende Gleichgewichtspreis noch immer höher als der alte ist. Wir gehen daher zur langen Periode über.

Da die Fischereiindustrie auch die mit erhöhter Intensität gefangene Menge absetzen kann, aber mit technisch veralteten Booten diese Menge produziert, wird sie versuchen, ihre Kapazität, d.h. sowohl die Anzahl als auch die Größe ihrer Boote, zu erweitern. Bleiben die Boote gleich groß, so haben wir den Fall konstanter Erträge, denn wenn wir die Fangflotte um eine Bootseinheit (d.h. gleiche Bootsgröße und gleiche Crew) erhöhen, werden sich die Durchschnittskosten nicht ändern. Die Investitionen in neue Boote sind auch ökonomisch sinnvoll, denn die in der kurzen Periode anfallenden Quasirenten haben nicht nur eine Deckung der fixen Kosten (supplementary costs) ermöglicht, sondern haben für einige Fischer sogar Suplusprofite gebracht. Die sich in dieser Branche einstellende Profitrate wird Kapital in liquider Form anlocken, so daß sowohl ausreichend eigene Mittel wie auch Fremdkapital zur Finanzierung der Erweiterungsinvestitionen zur Verfügung stehen. Die Ausdehnung der Fischfangkapazität wird allerdings nur solange betrieben, bis der durch die größere Menge bedingte Fall des Nachfragepreises für Fisch gerade so groß ist, daß bei der sich einstellenden Produktionsstruktur die gesamten Produktionskosten gedeckt sind. Bei konstanten Erträgen wird der normale Preis wieder auf das alte Niveau zurückfallen, die produzierte Menge aber wird dem höheren Nachfrageniveau entsprechen.

Wenn steigende Erträge, bedingt durch größere Boote, vorherrschen, dann wird der neue langfristige Gleichgewichtspreis tiefer liegen als der alte, und die produzierte Menge wird noch größer sein als im Fall konstanter Erträge.[156]

Wir haben gezeigt, daß der Marshallsche Anpassungsmechanismus drei Schritte beinhaltet. Zuerst erfolgt eine Preisanpassung, sodann zwei Arten der Mengenanpasssung. Zunächst liegt eine Ausdehnung des Produktionsvolumens vor, dann erfolgt die Investition als Übergang von der kurzen zur langen Periode.

Eine zentrale Voraussetzung der letzten zwei Schritte ist allerdings, daß die Nachfrage sich dauerhaft verschiebt. Handelte es sich nur um eine zufällige Erhöhung, so wäre eine Ausdehnung der Produktion gar nicht notwendig. Die Produktionsstruktur und damit die Produktionskosten blieben unverändert und somit auch die normalen Preise. Daß die Marktpreise am Freitag höher sind, als sie es am Donnerstag waren, würde die Fischer sicherlich freuen, hat aber keine Handlungskonsequenzen. Erst wenn die Nachfrageänderung dauerhafter Art ist, werden die Fischer darauf reagieren.

Ein völlig anderes Bild erhalten wir, wenn wir den von Marshall in den „Principles“ vernachlässigten Fall des „retail trade“ an die Stelle des Fischmarktes setzen. Hier werden temporäre Nachfrageänderungen nicht über den Preis, sondern über Lagervariationen ausgeglichen. Erst wenn die Nachfrage dauerhaft über dem bisherigen Niveau bleibt, müssen die Preise erhöht werden, um eine Intensivierung der Produktion in der kurzen Periode zu ermöglichen. Alles weitere läuft nach dem oben dargestellten Muster ab.

Wir haben hier den Anpassungsmechanismus für einen Markt erläutert. Es wäre gerade unter dem von Marshall hervorgehobenen Prinzip der „mutual determination“ wichtig, Interdependenzen mit anderen Märkten zu berücksichtigen. Dies birgt allerdings einige Schwierigkeiten in sich, denn das Marshallsche Gleichgewicht ist nicht nur ein Tauschgleichgewicht, sondern auch ein Produktions- und Kapitalbildungsgleichgewicht. Wir hätten nicht nur alle Nachfragefunktionen, sondern auch Profitfunktionen (excess-profit functions) und damit Input-Output-Koeffizienten sowie deren durch die Investitionen bedingte Veränderungen zu untersuchen.

Wenn wir das Marshallsche Stabilitätskonzept noch einmal unter analytischen Gesichtspunkten betrachten, fällt auf, daß die Mengenanpassung dominant ist. Lediglich in der Marktperiode bei gegebenen fixen Güterbeständen wird eine Überschußnachfrage durch Preiserhöhung abgebaut. Damit ist zwar eine Markträumungsbedingung erfüllt, aber der Marktpreis liegt jetzt über dem bisher herrschenden normalen Preis, was die beschriebenen Konsequenzen hat.

In der kurzen wie in der langen Periode bewirkt die Mengenanpassung eine Bewegung zum Gleichgewicht. Ausgangspunkt dieser Anpassungsprozesse sind

[156] Ob dieses neue Gleichgewicht stabil ist, will ich hier nicht diskutieren; die Implikationen steigender Erträge habe ich bereits angesprochen.

Differenzen zwischen Marktpreisen und normalen Preisen, wobei immer unterstellt wird, daß man sich vor der Änderung des Marktpreises in einem Gleichgewicht der langen Periode befand.

Die Mengenanpassung erhält einen noch höheren Stellenwert, wenn wir für die Marktperiode die Handelsunternehmen als Institutionen betrachten, die temporäre Schwankungen der Nachfrage durch Lagerauf- und -abbau ausgleichen. Diesem Mechanismus kommt dann besondere Bedeutung zu, wenn es sich um relativ haltbare Güter handelt, was bei industriellen Produkten der Fall ist.

Wir können also bestimmten Periodentypen entsprechende Anpassungsmechanismen zuordnen:

temporary-period (Marktperiode)	Preis — fish-market Menge — retail trade
short-period	Menge (Ausdehnung des Produktionsvolumens nur bei höherem Preis möglich)
long-period	Menge (bei konstanten Skalenerträgen sind die Durchschnittskosten konstant).

Die Betonung der Mengenseite in Marshalls Stabilitätskonzept ist m. E. nicht nur intuitiv realistisch, sondern auch von der Gesamtkonzeption her konsistent. Da man in den Nachfragepreis- bzw. Zufuhrpreisfunktionen immer die Menge als unabhängige und den Preis als abhängige Variable ansieht, kann nur die unabhängige Variable zum equilibrierenden Faktor werden. Man könnte dem entgegenhalten, daß sich in einer Theorie neoklassischer Provenienz Menge und Preis gegenseitig bedingen bzw. beeinflussen und insofern die Auszeichnung einer Variable als unabhängige nicht gerechtfertigt sei. Dem kann in dieser Allgemeinheit zwar zugestimmt werden, man muß aber doch einwenden, daß hier auch in der walrasianischen Theorie eine gewisse Asymmetrie besteht, denn dort wird der Preis als unabhängige Variable begriffen. Entsprechend unterschiedlich ist auch der Anpassungsmechanismus konzipiert. Genaugenommen reagiert der einzelne Produzent in Marshalls Theorie auf Differenzen zwischen Marktpreis und normalem Preis bzw. Produktionskosten bei einem bestimmten Produktionsvolumen. In der walrasianischen Theorie reagiert der Auktionator auf Differenzen zwischen Angebots- und Nachfragemenge bei einem bestimmten Preis. Die Anpassung erfolgt somit über den Preis.

Abschließend möchte ich bemerken, daß gerade in der Analyse von Anpassungsvorgängen die traditionelle Vorstellung, Marshall sei ein Partialmarkttheoretiker, ziemlich verkürzt ist, denn gerade in seiner Konzeption der Anpassungsmechanismen wird deutlich, wie sehr die Einbeziehung des Arbeitsmarktes und des Investitionsgütermarktes notwendig wird, um der Dynamik des ökonomischen Systems auf die Spur zu kommen.

6. Die Theorie der Verteilung

6.1. Aufgabe und Stellung der Verteilungstheorie

Marshalls Theorie der Verteilung ist der wohl am wenigsten bekannte und rezipierte Teil seiner Theorie, obwohl sie außer seinem „principle of substitution“ noch einige andere interessante Theoriebausteine enthält.

Zunächst wollen wir uns noch einmal kurz in Erinnerung rufen, daß es eine wesentliche Aufgabe der Marshallschen Verteilungstheorie sein muß, die wertmäßige Grundlage einer Zufuhrpreiskurve zu liefern. Die Produktionskosten müssen auf die Produktionsfaktoren zurückgeführt werden. Erst wenn das gelingt, kann Marshalls oft wiederholtes Prinzip der zwei gegeneinander wirkenden Kräfte von Nachfrage und Zufuhr aufrechterhalten werden.

Ein zweiter wichtiger Punkt betrifft das Verhältnis von langer und kurzer Periode aus der verteilungstheoretischen, genaugenommen der kapitaltheoretischen Perspektive. Es handelt sich um das Konzept der Quasirente.[157]

Wir wollen vorerst jedoch im Rahmen der langen Periode verbleiben, da ihr Marshall den Verteilungsaspekt zuordnete. Nachdem er noch einmal kurz seine Periodenabgrenzungen wiederholte, hielt er programmatisch fest:

> "The remainder of the present volume is chiefly concerned with the third of the above classes: that is, with the normal relations of wages, profits, prices, etc., for rather long periods."[158]

Marshalls verteilungstheoretischer Ansatz ist in allen wesentlichen Punkten schon in den „Economics of Industry“ enthalten. In den „Principles“ ist dem nichts wesentlich Neues hinzugefügt worden. Marshall selbst stellte dazu fest:

> "The general notion of distribution in the 'Economics of Industry' published by my wife and myself in 1879 is the same as in my 'Principles'. There are changes: for I was unwilling at that time to write upon distribution at all, because I did not then see my way clearly as to some parts of it. But I had settled the main outlines of the problem to my own satisfaction very early, under the good guidance of von Thünen."[159]

Marshalls Ansatz ist, wie wir heute sagen würden, makroökonomischer Art. Es ging ihm um die Bestimmung der Faktorpreise, nicht um die Bestimmung der Faktoreinsatzmengen. Den vier Faktoren Boden, Arbeit, Kapital und Organisation korrespondieren die vier Einkommensarten Rente, Lohn, Zins und Unternehmerlohn. Diese vier Einkommensarten bilden die „National Divi-

[157] Kaldor bezweifelte, daß man überhaupt von einer Marshallschen Verteilungstheorie sprechen könne, denn eine Theorie, die Profite als Quasirenten betrachte, verbliebe in der kurzen Periode. Allerdings, und das ist festzuhalten, basiert ein großer Teil theoretischer Überlegungen der nachmarshallschen Cambridger Schule auf dem Marshallschen Konzept der Quasirente. Vgl. N. *Kaldor;* Alternative Theories of Distribution, in: Essays on Value and Distribution, London 1960, S. 209-236.

[158] Principles I, S. 380.

[159] A. *Marshall;* Distribution and Exchange, E.J. 1898, S. 58.

dend", eine Größe, die mit dem modernen Begriff des Nettosozialprodukts zu Faktorkosten oder des Volkseinkommens identisch ist.[160] Marshall definierte sie sowohl von der Entstehungs- als auch von der Verteilungsseite. Dies impliziert einen kreislauftheoretischen Zusammenhang, der von ihm zwar nicht gesondert herausgearbeitet, der aber in verschiedenen Zusammenhängen — insbesondere bei der Faktornachfrage — in der Argumentation berücksichtigt wurde.[161]

Bei der Bestimmung der einzelnen Einkommensarten blieb Marshall zunächst der klassischen Tradition treu. Er begriff die Rente als Surplus und zog sie von der „National Dividend" ab. Der verbleibende Teil bildet den „Earnings und Interest"-Fond.[162] Die Gesetzmäßigkeiten, die die Verteilung dieses Fonds auf Lohn, Profit und Zins regeln, stellen aber einen deutlichen Bruch mit der klassischen Tradition dar.

> "The remuneration of every kind of work, the interest on capital and the prices of commodities, are determined in the long run by competition according to what is fundamentally the same law."[163]

Oder noch deutlicher:

> "Thus I venture to adhere to the opinion that distribution and exchange are fundamentally the same problem, looked at from different points of view."[164]

Die klassische Asymmetrie zwischen Lohn und Profit wurde zugunsten einer symmetrischen Relation aufgehoben. Die Faktorpreise bilden sich nach dem gleichen Muster wie die Güterpreise, nämlich nach dem von Angebot und Nachfrage.

Es bleibt zu klären, welche Kräfte hinter dem Angebot einerseits und der Nachfrage nach Produktionsfaktoren andererseits wirken. Wir werden die Angebots- und Nachfragedeterminanten getrennt untersuchen und uns zunächst der Nachfrageseite zuwenden.

6.1.1. Das Konzept des Nettogrenzprodukts

Der typische Faktornachfrager ist die Unternehmung, so daß die Bestimmung der Faktornachfrage eigentlich auf dieser Ebene zu erfolgen hätte. Die Konsistenz von Marshalls Theorie erfordert es aber, die Faktornachfrage der Branche zu bestimmen. Wir werden jedoch das Problem der unterschiedlichen Aggregationsebenen zunächst zurückstellen und den Standpunkt der einzelnen

[160] Vgl. Principles I, S. 523-524.

[161] Vgl. Principles I, S. 511.

[162] Vgl. Economics of Industry, S. 96. Marshall rechnete die Profite dem Faktor „Organisation" zu und subsumierte somit Profite unter „Earnings". Profit setzt sich bei Marshall aus Unternehmerlohn, Risikoprämien etc. zusammen und steht in keinem Verhältnis zum Einkommen aus Kapital. Es ist also nicht der klassische Profitbegriff, der hier verwendet wurde.

[163] Economics of Industry, S. V.

[164] A. *Marshall;* Distribution and Exchange, S. 47.

Unternehmung einnehmen. In der modernen mikroökonomischen Theorie wird die Faktornachfrage aus der Gewinnmaximierungshypothese abgeleitet. Die Argumentation wird unter Bedingungen der vollkommenen Konkurrenz auf dem Güter- und Faktormarkt geführt und setzt die Existenz einer Produktionsfunktion voraus.

In den neoklassischen Lehrbüchern leitet sich die Faktornachfrage aus der Bedingung erster Ordnung für ein Gewinnmaximum ab.

Gegeben sei eine Produktionsfunktion $y = f(q_1, \ldots, q_n)$. Das Gewinnmaximierungsproblem stellt sich wie folgt:

$$\text{max! } G = py - \sum_i r_i q_i, \; i = 1, \ldots, n,$$

wobei p der Preis des Outputs und r_i der Preis des i-ten Faktors ist. Die notwendigen und hinreichenden Bedingungen für das Vorliegen eines Gewinnmaximums lauten:

$$\frac{\partial G}{\partial q_i} = 0 \text{ bzw. } \frac{\partial^2 G}{\partial q_i^2} < 0 .$$

D.h.,

$$\frac{\partial G}{\partial q_i} = pf_i - r_i = 0 \textit{ bzw. } \frac{\partial^2 G}{\partial q_i^2} = pf_{ii} < 0 ,$$

wobei

$$f_i = \partial y / \partial q_i$$

ist.

Im Gewinnmaximum gilt daher:

$$pf_i = r_i ,$$

d.h. der Wert des Grenzprodukts des i-ten Faktors ist gleich dem Preis des i-ten Faktors.

Um das Grenzprodukt des i-ten Faktors zu berechnen, differenziert man die Produktionsfunktion partiell nach x_i. Bei partieller Differentiation werden alle anderen Argumente der Produktionsfunktion konstant gehalten. Wenn wir das ins Ökonomische übersetzen, so besagt diese Verfahrensweise, daß wir nur den Produktionsfaktor variieren, dessen Grenzprodukt wir berechnen wollen, während alle anderen kooperierenden Faktoren konstant gehalten werden.

"The marginal product of a productive factor ist the extra product or output added by one extra unit of that factor, while other factors are being held constant."[165]

Diese Sichtweise wird auch durch das Land-Arbeit-Beispiel erhärtet, denn Land wird, um das Grenzprodukt der Arbeit zu berechnen, konstant gehalten. Berechnet man das Grenzprodukt des Bodens, so wird die eingesetzte Arbeitsmenge konstant gehalten. Diese Problemstellung entspricht dem bekannten Beispiel der zehn Arbeiter, die mit zehn Spaten ein Loch graben. Wenn jetzt der elfte Arbeiter hinzutritt und sein Grenzprodukt berechnet werden soll, so muß man ihn auch mit einem Spaten ausstatten, aber die Kosten des zusätzlichen Spatens vom Wert des durch den elften Arbeiter zusätzlich entstandenen Outputs abziehen. In diesem Fall handelt es sich um das Nettogrenzprodukt der Arbeit. Zu beachten ist, daß der Preis des Faktors Kapital gegeben sein muß, um das Nettogrenzprodukt des Faktors Arbeit berechnen zu können. Wäre der elfte Arbeiter nicht mit einem Spaten ausgestattet worden, so könnte er zur Outputsteigerung nur indirekt beitragen, also die Arbeitsintensität der zehn mit Spaten ausgerüsteten Arbeiter erhöhen, indem er sie mit Bier versorgt, Pausen überbrücken hilft usw. Die Qualität seiner Arbeit ist aber eine andere und es schleicht sich ein extensives Element in die intensive Marginalbetrachtung ein, denn der elfte Arbeiter hat den gleichen Status wie der schlechtere Boden in Ricardos Rententheorie.

Dieser Sachverhalt hinderte Marshall daran, die These, daß die Faktorentlohnung zum Nettogrenzprodukt des Faktors tendiere, als Grundlage der Verteilungstheorie zu akzeptieren.

"This doctrine has sometimes been put forward as a theory of wages. But there is no valid ground for any such pretension. The doctrine that the earnings of a worker tend to be equal to the product of his work, has by itself no real meaning: since in order to estimate net product, we have to take for granted all the expenses of production of the commodity on which he works, other than this own wages."[166]

Weiter unten heißt es:

"They cannot be made into a theory of interest, any more than into a theory of wages, without reasoning in a circle."[167]

Die zwei verschiedenen Ansätze zur Berechnung des Grenzprodukts eines Faktors — entweder kennen wir den Preis des kooperierenden Faktors oder wir halten alle anderen physischen Inputs konstant — spiegeln zwei verschiedene Problemstellungen wider. Wenn alle Faktoren variabel sind, handelt es sich um eine Problemstellung der langen Periode, im anderen Fall geht es um eine der kurzen Periode. Wir werden beide Problemstellungen, sowie ihr Verhältnis zueinander, genauer analysieren.

---

[165] P. A. *Samuelson;* Economics, 9th Ed., McGraw-Hill, 1973, S. 537-538.

[166] Principles I, S. 518.

[167] Ebenda, S. 519.

Die Vorstellung, man müsse, um das Grenzprodukt eines Faktors zu berechnen, immer den kooperierenden Faktor konstant halten, ist ein fester Bestandteil der marginalistischen Lehrmeinung, wie das Zitat aus Samuelsons Lehrbuch zeigt. Daß diese Vorgehensweise aber nur unter restriktiven Bedingungen legitimiert werden kann, erfährt man bestenfalls aus der theoretischen Spezialliteratur. So wird das Verhältnis zwischen Grenz- und Nettogrenzprodukt selten untersucht, obwohl es einige interessante Einblicke in das marginalistische Denken gewährt.[168] Wir werden das Verhältnis zwischen beiden Konzepten zu erhellen versuchen, indem wir sowohl den kurz- als auch den langperiodigen Aspekt einer Faktorvariation untersuchen.

Angenommen eine Landfläche (L) wird mit einer bestimmten Anzahl von Arbeitern (N) bebaut. Wie kalkuliert man das Grenzprodukt des Bodens und das der Arbeit? Gemäß der Marginalbetrachtung führt man eine marginale Variation eines Faktors durch und setzt diese zur Veränderung des Outputs ins Verhältnis. Um das Grenzprodukt des Bodens zu bestimmen, nehmen wir also eine kleine Landparzelle weg und untersuchen, wie sich der Output verändert. Aber halt! Was tun wir mit den Arbeitern? Entlassen wir sie oder verteilen wir sie auf das restliche Land? Beide Alternativen sind möglich, sie führen aber zu unterschiedlichen Grenzprodukten des Bodens. Das wird deutlich, wenn wir die Prosa in mathematische Schreibweise transformieren. Wenn wir die Outputveränderung zur Veränderung der Anbaufläche ins Verhältnis setzen, dann handelt es sich um das Differential 1. Ordnung,. Wir vermindern die Anbaufläche und verteilen die frei werdenden Arbeiter auf die restliche Fläche, d.h.

$$\frac{dY}{dL} = \frac{\partial Y}{\partial L} + \frac{\partial Y}{\partial N}\frac{dN}{dL}.$$

Der rechte Teil der Gleichung besteht aus drei Termini. Der erste Term bezeichnet die partielle Variation der Anbaufläche. In unserem Fall heißt das: Wir entziehen einen Teil des Bodens der Bebauung. Da wir die Arbeiter nicht entlassen, müssen wie sie auf dem restlichen Land verteilen. Dies hat zwei Effekte, die auch durch die zwei restlichen Termini beschrieben werden. Da wir nun mehr Arbeiter auf weniger Land arbeiten lassen, steigt die Intensität der Bebauung; das drückt der Term dN/dL aus. Gleichzeitig fällt damit aber auch das Grenzprodukt der Arbeit, denn die auf dem verminderten Land hinzutretenden Arbeiter haben ein geringeres Grenzprodukt als die bisher beschäftigten; das drückt der Term $\partial Y/\partial N$ aus. Entlassen wir die Arbeiter, dann sind Nettogrenzprodukt und partielles Grenzprodukt gleich, da die beiden letzten Termini einfach wegfallen. In diesem Fall ist man implizit davon ausgegangen, daß die Arbeitsmenge bereits orptimal angepaßt war, d.h., daß die beim gegebenen Reallohn optimale Bebauungsintensität (N/L-Verhältnis) schon

---

[168] Vgl. C. *Bliss;* Capital Theory and the Distribution of Income, Amsterdam 1975, S. 93-118.

gefunden war. Daher ist man nicht bereit, bei der Aufgabe von Land die frei werdende Arbeit wieder zu verteilen, sondern man setzt auch sie frei.

Um zu verdeutlichen, was diese bisherigen Überlegungen mit der Unterscheidung lang- und kurzperiodiger Betrachtung zu tun haben, nehmen wir an, eine bisher bebaute Landfläche sei teilweise durch eine starke Überschwemmung vorübergehend nicht bebaubar. Es existiere ein gegebener Lohnsatz und eine gegebene Rentenrate. Der Landeigentümer wird den Gewinn zu maximieren versuchen. Hierzu wird er soviel Arbeiter einstellen, bis auf dem gegebenen Land das Grenzprodukt des letzten Arbeiters gleich dem Reallohnsatz ist. Dies fordert die Bedingung erster Ordnung für ein Gewinnmaximum. Die Frage ist jetzt, ob er sein Gewinnmaximum noch verbessern kann, wenn durch das Abtrocknen des überschwemmten Landes noch bebaubare Fläche hinzukommt. Wird der Landeigentümer die Arbeit neu verteilen, d.h. werden Arbeiter abgezogen und auf dem abgetrockneten Land mit dem Effekt beschäftigt, daß die Intensivierung zurückgeht und die Grenzproduktivität der Arbeit steigt, oder wird das optimale Arbeit/Land-Verhältnis aufrechterhalten und mehr Arbeit zum herrschenden Reallohn beschäftigt? Offensichtlich ist das letztere gemeint. Um also das Grenzprodukt des neu hinzutretenden Bodens bestimmen zu können, halten wir *nicht* die Arbeit, sondern das Arbeit/Land-Verhältnis konstant. Haben wir für eine Landparzelle das Gewinnmaximum festgelegt, dann gilt dieses Maximum für jede hinzutretende Landparzelle, vorausgesetzt es gibt zum herrschenden Reallohn die entsprechende Arbeitsmenge. Wir können daher sagen, daß das Grenzprodukt des Bodens dann gleich dem Nettogrenzprodukt ist, wenn der Faktor Arbeit optimal angepaßt wird. In Formeln:

$$\frac{\partial Y}{\partial L}=\frac{dY}{dL}-\frac{\partial Y}{\partial N}\frac{dN}{dL}.$$

Wenn $dN/dL=0$, d.h. wenn $N/L=\text{const.}$ ist, dann gilt:

$$\frac{\partial Y}{\partial L}=\frac{dY}{dL}.$$

Für die Gewinnfunktion ergibt sich:

$$\frac{dG}{dL}=\frac{\partial G}{\partial N}\frac{dN}{dL}+\frac{\partial G}{\partial L}.$$

Da im Gewinnmaximum bei beschränkter Landfläche (bei Überschwemmung) als Bedingung erster Ordnung $\partial G/\partial N=0$ gelten muß, ist die Veränderung des Gewinns bei zusätzlicher Bebauung der vorher überschwemmten Fläche allein auf den „zusätzlichen Boden“ $\partial G/\partial L$ zurückzuführen. Die Bestimmung des Grenzprodukts eines Faktors setzt also die optimale Anpassung des kooperierenden Faktors voraus. Optimale Anpassung impliziert, daß wir nicht nur den Faktor, dessen Grenzprodukt wir bestimmen wollen, variieren, sondern daß wir auch den kooperierenden Faktor mitverändern. In unserem Falle wird das vorher überschwemmte Land hinzugenommen. Um aber das optimale Arbeit/Land-Verhältnis aufrechtzuerhalten, müssen auch neue Arbeitskräfte eingestellt werden.

In der kurzen Periode ist die Menge eines Faktors gegeben. Der kooperierende Faktor ist variabel. Unter dieser Bedingung läßt sich bei gegebenen Faktorpreisen das optimale Faktoreinsatzverhältnis bestimmen. Um in die lange Periode überzugehen, dürfen wir nicht, wie es die Methode der partiellen Differentiation suggeriert, den optimierten Faktor konstant halten und den anderen variieren, sondern müssen, um das optimale Einsatzverhältnis aufrecht zu halten, beide Faktoren variieren.

Da man im allgemeinen nicht davon ausgehen kann, daß einer der Faktoren im bereits optimalen Verhältnis zum kooperierenden Faktor steht, führt die partielle Marginalbetrachtung zu einem falschen Bild. Hier erweist sich das Konzept des Nettogrenzprodukts als das allgemeinere, jedoch mit der von Marshall erwähnten Konsequenz, daß der Preis des kooperierenden Faktors immer schon als bekannt vorausgesetzt werden muß.

6.2. Die Einkommensarten

6.2.1. Die Rente

Im Gegensatz zur Lohntheorie, in der sich Marshall eindeutig gegen die klassische Position stellte, blieb er in der Rententheorie weitgehend im Rahmen der Klassik. Allerdings fehlte ihm die analytische Schärfe Ricardos, der deutlich zwischen Differentialrente und Intensitätsrente unterschied. Aber schon bei James Mill gehen beide Formen durcheinander — und so auch bei Marshall. Bei der immer wieder diskutierten Frage, ob die Rente in gleicher Weise wie Profit und Lohn den Preis determiniert oder die Rente „aus dem Preis" resultiert, also ein Residualeinkommen darstellt, nahm Marshall folgende Position ein:

> "That part of the produce which goes as rent is of course thrown on the market, and acts on prices, in just the same way as any other part. But the general conditions of demand and supply, or their relations to one another, are not affected by the division of the share of rent and the share needed to render the farmer's expenditure profitable. The amount of that rent is not a governing cause; but is itself governed by the fertility of land, the price of the produce, and the position of the margin (...)."[169]

Hier wird deutlich, daß Marshall die klassische Position vertrat, die in der Rente ein Residualeinkommen sah. Der Rentenbegriff wurde bei Marshall jedoch nicht nur auf den Faktor Boden angewandt, sondern erstreckt sich auf verschiedene ökonomische Phänomene, die aber eine Eigenschaft gemeinsam haben: Die Konstanz der vorhandenen Menge.

---

[169] Principles I, S. 427.

"And thus even the rent of land is seen, not as a thing by itself, but as the leading species of a large genus (...)."[170]

Alle Einkommen konstanter Produktionsfaktoren werden daher rententheoretisch bestimmt, d.h. nicht als *preisdeterminierend,* sondern als *preisdeterminiert* begriffen. Im Rahmen der Marshallschen Theorie bedeutet dies, daß die rententheoretisch bestimmten Einkommensteile um so größer werden, je „kürzer" die Periodenabgrenzung wird, und um so kleiner, je „länger" die betrachtete Periode wird. In der langen Periode kann es nur noch Bodenrente und Renten für nicht vermehrbare Güter geben.

Die von Marshall vollzogene Ausdehnung des Rentenkonzepts scheint eine rein begriffliche Marginalie zu sein, wir werden aber noch sehen, daß sie gerade im makroökonomischen Bereich zu interessanten Ergebnissen führt und besonders im Rahmen einer mikroökonomischen Fundierung der Keynesschen Theorie hilfreich sein kann.

6.2.2. Der Lohn

Bevor wir Marshalls Theorie mit einer Gesamtbetrachtung abschließen werden, bleiben noch die Lohn- und die Zinstheorie zu diskutieren.

Während Marshall in der Rententheorie eher eine klassische Position bezog, hat er in der Lohntheorie mit der Klassik deutlich gebrochen. Dies geht klar aus der Ablehnung des Lohnfondkonzepts hervor.[171] Einer marginalistischen Theorie — wenn auch im Gewand des Konzepts der Nettogrenzproduktivität — war damit der Weg geebnet. Wie schon erwähnt, sah Marshall im Konzept des Nettogrenzprodukts noch keine hinreichende Bestimmung des Lohns (Lohnsatzes); vielmehr muß — wie er immer betonte — der kooperierende Faktor und die Angebotsseite berücksichtigt werden. Wir wollen uns daher jetzt verstärkt der Angebotsseite des „Faktors" Arbeit widmen und dabei kurz- und langfristige Aspekte des Arbeitsangebots behandeln.

In der Klassik war die Frage des Arbeitskräfteangebots durch die Malthussche Bevölkerungslehre beantwortet worden. Mit dem Anstieg des Reallohns über das Subsistenzniveau steigt auch die Geburtenrate an. Das dadurch langfristig entstehende Arbeitskräftepotential vergrößert sich und verschärft die Konkurrenz unter den Arbeitern, wodurch der Reallohn wieder zu sinken beginnt und die Geburtenrate wieder abnimmt.

Die Malthussche Theorie des Subsistenzlohns konnte in dieser Form nicht gehalten werden, und zwar nicht, weil Marshall den Subsistenzgedanken aus ideologischen Gründen ablehnte[172], sondern weil die Lohnbestimmung in der klassischen Theorie quasi exogen vollzogen wurde und in dieser Form dem

[170] Ebenda, S. 412.

[171] Vgl. Principles I, Appendix J.

[172] Vgl. Principles I, S. 503-531.

Konzept von Angebot und Nachfrage nicht einverleibt werden konnte. Marshall bemühte sich, eine Theorie des lang- und kurzfristigen Arbeitsangebots zu entwickeln. Hierzu mußte er die Frage beantworten, wie sich das langfristige Arbeitsangebot entwickeln wird. Er skizzierte zwei mögliche Entwicklungsmuster, die im wesentlichen von der Einkommensverwendung der Arbeiterhaushalte beeinflußt werden. Verwenden die Arbeiterhaushalte die Lohnsteigerung zu einer Verbesserung ihres Lebensstandards, dann müßte das langfristige Arbeitsangebot konstant bleiben.[173] Führt hingegen das steigende Einkommen der Arbeiter dazu, mehr Kinder aufzuziehen, dann wird das langfristige Arbeitsangebot steigen.[174] Marshall war sich allerdings bewußt, daß die rein ökonomischen Aspekte durch ethische Einstellungen und soziale Verhaltensmuster gefiltert werden und somit nur in indirekter Weise die Bevölkerungsentwicklung beeinflussen:

> "Thus economic causes play a part in governing the growth of population as a whole as well as the supply of labour in any particular trade. But their influence on the numbers of the population as a whole is largely indirect; and is exertet by the way of the ethical, social and domestic habits of life."[175]

Aus diesen Gründen war er der Ansicht, daß die langfristige Entwicklung des Arbeitsangebots nur bedingt abgeleitet werden kann.

Marshalls Überlegungen zu den Bestimmungsgründen des kurzfristigen Arbeitsangebots basieren auf seinem Konzept der realen Kosten. Hierbei handelt es sich um die Kosten, die einem ausgebildeten Arbeiter bei der Verrichtung einer bestimmten Arbeit entstehen.

Die Kosten bestehen dann im wesentlichen aus zwei Komponenten, nämlich den Arbeitskosten[176] (operating costs) und den Erhaltungskosten[177] (maintenance costs) eines Arbeitgebers. Diese realen Kosten werden in Arbeitsleid-Einheiten (disutility oder discommodity) ausgedrückt. Den Zusammenhang zwischen Arbeitsleid und verausgabter Arbeitszeit beschrieb Marshall wie folgt:

> "Some little peinful effort is often involved at starting; but this gradually diminishes to zero, and is succeeded by pleasure; which increases for a while until it attains a certain low maximum; after which it diminishes to zero, and is succeeded by increasing weariness and craving for relaxation and change."[178]

Das Arbeitleid (v) ist eine zunächst fallende und dann steigende Funktion der verausgabten Arbeitszeit (l), wobei das Arbeitsleid ab $\bar{L}$ positiv wird.

---

[173] Vgl. ebenda, S. 529-530.

[174] Vgl. ebenda, S. 217-218 und S. 532.

[175] Ebenda, S. 218.

[176] Vgl. Principles I, S. 140, 527 N. 2.

[177] Vgl. Principles I, S. 576.

[178] Principles I, S. 141-142.

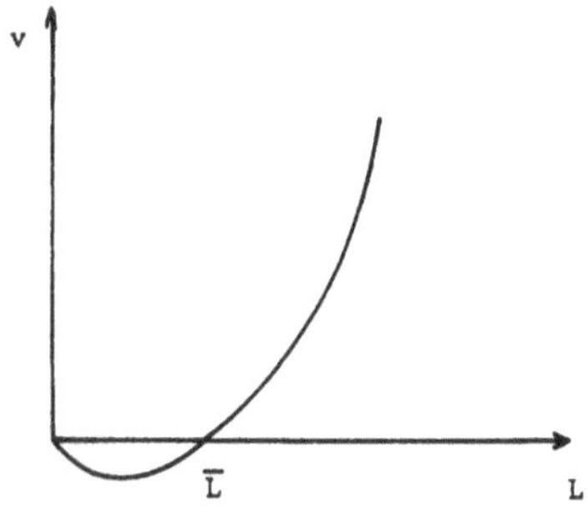

(Graphik II.7.)

Die Bezahlung, die notwendig ist, um den Arbeiter zu bewegen, eine zusätzliche Arbeitseinheit anzubieten, ist die Summe Geld, die ihn für das damit verbundene Arbeitsleid entschädigt. Diese Geldgröße ist der marginale Zufuhrpreis der Arbeit. Es ist das zusätzliche Einkommen, das er als Ausgleich für das zusätzliche Arbeitsquantum erreichen möchte. Marshall berücksichtigte hier schon, daß der Lohn in Geld bezahlt wird, denn er bezieht den Grenznutzen des Geldes (Einkommen) in die Analyse ein. Wenn wir die bisherige Notation beibehalten, so gilt für die marginale Zufuhrpreisfunktion (*MZP)*

$$MZP = \frac{v'(L)}{\lambda}.$$

wobei $\lambda = du/dm$ den Grenznutzen des Geldes bezeichnet. Marshall nahm an, daß der Arbeiter seinen Nutzen maximieren will. Er wird also versuchen, die Differenz zwischen dem Nutzen seines Einkommens und dem Arbeitsleid zu maximieren. Es gilt:

$$\text{max! } W(L) - v(L)/\lambda.$$

Da $W(L) = wL(L)$ ist, erhalten wir als Bedingung erster Ordnung:

$$\frac{d(wL)}{dL} = \frac{v'(L)}{\lambda}$$

oder

$$\lambda w = v'(L).$$

Wenn man unterstellt, daß der Arbeiter nur Lohneinkommen bezieht, dann ist

$$\lambda = u'(wL).$$ [179]

[179] Marshall machte keine derartige Annahme. Vgl. hierzu Principles I, Mathematischer Anhang, Note X, S. 843.

Für den marginalen Zufuhrpreis gilt entsprechend

(1) $$MZP = \frac{v'(L)}{u'(wL)}.$$

Unter der Bedingung vollkommener Konkurrenz auf dem Arbeitsmarkt ist der Lohn (w) für den einzelnen Arbeiter ein Parameter. Daher gilt:

(2) $$MZP = w.$$

Aus (1) und (2) erhalten wir:

(3) $$w = \frac{v'(L)}{u'(wL)}.$$

Gleichung (1) kann nur als Zufuhrpreisfunktion interpretiert werden, wenn wir $u'(wL) = \text{constant}$ setzen, da nur unter dieser Bedingung der *MZP* unabhängig vom Einkommen ist. Dies hielt Marshall aber für eine nicht sinnvolle Annahme:

> "This assumption ($u'(wL) = \text{const.}$, V.C.) is justifiable with regard to most of the market dealings with which we are practically concerned. (...)
> The exceptions are rare and unimportant in markets for commodities; but in markets for labour they are frequent and important,"[180]

Somit ist der marginale Zufuhrpreis der Arbeit nicht unabhängig von der Höhe des Lohnsatzes. Eine individuelle Zufuhrpreisfunktion der Arbeit kann also nicht definiert werden. Gleichung (III) kann nur als Gleichgewichtsbedingung interpretiert werden. Für jeden Lohnsatz ist der *MZP* gleich dem Lohnsatz, und es wird soviel Arbeit angeboten wie nachgefragt.

Diese analytische Besonderheit blieb lange unbemerkt und wurde später in einer Diskussion zwischen Hicks und Dobb thematisiert.[181] Für die Entwicklung der neoklassischen Theorie des Arbeitsangebots war sie irrelevant, da das Marshallsche Realkostenprinzip durch das Opportunitätskostenprinzip, demzufolge das „Arbeitsleid" als entgangene Freizeit begriffen wird, ersetzt wurde. Hierauf ließ sich der traditionelle analytische Apparat besser anwenden, der eine eindeutige Ableitung der individuellen Arbeitsangebotsfunktion gestattet.

6.2.3. Kapital und Zins

Das „dunkelste" Gebiet der Marshallschen Theorie stellt seine Zins- und Kapitaltheorie dar. Es ist nie klar, ob Marshall die monetäre oder die reale Seite des Problems diskutiert.

---

[180] Principles I, S. 335.

[181] Vgl. J. R. *Hicks;* Edgeworth, Marshall, and the Indeterminateness of Wages, E.J. 1930, S. 215-231 und M. *Dobb;* A Note concerning Mr. J. R. Hicks on the ‚Indeterminateness of Wages', E.J. 1931, S. 142-145.

Im folgenden werde ich, von seinem Realkostenkonzept ausgehend, versuchen, die Bestimmungsfaktoren der Kapitalnachfrage und der Kapitalzufuhr herauszuarbeiten.

Arbeit und Warten sind die Anstrengungen und Opfer, die man aufbringen muß, um Güter bereitstellen zu können. Während die Arbeitsmühen mit dem Lohn entgolten werden, wird das Warten mit dem Zins belohnt. Warum aber sollte das Warten belohnt werden? Stellt es ein neben dem Arbeiten eigenständiges Opfer dar? Hiergegen polemisierte nicht nur Marx, auch Böhm-Bawerk fühlte sich herausgefordert.[182] Böhm-Bawerk bestritt die eigenständige Existenz eines Warteopfers, dessen Absurdität er mehrfach offenzulegen versuchte. Dabei saß er immer wieder ein und demselben Mißverständnis auf. Während er zu Vergleichszwecken den Wert zukünftiger Güter auf den Gegenwartswert diskontierte, unterstellte er Marshall, daß dieser den Wert zukünftiger Güter als das Ergebnis eines gegenwärtigen Arbeitsopfers zuzüglich zukünftiger Warteopfer begriff. Dies ist falsch, denn Marshall setzte nicht den Preis zukünftiger, sondern den gegenwärtiger Güter an. Seine Zeitskala beginnt daher nicht in t sondern in $t - T$. Marshall blickte aus der Vergangenheit in die Gegenwart und nicht aus der Gegenwart in die Zukunft:

$$t-T \longleftarrow\!\!\!-\!\!\!-\!\!\!-\!\!\!-\!\!\!-\; t \;-\!\!\!-\!\!\!-\!\!\!-\!\!\!-\!\!\!\longrightarrow t+T\,.$$

Marshall Böhm-Bawerk

Marshall hielt im Gegensatz zu Böhm-Bawerk beide Perspektiven für miteinander verträglich. Darüber hinaus bilden sie gemeinsam die Voraussetzung zur Formulierung einer kapitaltheoretischen Gleichgewichtsbedingung. Wenn wir nämlich Marshalls Erklärungsmuster von Zufuhr und Nachfrage ernst nehmen, dann muß es auch auf die Kapitaltheorie übertragen werden. Marshall deutete dies an, wenn er von „productiveness" und „prospectiveness" des Kapitals sprach. Ein Gleichgewicht herrscht dann, wenn die „vergangenen" realen Kosten (efforts and sacrifices) gleich den „zukünftigen" Erträgen (benefits) sind. Dieser Gleichgewichtsbegriff findet in den beiden Formeln des mathematischen Anhangs[183] seinen Niederschlag, in denen Marshall den Gegenwartswert der „efforts" dem Gegenwartswert der „pleasures" eines Hausbaus gegenüberstellte. Der Betrachtungszeitpunkt liegt hier in der Gegenwart. Legen wir den Zeitpunkt des Vergleichs auf das Datum der Fertigstellung des Hauses, dann liegen die „efforts" in der Vergangenheit und die „pleasures" in der Zukunft. Demnach sind „efforts" als akkumulierte Größe, „pleasures" als diskontierte Größe anzusehen. Dieser Gleichgewichtsbegriff, für den die Balance zwischen den „efforts", den Vergangenheitswerten, und den „benefits", den Zukunftswerten, konstitutiv ist, hat lange Nachwirkungen in der Cambridger Schule gehabt.[184]

---

[182] Vgl. E. *v. Böhm-Bawerk;* Kapital und Kapitalzins, Bd. 1, unveränderter Nachdruck der 4. Aufl., Meisenheim/Glan 1961, S. 241-261 und S. 480-503.

[183] Principles I, S. 845-846.

Die Gleichgewichtsbedingung bezieht sich jedoch auf die Bestimmung des Gleichgewichtspreises eines Kapitalguts. Der Zinssatz spielt hier nur eine untergeordnete Rolle. Daneben existiert die Vorstellung, Angebot und Nachfrage nach Kapital regulierten den Zinssatz. Dies führt zu einigen Problemen begrifflicher sowie konzeptioneller Art. So ist z. B. bei dem Begriff ‚Nachfrage nach Kapital' nicht klar, ob es sich um die Nachfrage nach neu produzierten Kapitalgütern oder um die nach bereits existierenden Kapitalgütern oder um eine Größe, die beide Arten umfaßt, handelt. Das gleiche gilt für die Angebotsseite. Meint man mit Kapitalangebot das Angebot an Ersparnissen, das an neu produzierten Kapitalgütern oder das Angebot alter, bereits existierender Kapitalgüter?

Wenn ich Marshall richtig verstanden habe, unterschied er „Kapital" und Kapitalgüter, wobei „Kapital" eine Wertgröße darstellt, so daß sie die gleiche Dimension wie die Ersparnis hat. Dabei darf nicht vergessen werden, daß die Kapitalnachfrage sowohl eine Preis- als auch eine Mengenkomponente hat, wohingegen dies bei der Ersparnis nicht notwendig der Fall ist.

Marshall blieb strenggenommen in der kurzen Periode und umging dadurch Probleme auf der Seite der Produktionskosten der Kapitalgüter. Er schloß definitionsgemäß alte Kapitalgüter vom Kapitalgütermarkt aus und konzentrierte sich dadurch ausschließlich auf die neu produzierten Kapitalgüter. Dies hat zur Folge, daß in seiner Theorie die Kapitalnachfrage nur aus der Nachfrage nach neu produzierten Kapitalgütern besteht, d. h. er konzentrierte sich auf die Investitionsnachfrage.

Denken wir seinen Ansatz konsequent fort, werden Investitionsgüter in der kurzen Periode bei steigenden Grenzkosten produziert. Die Zufuhrpreiskurve steigt also. Die Nachfragepreiskurve basiert auf erwarteten Größen, nämlich auf den erwarteten zukünftigen Erträgen eines Projekts, wobei die Erträge mit ihrem Gegenwartswert, also diskontiert, angesetzt werden. Die Nachfragepreiskurve fällt mit zusätzlichen Projekten, wohingegen sie sich mit Änderungen des Zinssatzes verschiebt. Je höher der Zinssatz, desto niedriger ist ihre Lage und umgekehrt.

Im Schnittpunkt von Zufuhrpreis und Nachfragepreiskurve erhalten wir, bei gegebenem Zinssatz, ein Preis-Mengengleichgewicht auf dem Investitionsgütermarkt.

Um eine Investitionsnachfrage in Abhängigkeit vom Zinssatz zu erhalten, muß man davon ausgehen, daß Zufuhrpreis und Nachfragepreis gleich sind. In

---

[184] Joan Robinson vertrat bis in die 50er Jahre hinein Marshalls Gleichgewichtsbegriff. Gerade in ihrem fulminanten Aufsatz The Production Function and the Theory of Capital (R. E. S. 1953 - 54) findet sich die folgende Passage: "We can evaluate the goods in terms of the real cost of producing them — that is, the work and the formerly existing goods required to make them, or we can evaluate them according to their productivity — that is, what the stock of goods will become in the future if work is done in conjunction with it." Zitat nach: J. *Robinson;* Contributions to Modern Economics, Oxford 1978, S. 80.

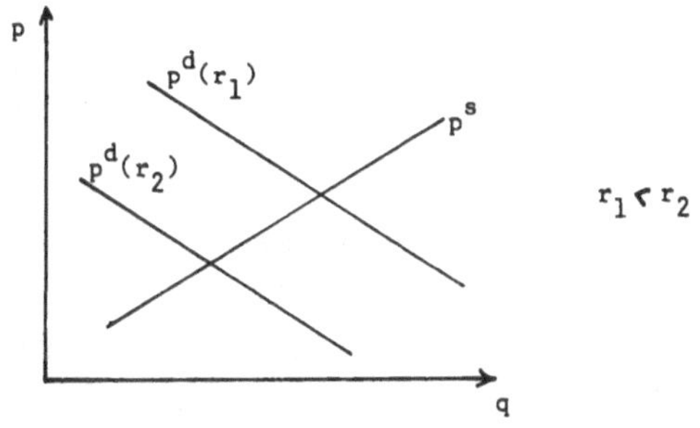

(Graphik II.8.)

Begriffen der Investitionsrechnung bedeutet diese Gleichheit, daß der Anschaffungswert gleich dem Barwert ist. Gleichzeitig bezeichnet man den Zinssatz, der den Barwert dem Anschaffungswert gleich macht, als internen Zinssatz oder auch „marginal efficiency of capital". Die „marginal efficiency" einer bestimmten Investitionssumme liegt immer auf der Zufuhrpreiskurve für Investitionsgüter, denn jeder Schnittpunkt zwischen ihr und einer beliebigen Nachfragepreiskurve erfüllt die o. g. Marktgleichgewichtsbedingung. Die Kurve der „marginal efficiencies" ist keine strenge Nachfragekurve, sondern eher als geometrischer Ort von Investitionsgütermarktgleichgewichten bei alternativen Zinssätzen zu interpretieren.

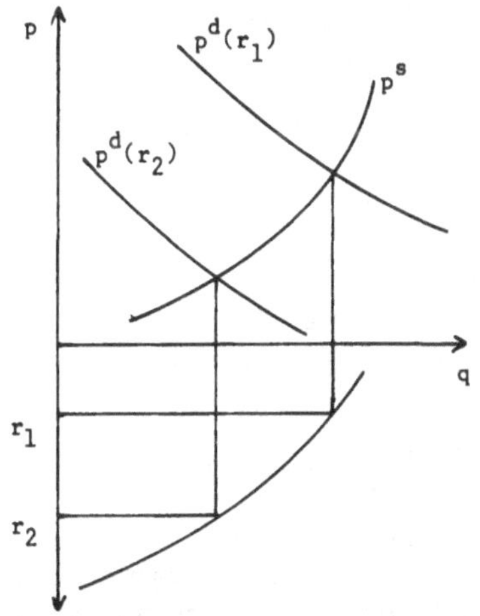

(Graphik II.9.)

Diese Kurve der Investitionsgütermarktgleichgewichte bestimmt zusammen mit der zinsabhängigen Sparangebotsfunktion den realen Zinssatz. Dem Zusammenwirken von Investieren, Sparen und Zinssatz werden wir uns noch zuwenden.

Abschließend soll noch einmal nachdrücklich darauf hingewiesen werden, daß Marshall alle kapitaltheoretischen Schwierigkeiten geschickt umging, indem er in der kurzen Periode verblieb. Alle gleichgewichtstheoretischen Probleme, die dadurch entstehen, daß der Zinssatz sowohl auf die Angebots- als auch die Nachfrageseite einwirkt und eine Zirkularität in der Argumentation hervorruft[185], können somit zunächst vermieden werden. Sie tauchen dann aber in anderer Form und an anderer Stelle wieder auf.[186]

Wenn wir uns jetzt rückblickend fragen, ob sich eine Zufuhrpreisfunktion, basierend auf normalen Faktorpreisen, ableiten läßt, so können wir nur bedingt zustimmen. Es liegt keine streng theoretische Ableitung der Lohnrate vor, da auf der Basis der Reproduzierbarkeitsprämisse keine Zufuhrfunktion der Arbeit abgeleitet werden kann.

Die Bestimmung des normalen Zinssatzes gestaltet sich etwas komplizierter. Sofern die kurze Periode gemeint ist, läßt sich sagen, daß der Zinssatz durch das Verhältnis von Sparangebot und Investitionsnachfrage determiniert wird. Im Gleichgewicht ist der Zinssatz gleich der marginalen Effizienz der neuen Kapitalgüter, so daß sich der Wert alter, bereits existierender Kapitalgüter immer aus dem internen Zinssatz neuer Kapitalgüter und der Quasirente berechnen läßt.

Bei der Konstruktion der Zufuhrpreisfunktion der langen Periode stoßen wir auf die Grenzen der Marshallschen Theorie und Methode, denn in einer Theorie der langen Periode dürften die Preise alter und neuer Kapitalgüter nicht mit unterschiedlichen theoretischen Konzepten bestimmt werden.

7. Die makroökonomische Perspektive

7.1. Die „National Dividend“

Die Grundlage einer makroökonomischen Perspektive bildet der begriffliche Rahmen eines gesamtwirtschaftlichen Einkommenskonzepts. Marshall entwickelt dieses im Zusammenhang mit der Definition der „National Dividend“. Er definiert sie zunächst von der Entstehungsseite:

> “The labour and capital of the country, acting on its natural resources, produce annually a certain *net* aggregate of commodities, material and immaterial, including services of all kinds. The limiting word ‘net’ is needed to provide for all the using up of raw and half-finished commodities, and for the wearing out and depreciation of plant which is involved in production: all such waste must of course be deducted from the gross produce before the true or net income can be found. (. . .) This is the true net annual income, or revenue, of the country; or, the national dividend. (. . .) The terms National Income and National Dividend are convertible; (. . .).”[187]

---

[185] Marshall erkannte die Problematik; vgl. Principles I, S. 519.

[186] Damit sind in erster Linie die Probleme gemeint, die dadurch entstehen, daß neben den neuen auch noch alte Kapitalgüter existieren.

In diesem Produktionsprozeß entstehen Waren, von denen einige nicht sofort konsumiert werden:

> "Some part of production goes to increase the stock of raw material, machinery etc., and does not merely replace material that has been used up, or machinery that has been worn out: and this part of the national income or dividend does not pass direct into personal consumption."[188]

Somit setzt sich die National Dividend aus dem Aggregat der produzierten Konsumgüter und dem der Nettoinvestitionen zusammen.

Von der Verwendungsseite aus gesehen, bildet die National Dividend den Fond aller gegenwärtigen und in die Zukunft verschobenen Konsumausgaben. Da Marshall Ersparnis als in die Zukunft verschobenen Konsum definiert[189], spaltet sich auf der Verwendungsseite die National Dividend in die Konsumausgaben und die Ersparnis auf.

Die Verteilungsseite darf der Vollständigkeit wegen nicht unerwähnt bleiben:

> "(...), this national dividend is at once the aggregate net product of, and the sole source of payment for, all the agents of production within the country: it is divided up into earnings of labour; interest of capital; and lastly the producer's surplus, or rent, of land and of other differential advantages for production."[190]

Die drei aufgeführten Definitionen zeigen, daß Marshalls Konzept der National Dividend mit dem modernen Begriff des Nettosozialprodukts bzw. des Volkseinkommens übereinstimmt, wenn man berücksichtigt, daß in den „Principles" Fragen des Außenhandels und staatliche Aktivitäten nicht behandelt werden.

7.2. Marshalls Sparhypothese

Wie bereits erwähnt[191], unterschied Marshall zwischen „the power to save" und „the will to save". Die Definition der Sparfähigkeit (power to save) übernahm er von J. St. Mill:

> "As Mill says, the fund from which saving can be made is the surplus of the produce of labour after supplying the necessaries of life to all concerned in the production (including those employed in replacing the materials and keeping the Fixed capital in repair); (...). It is the real Net Produce of the country."[192]

Er übernahm diese Begriffsbestimmung in die „Principles" und ergänzte sie um einen verteilungstheoretischen Aspekt:

---

187 A. *Marshall;* Principles I, S. 523.

188 Ebenda, S. 524.

189 Ebenda, S. 117ff.

190 Ebenda, S. 536.

191 Vgl. 4.2.3. in dieser Arbeit.

192 A. *Marshall;* Economics of Industry, S. 36.

"The power to save depends on an excess of income over necessary expenditure; and this is greatest among the wealthy. In this country most of the larger incomes, but only a few of the smaller, are chiefly derived from capital."[193]

Die Sparneigung (will to save) gibt an, in welchem Umfang aus dem realen Nettoprodukt gespart bzw. konsumiert wird. Die Sparneigung wird von einigen nichtquantifizierbaren Einflußfaktoren, wie Familienbindung, politische Stabilität usw. beeinflußt. Die zentrale ökonomische Variable ist jedoch der Zinssatz. Je höher der Zinssatz, desto eher sind die Wirtschaftssubjekte bereit, zugunsten zukünftigen Konsums auf gegenwärtigen Konsum zu verzichten, d. h. zu sparen.

"(...) it is a nearly universal rule that a rise in the rate increases the desire to save; and it often increases the power to save."[194]

Den bisherigen Ausführungen folgend wird die Ersparnis von der Höhe des Nettoprodukts bzw. Einkommens und von der Höhe des Zinssatzes bestimmt. Die Marshallsche Sparfunktion müßte somit das Einkommen und den Zinssatz als Argument enthalten. Das widerspräche aber dem zweiten Teilsatz des obigen Zitates, demzufolge auch die Sparfähigkeit vom Zinssatz beeinflußt wird. Hingegen weist Marshall in den „Economics of Industry" auf die Einkommensabhängigkeit des Sparens hin:

"(...) the larger the income a man derives from his business the larger are the means he has of saving."[195]

Der Widerspruch löst sich auf, wenn man berücksichtigt, daß Marshall die Gewinne als das für die Sparfähigkeit relevante Einkommen vor Augen hat. Das wird durch seine These deutlich, daß ein Rückgang des Zinssatzes die Sparfähigkeit reduziere:

"Thus a fall in the rate of interest (...) would diminish the power of saving from a given amount of capital, (...)."[196]

Diese Ausführungen zeigen, daß Marshall in der Frage der Einkommensverwendung eine nahezu klassische Position vertritt. Die Lohnempfänger verausgaben ihr Einkommen in erster Linie für Konsumgüter. Ihre Ersparnis dient einerseits der Bildung von Humankapital in Form von Ausbildung und andererseits der Verbesserung ihrer Wohn- und Gesundheitssituation, also dem Kauf langlebiger Konsumgüter. Die Empfänger von Kapitaleinkommen konsumieren bzw. sparen nach Maßgabe der zinsreagiblen Sparneigung, und die Höhe des Kapitaleinkommens wird bei gegebenem Wert des Kapitalstocks von der Höhe des Zinssatzes (= Profitrate) bestimmt. Je höher (niedriger) die Zinsrate, desto höher (niedriger) das Gewinneinkommen. Durch die Annahme der klassischen Sparhypothese kann die Abhängigkeit des Sparens aus Gewinnen bei einem gegebenen Kapitalstock auf den Zinssatz als einziges Argument reduziert werden.

---

193 A. *Marshall;* Principles I, S. 229.

194 Ebenda, S. 236.

195 A. *Marshall;* Economics of Industry, S. 42.

196 Ebenda, S. 42.

Teil III

Marshall — Walras: Ein Vergleich

1. Einige Unterschiede im Vorverständnis des Untersuchungsobjekts

Es soll an dieser Stelle keine ausgedehnte Studie zur Begriffsbildung bei Marshall und Walras vorgenommen werden. Es sind aber einige Schlüsselbegriffe, nämlich die Begriffe, die das Vorverständnis der beiden Theoretiker deutlich werden lassen, auf ihren Gehalt zu prüfen.

Beide Theoretiker versuchen sich an einer Definition des gesellschaftlichen Reichtums, wobei die weiteren Expositionen zu einer Definition des Güterbegriffs führen.

Walras beginnt Lektion 3 der „Elements" wie folgt:

> "By *social wealth* I mean all things, material or immaterial (it does not matter which in this context), that are *scarce*, that is to say, on the one hand useful to us and, on the other hand, only available to us in limited quantity."[1]

Bei Marshall lesen wir:

> "All wealth consists of desirable things; that is, things which satisfy human wants directly or indirectly: but not all desirable things are reckoned as wealth."[2]

Diese zwei Definitionen sind bis auf einen einzigen Begriff — den der Knappheit — ziemlich ähnlich, und die damit einhergehenden Vorstellungen über die grundlegenden ökonomischen Sachverhalte lassen einiges von dem erahnen, was die Marshallsche von der Walrasschen Theorie trennt.

Für Walras war die Ökonomie ein Universum endlicher Güterbestände, deren Allokation auf dem Wege des Austausches geregelt wird. Er stellte sich die Ökonomie zunächst so vor, als hätten alle Güter die Eigenschaften des Bodens. Produziert werde nur, weil diese Güter in ihrer Menge begrenzt seien.

> "I mean by this that it is worth while producing them and increasing their quantity as much as possible by regular and systematic efforts."[3]

Für Marshall hatte nur Land die Eigenschaft eines fixen Bestands. Sein Preis wird rententheoretisch bestimmt. Bei Walras wurde die rententheoretische

---

[1] Elements, S. 65.

[2] Principles I, S. 54.

[3] Elements, S. 67.

Betrachtungsweise zum Universalprinzip und verlor den von ihr in der klassischen und auch Marshallschen Theorie eingenommenen gesonderten Stellenwert.

Marshalls ökonomisches Weltbild war nicht das einer Sammlung gegebener Warenbestände, sondern eines in Entwicklung befindlichen „Organismus", dessen Lebensgeister — die Produktionsfaktoren — sich in einer kontinuierlichen Evolution befinden. Während Walras mit der Analyse des Tausches von Beständen begann, stand bei Marshall die Entwicklung der Produktivkräfte und der Nachfrage im Vordergrund.[4]

Das Knappheitsproblem stellt den roten Faden dar, der sich durch die gesamte Walrassche Theorie hindurchzieht, während bei Marshall dieses Problem in zwei verschiedenen Zusammenhängen auftritt. Es handelt sich einerseits um den Faktor Land und andererseits um die Behandlung des Faktors Kapital in der kurzen Periode. Für beide Fälle gilt die Rententheorie. Verwirrend ist dabei, daß im Rahmen der Periodenabgrenzung ein und dieselbe Sache, nämlich die Preisbestimmung des „Faktors" Kapital, verschieden behandelt wird.

In der Walrasschen Theorie wird dieser als Knappheitspreis simultan mit allen anderen Preisen bestimmt. Bei Marshall liegt in der kurzen Periode eine rententheoretische Betrachtungsweise vor, während in der langen Periode die Produktionskostentheorie herangezogen wird.

Dieses unterschiedliche Vorverständnis des Untersuchungsobjekts ist auch für die Nachfragetheorie wichtig. Während bei Walras die gegebenen Bedürfnisse auf die gegebenen Güterbestände prallen, war Marshall nicht bereit, die Bedürfnisse von den menschlichen „activities" zu trennen. Obwohl ihm klar war, daß die Menschen die Bedürfnisse erlernen, mußte er, wenn es um die Ableitung der Nachfragekurve ging, die Bedürfnistruktur konstant halten und als gegeben annehmen. Er maß der Nachfragetheorie allerdings nur eine untergeordnete Rolle zu:

> "It is not true therefore that the Theory of Consumption is the scientific basis of economics."[5]

Der zentrale Teil der ökonomischen Theorie sind seines Erachtens nach die menschlichen Tätigkeiten.

> "But if either, more than the other, may claim to be the interpreter of the history of man, whether on the economic side or any other, it is the science of activities and not that of wants (...)"[6]

---

[4] Clark nahm wiederum eine andere Position ein. Wie Marshall begann er bei den Produktionsfaktoren, nahm aber wie Walras an, sie seien als Bestände gegeben. Die Österreicher nahmen bis auf die Kapitaltheorie einen der Walrasschen Theorie entsprechenden Standpunkt ein.

[5] Principles I, S. 90.

[6] Ebenda, S. 90.

Es ist diese Entwicklungsidee, die sich durch die ganze Marshallsche Theorie hindurchzieht, während bei Walras immer wieder das Problem der Allokation knapper Ressourcen auf gegebene Bedürfnisse an die Oberfläche drängt.

Die Perzeption des Untersuchungsobjekts ist sicherlich auch nicht unabhängig vom philosophisch-erkenntnistheoretischen Hintergrund beider Theoretiker. Mit Walras haben wir einen cartesianischen Rationalisten vor uns, der die Ökonomie „more geometrico“ zu konstruieren versuchte, während Marshall, der angelsächsische Empiriker, die Theorie möglichst aus der ökonomischen Alltagserfahrung des viktorianischen Unternehmers entwickeln wollte. Beide besaßen eine gute mathematische Ausbildung, wobei Marshall — als der eigentliche Mathematiker — dieser nicht die herausragende Rolle beimaß, die Walras ihr zukommen ließ.

Es ist jedoch nicht die Mathematik, deren Verwendung in der Theorie zur Debatte steht, sondern es geht um die Inhalte, die damit ausgedrückt werden sollen. Gleicht die Ökonomie eher der physikalischen Mechanik oder der biologischen Evolution? Walras entschied sich für die Astronomie, Marshall für die Evolutionstheorie. Beide Vorstellungen mögen falsch gewesen sein, nichtsdestoweniger waren dies m. E. die zentralen heuristischen Konzepte, mit denen Walras und Marshall ökonomische Theorie konstruierten bzw. rekonstruierten.

2. Methodik

2.1. Allgemeines versus partielles Gleichgewicht

Die Identifikation Marshalls mit der partiellen und die Walras' mit der allgemeinen Gleichgewichtsanalyse ist gängige Lehrbuchtradition, die vorgibt, der wesentliche Unterschied zwischen Marshall und Walras bestünde in diesem Dualismus. Man hat Marshall die theoretische Tiefe abgesprochen, aber seinen pragmatischen Impetus gelobt. So ließ man ihn zum „Westentaschen-Walras“ oder Walras für Pragmatiker werden. Diese Sichtweise ist irreführend, denn einerseits betont sie einen Unterschied, der in diesem starken Maße gar nicht besteht, andererseits werden konzeptionelle Unterschiede gänzlich ignoriert. Wenn die traditionelle Sichtweise der Lehrbücher richtig wäre, dann müßte die partialanalytisch beschränkte Walrassche Theorie mit Marshalls Theorie identisch sein. Genau dieser These wird in dieser Arbeit widersprochen.

Worin unterscheiden sich eigentlich partielle und allgemeine Gleichgewichtsanalyse? Es ist nur ein einziger Aspekt, der beide Methoden trennt. Während die partielle Gleichgewichtsanalyse die Existenz und Stabilität eines und nur eines Marktgleichgewichts untersucht, und solche Marktgleichgewichte quasi-sukzessiv bestimmt, geht es bei der allgemeinen Gleichgewichtsanalyse um die simultane Bestimmung eines Gleichgewichts auf allen existierenden Märkten. Während man bei der partiellen Gleichgewichtsanalyse die Rückwirkungen anderer Märkte auf den zu betrachtenden Markt bewußt oder unbewußt ausschaltet, werden bei der allgemeinen Gleichgewichtsanalyse diese „spill-over"-Effekte gerade berücksichtigt, bzw. man versucht sie zu berücksichtigen.

Im Unterschied zu Walras untersuchte Marshall die Interdependenzen und die „spill-over"Effekte nicht systematisch. Dies kann auf verschiedene Gründe zurückgeführt werden. Einerseits kann die Ceteris-paribus-Bedingung im Sinne einer hypothetischen Isolation verwendet werden, dann handelt es sich bei der Analyse um ein Gedankenexperiment. Andererseits besteht die Möglichkeit, sie als inhaltliche Isolation zu betrachten, wenn man der Ansicht ist, die Interdependenz würde keine wesentliche Modifikation darstellen, d.h. ihr Einfluß sei von einer „second order of smallness".

Beide Verfahren, die Isolationsmethode und die Interdependenzanalyse zielen ihrem Sinn nach auf völlig verschiedene Fragestellungen. Sowohl die Klassik als auch Keynes bedienten sich der Isolationsmethode. Hier geht es darum, die für die ökonomische Entwicklung als wichtig angesehenen Größen zu isolieren, um dann die Kausalkette der Wirkungen untersuchen zu können. Dagegen ist eine Analyse der Interdependenz zwischen Märkten nicht so sehr an Entwicklungstendenzen interessiert, als vielmehr daran, wie die verschiedenen ökonomischen Variablen voneinander abhängen.

Zwischen den beiden Sichtweisen besteht kein Widerspruch, wohl aber ein Unterschied. Die Gefahr einer die Interdependenz betonenden Sichtweise besteht darin, alle Größen für gleich wichtig zu halten, wodurch die Erklärung ökonomischer Vorgänge fast unmöglich wird, während eine isolierende Betrachtungsweise Gefahr läuft, interessante und starke Interdependenzen zwischen Variablen zu vernachlässigen.

Marshall hatte den Entwicklungsgedanken als Leitmotiv und neigte daher zur Isolation von Variablen, während Walras sich stärker für die Abhängigkeit der Variablen untereinander interessierte, da es ihm um die Allokation vieler verschiedener Güterbestände für die verschiedenen Verwendungsmöglichkeiten ging.

2.2. Aggregationsebenen

Dieser Abschnitt handelt nicht von technischen Aggregationsverfahren, sondern vom sogenannten hermeneutischen Aggregationsproblem.[7] Es geht dabei um die Frage, wie Aggregationsebenen zu interpretieren sind, die nicht durch eine auf niedrigerem Aggregationsniveau liegende theoretische Struktur gewonnen wurden.

Mir geht es allerdings nicht darum, auf diese sicherlich wichtige erkenntnistheoretische Frage eine Antwort zu geben, sondern darum, die beiden hier zur Debatte stehenden Theorien bezüglich des Zusammenhangs verschiedener

[7] Vgl. E. *Schlicht*, S. 93ff. und Teil II dieser Arbeit.

Aggregatebenen in den Theorien selbst zu untersuchen. Zu diesem Zweck unterscheide ich drei Aggregatebenen:

a) Die Individual- oder Entscheidungsebene
Die hier auftretenden Einheiten sind keinesfalls solche Entitäten, die keiner weiteren Disaggregation zugänglich wären, denn sie stellen selbst schon wieder Aggregate dar. Sie sind aber in dem Sinn als geschlossene Einheiten zu betrachten, insofern man sie als Entscheidungseinheiten begreifen kann. Es sind ökonomische Einheiten wie der Konsument, der Haushalt, der Produzent, die Unternehmung usw.

b) Die Markt- oder Branchenebene
Hierbei handelt es sich um die Gruppierung und Zusammenfassung von Einheiten der Individualebene unter bestimmten Kriterien.

c) Die gesamtwirtschaftliche Ebene
Auf der gesamtwirtschaftlichen Ebene wird der Kreislaufzusammenhang der Branchen oder sogar der Individualeinheiten untersucht.

Entsprechend dieser Klassifikation ergeben sich drei Gleichgewichtsklassen: Das Individualgleichgewicht, das Marktgleichgewicht und das gesamtwirtschaftliche Gleichgewicht. Wie diese drei Gleichgewichte zusammenhängen, ist eine zentrale Frage der theoretischen Konzeption.

In der walrasianischen Theorie versucht man vom Individualgleichgewicht zum Markt- und dann zum gesamtwirtschaftlichen Gleichgewicht zu gelangen. Bei der Bestimmung der Individualgleichgewichte muß jedoch der Kreislaufzusammenhang berücksichtigt werden. Dies geschieht in Form der Budgetrestriktionen. Das Marktgleichgewicht wird über das dem Auktionsprozeß entsprechende tâtonnement ermittelt. Da erst bei Gleichgewichtspreisen getauscht wird, sind simultan die Individualgleichgewichte bei Einhaltung des gesamtwirtschaftlichen Kreislaufzusammenhangs sowie die Marktgleichgewichte bestimmt.

Eine so konzipierte Theorie hat mikro- und makroökonomische Komponenten. Diese Theorie ist konsequent auf mikroökonomischen Größen aufgebaut, und eine Aggregation dieser Größen liefert keine zusätzliche Information und keine anders gearteten Ergebnisse. Eine Dichotomie zwischen mikro- und markoökonomischen Größen kann nicht auftreten. Das gesamtwirtschaftliche Gleichgewicht wird immer eingehalten, da es sozusagen als Nebenbedingung eingehalten werden muß. Die Summe der Käufe muß gleich der Summe der Verkäufe sein. Die Frage ist nur, ob man auf der Individualebene die Menge der Verkäufe bestimmen kann. Dies geht nicht, da jeder einzelne Marktteilnehmer nur das kaufen kann, was ihm die Budgetrestriktion erlaubt. Was aber bestimmt die gesamtwirtschaftliche Budgetrestriktion, d. h. wodurch ist das Volkseinkommen bestimmt? Hierauf kann eine konsequent von der Individualebene her aufgebaute Theorie keine selbst wieder individualistisch begründete Erklärung geben.

Eine weitere Erklärungslücke besteht auf der Marktebene. Es ist ziemlich unklar, wie Konkurrenz, die je eine spezifische Form des Marktzusammenhangs herstellt, individualistisch erklärt werden kann. Obwohl Walras dem Marktmechanismus mit dem Auktionator Personengestalt verlieh, ist dessen Handlungsweise kaum mit Hilfe des Maximierungsansatzes zu begreifen. Der Auktionator, d. h. der Markt, ändert die Preise mit dem Ziel, Differenzen zwischen Angebot und Nachfrage zu beseitigen. Er ist kein Arbitrageur, der aus diesen Differenzen Gewinn zu ziehen versucht. Im Gegenteil, er soll tendenziell eher verhindern, daß dies passiert. Wenn also die Handlungen des Auktionators nicht mit den Erklärungsmustern des maximierungstheoretischen Ansatzes behandelt werden können, besteht die Möglichkeit, diese Erklärungslücke anders zu schließen, z. B. mit Hilfe eines institutionalistischen Erklärungsansatzes.

Es wäre zuviel verlangt, von Marshall hierzu eine klare Antwort zu erwarten. Gerechterweise muß man anmerken, daß er die Frage in dieser Form nicht stellte. Marshall sprang direkt in die Marktebene hinein; er dachte den institutionellen Zusammenhang sofort mit. Somit begriff er die einzelnen Handlungen als Ergebnis ständiger individueller Anpassungen, wobei die Konkurrenz die spezifische ökonomische Form des allgemeinen Evolutionsgesetzes darstellt.[8] Wie problematisch diese Sichtweise auch immer sein mag, so macht sie doch deutlich, daß Marshall die ökonomisch relevanten Handlungen als Ergebnisse des Konkurrenzzusammenhangs ansah. Existiert dieser allgemeine Marktzusammenhang, dann gleichen sich die Handlungen in großem Maße an, so daß sich Gruppen und Klassen bilden lassen, die jeweils einem ganz bestimmten Handlungsmuster folgen. Marshall hatte also kein Korrelat zur walrasianischen Individualebene. Wenn wir in seiner Theorie individuelles Handeln ansprechen, müssen wir immer den Marktzusammenhang mitdenken.

Während in der walrasianischen Theorie ein Marktgleichgewicht ein Individualgleichgewicht voraussetzt, ist dies bei Marshall und auch für die in seiner Tradition Stehenden nicht notwendig. Ein Marktgleichgewicht kann existieren, obwohl eine Anzahl von Individualeinheiten sich nicht im Gleichgewicht befinden.[9]

Marshall behandelte den Kreislaufzusammenhang in der für ihn typischen Art und Weise: als Markt, in dem das Angebot an und die Nachfrage nach Ersparnissen zum Ausgleich gebracht werden sollen. Die Frage, ob es sich dabei um einen Markt im eigentlichen Sinne handelt, stellte sich auch Keynes. In der Diskussion mit Harrod argumentierte Keynes, man dürfe in diesem Fall nicht das traditionelle Angebots- und Nachfrageinstrumentarium bemühen, da aus dem Kreislaufzusammenhang die Identität beider Größen folge.[10]

---

[8] Vgl. Principles I, S. 597.

[9] Vgl. Principles I, S. 316; A. C. *Pigou;* An Analysis of Supply, E. J. 1928; S. 238-257, hier S. 239: D. H. *Robertson;* Lectures on Economic Principles, Vol. I, London 1957, S. 119ff.

[10] Vgl. J. M. *Keynes;* Collected Writings, Bd. XIII, London 1973, S. 551.

Resümierend halten wir fest, daß die jeweiligen Aggregatebenen, auf denen Marshall und Walras ihre theoretischen Konzepte entwickelten, verschieden sind. Bei Walras haben wir eine ausgefeilte Betrachtung auf der Individualebene unter Berücksichtigung des Kreislaufzusammenhangs vor uns, während die Marktebene, also die Ebene, auf der die Koordination der ökonomischen Handlungen erfolgt, fiktiv gestaltet ist. Marshall bewegte sich auf der Marktebene und begriff die individuellen Handlungen als marktgesteuert. Man kann die Individualebene praktisch nur aus dem Marktverhalten rekonstruieren. Der Kreislaufzusammenhang wird dagegen nur als ein zusätzlicher Markt begriffen.

2.3. Konstruktion und Interpretation von Angebot- und Nachfragekurven

Alle Studenten der Ökonomie sind in den Anfangsvorlesungen auf folgende Merkwürdigkeit gestoßen: Während die mathematische Darstellung Angebotsmenge und Nachfragemenge als eine Funktion des Preises schreibt, spiegelt sich diese funktionale Schreibweise in der geometrische Darstellung nicht wider. Die unabhängige Variable — der Preis — wird an der Ordinate abgetragen statt an der Abszisse, und die Begründung dieser Vorgehensweise geschieht i. d. R. durch den Hinweis auf eine getroffene Konvention. Da Konventionen aber nicht vom Himmel fallen, muß die Frage ihres Entstehungszusammenhangs gestellt werden. Leider geben die Lehrbücher darüber keine Auskunft, und der Interessierte muß auf die Originaltexte zurückgreifen. Bei der Lektüre wird er nicht wenig überrascht sein, denn die traditionelle Darstellung ist gar keine allgemeine Konvention. Während Marshall die Menge an der Abszisse und den Preis an der Ordinate abtrug, verfuhr Walras in der Tat umgekehrt.[11] Da beide mathematisch geschult waren, läßt sich vermuten, daß sie Gründe für die jeweils getroffene Schreibweise hatten. Ein weiterer Hinweis auf möglicherweise konzeptionelle Unterschiede stellt die Bezeichnung der Funktionen dar. Walras beschrieb Angebots- und Nachfragefunktionen, Marshall Zufuhrpreis- und Nachfragepreisfunktionen.

Die unterschiedlichen Stabilitätsmechanismen stellen einen dritten Indikator dar. Bei Walras reagiert der Preis auf die Überschußnachfrage, bei Marshall reagiert die Menge auf die Differenz zwischen Zufuhr- und Nachfragepreis.

Im traditionellen Fall einer steigenden Angebots- und einer fallenden Nachfragekurve führen beide Anpassungsmechanismen zu einem stabilen Gleichgewicht. Wenn steigende Skalenerträge vorliegen, dann gestaltet sich das Problem jedoch schwieriger.

Walras-Fall:

$$D(p^*) - S(p^*) = E(p^*) > 0 \rightarrow \frac{dp}{dt} > 0.$$

[11] Ein Durchblättern der „Elements“ genügt, um das festzustellen.

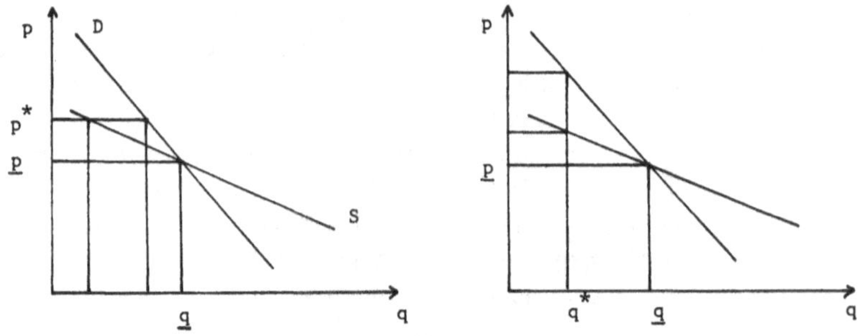

(Graphik III.1.)

Beim Preis p^* ist die Überschußnachfrage größer null, d.h. es liegt ein Nachfrageüberhang vor, so daß der Auktionator den Preis anheben wird. Dadurch wird aber die Überschußnachfrage nicht kleiner, sondern größer. Der Prozeß ist nicht stabil; er führt vom Gleichgewicht weg.

Marshall-Fall:

$$p^d(q^*) - p^s(q^*) = p^e(q^*) > 0 \rightarrow \frac{dq}{dt} > 0.$$

Bei der Menge q^* ist die Differenz zwischen Nachfragepreis und Zufuhrpreis positiv, d.h. die Konsumenten sind bereit, mehr zu zahlen, als die Produzenten benötigen, um ihre Produktionskosten zu decken. Also lohnt es sich, die Produktion auszudehnen, bis $p^d = p^s$ ist. Der Prozeß ist stabil und führt zum Gleichgewicht (p, q).

Ist die Angebotsfunktion weniger elastisch als die Nachfragefunktion, dann kehren sich die Stabilitätseigenschaften um. Auf jeden Fall schließen sich Walras' und Marshalls Stabilitätskonzepte bei fallenden Angebots- bzw. Zufuhrpreisfunktionen aus.

Diese drei Indikatoren lassen begründet vermuten, daß es sich nicht nur um mathematische Inversionen handelt, sondern daß hier konzeptionelle Unterschiede vorliegen. Um diese Unterschiede genauer lokalisieren zu können, werden wir untersuchen, wie sich die gedachte Funktionsweise des Marktes in den theoretischen Konstruktionen von Marshall und Walras niederschlägt.

Die walrasianische Theorie ist, wie wir bereits gesehen haben, konsequent von der Individualebene her aufgebaut. Den Aufbau walrasianischer Grundmodelle kann man sich als einen dreistufigen Prozeß vorstellen. Er umfaßt die Individualexperimente, die Aggregation dieser Ergebnisse und schließlich das Marktexperiment.[12] Patinkin definiert ein Individualexpriment als ein virtuelles Experiment,

[12] Patinkin hat diese Begriffe geprägt. Vgl. D. *Patinkin;* Money, Interest and Prices, 2nd ed., New York 1965, S. 11-12 und S. 387-392.

"... in which arbitrary changes in one or more independent variables are made and the effects of these changes on the dependent variables observed".[13]

Ein Marktexperiment hingegen beschreibt ein virtuelles Experiment,

"in which the effects of changes in these independent variables on the equilibrium price of the market are investigated".[14]

Bildlich gesprochen heißt das, wir bewegen uns bei dem Individualexperiment auf der Nachfrage- *oder* Angebotsfunktion auf und ab, während wir beim Marktexperiment untersuchen, wohin sich das Gleichgewicht verschiebt, wenn wir die Nachfrage- und / oder die Angebotskurve verschieben. Das Marktexperiment deckt sich mit der komparativ-statischen Gleichgewichtsanalyse, während das Individualexperiment zur Findung der Nachfrage- bzw. Angebotskurve dient.

Das Individualexperiment beschreibt die Entstehung kontingenter Nachfragepläne der Haushalte bzw. der Unternehmen. Zu einem vom Auktionator ausgerufenen Preisvektor formuliert jeder Haushalt und jedes Unternehmen seine mengenmäßige Nachfrage bzw. sein Angebot. Diese Mengen werden aggregiert und der Auktionator stellt fest, ob eine Überschußnachfrage bzw. ein Überschußangebot existiert. Ist dies der Fall, so ändert der Auktionator den Preisvektor mit dem Ziel, die Überschußnachfrage bzw. das Überschußangebot zu beseitigen. Der neue Preisvektor dient den individuellen Entscheidungseinheiten wieder als Grundlage zur erneuten Formulierung ihrer Nachfrage- und Angebotspläne. Dieser Iterationsprozeß findet so lange statt, bis der Vektor der Überschußnachfragen null ist. Erst wenn das der Fall ist, werden Tausch und Produktion zugelassen, so daß nur bei Gleichgewichtspreisen produziert und getauscht wird. Wenn sich jetzt bei einigen oder mehreren Haushalten die Präferenzstruktur ändert, hat diese einen Einfluß auf den gerade herrschenden Gleichgewichtspreis. Es treten individuelle Ungleichgewichte auf, da beim herrschenden Gleichgewichtspreis einige Haushalte mehr oder weniger nachfragen wollen. Dies führt zu einer erneuten Iteration, bis der neue Gleichgewichtspreis ermittelt ist.

Die sich beim Marktexperiment stellende Frage betrifft die Richtung der Änderung des Gleichgewichtspreises. Es geht hier darum zu begreifen, wie der Auktionator „handelt", d.h. wie der Markt auf bestimmte Konstellationen reagiert. Genaugenommen sind Angebots- und Nachfragefunktionen nur auf der Individualebene definiert. Auf der Marktebene erhalten wir nur einen Punkt, der durch die Angebots- und Nachfragefunktionen sowie durch die Gleichgewichtsbedingungen definiert ist.

$$q^d = f(p)\,,$$
$$q^s = f(p)\,,$$
$$q^s = q^d\,.$$

[13] Ebenda, S. 12.

[14] Ebenda, S. 12.

Daher macht es im Rahmen des walrasianischen Modells auch keinen Sinn, beim Marktexperiment die Wirkung einer Preisänderung zu analysieren. Man müßte nämlich die Ableitung eines Punkts betrachten. Eine solche Ableitung existiert jedoch nicht. Wenn wir also wissen wollen, was eine Preisänderung bewirkt, müssen wir auf die Individualebene zurück. Die Preisänderung ist eigentlich nicht ein Gegenstand der Marktebene, sondern nur ein gedankliches Experiment auf der Individualebene, um Angebots- und Nachfragefunktionen formulieren zu können. Als vorläufiges Zwischenergebnis halten wir daher fest, daß im walrasianischen Modell Angebots- und Nachfrage*kurven* nur auf der Individualebene existieren.

Die Marshallsche Theorie ist nicht so klar aufgebaut. Wie wir schon gesehen haben, bewegte sich Marshall fast ausschließlich auf der Marktebene. Angebots- und Nachfragefunktionen sind für die Marktebene formuliert, deshalb können wir sie nicht analog zur walrasianischen Theorie konstruieren und interpretieren. Man kann bei Marshall auf kein virtuelles Experiment zurückgreifen, das in so klarer und einfacher Weise wie im walrasianischen Modell die Pläne der einzelnen Wirtschaftssubjekte miteinander ex ante koordiniert. Die Nichtexistenz eines Auktionators verbietet es, den Preis als unabhängige Variable anzusehen, denn es herrscht am Markt immer nur ein Preis, und dieser reicht nicht aus, um Angebots- und Nachfragefunktionen zu konstruieren. Außerdem wissen wir ohne Kenntnis der Angebots- und Nachfragefunktionen nicht, ob der herrschende Preis ein Gleichgewichtspreis ist. Es ist daher nur konsequent, wenn Marshall die Menge zur unabhängigen Variablen macht. Es ist aber keine virtuelle Menge, die hier betrachtet wird, sondern eine tatsächlich bereits produzierte Menge eines bestimmten Guts. Marshall begann die Konstruktion des Marktprozesses mit dem Modell des temporären Gleichgewichts. Aus diesem Grund wählt auch Leijonhufvud[15] Marshalls „Fischmarkt-Beispiel“, um die für das marshallianische Modell typischen Iterationsschritte vom walrasianischen Modell abzusetzen.

Nehmen wir also an, eine bestimmte Menge eines bestimmten Guts sei produziert worden und muß jetzt verkauft werden. Dies ist die typische Situation einer Auktion. Es wird sich ein Preis ergeben, dessen Höhe nur von der Nachfrage abhängt. Der sich einstellende Gleichgewichtspreis hat die Eigenschaft, daß der Markt völlig geräumt wird. Es ist aber nicht klar, ob am nächsten Tag die gleiche Menge des Produkts vom Produzenten wieder angeboten werden kann. Hierzu muß der Produzent seine Produktionskosten (Zufuhrpreis) mit dem am Tag vorher herrschenden Marktpreis vergleichen. Er wird die Produktion ausdehnen (einschränken), wenn der Marktspreis über (unter) dem Angebotspreis liegt. Am Markttag lautet die Preisiteration:

$$p_t = f(q^d(p) - q) + p_{t-1}\,, \quad p^e \Leftarrow f(0)\,.$$

[15] A. *Leijonhufvud;* The Varieties of Price Theory: What Microfoundations for Macrotheory?, UCLA Discussion Paper Nr. 44, 1974.

Damit ist aber noch kein Gleichgewicht erreicht, denn wir wissen noch nichts über die Relation zwischen Marktpreis und Produktionskosten. Hierzu dient der zweite Iterationsprozeß:

$$q_T = h(p^s(q_{T-1}) - p^e) + q_{T-1}$$

Wenn

$$h(p^s(q_{T-1}) - p^e) = 0 \Rightarrow \Delta q_T = 0\,,$$

d.h. q_T ist ein Gleichgewichtsoutput.

Man beachte den Unterschied zum walrasianischen Konzept, in dem die Angebotsfunktion völlig anders zustande kommt. Im walrasianischen Modell würde eine ex ante-Abstimmung erfolgen, und zwar derart, daß der Produzent für verschiedene Preise bestimmte Mengen des Guts angibt, die er zu produzieren bereit wäre. Im marshallianischen Modell ergibt sich diese Kurve erst im Zuge des Anpassungsprozesses, d.h. indem der Produzent auf die Differenz zwischen Marktpreis und Angebotspreis durch Produktionsausdehnung bzw. -einschränkung reagiert.

Man kann diesem Unterschied auch einen handlungstheoretischen Aspekt abgewinnen. Der walrasianische Produzent ermittelt für verschiedene Preise unterschiedliche Angebotsmengen, indem er sich der Gewinnmaximierungsregel bedient, während der marshallianische Produzent einer „Daumenregel" folgt, die besagt: „Nimm, was der Markt zuläßt, und dehne die Produktion so lange aus, bis der Preis die Produktionskosten deckt." Dies führt zwar auch zum Ausgleich von Grenzkosten und Preis, aber mit dem Unterschied, daß es sich einmal um einen virtuellen, das andere Mal um einen realen Prozeß handelt. Beim walrasianischen Modell stellt diese Regel eine ex ante-Koordination, beim marshallianischen Modell eine ex post-Situation dar.

Leijonhufvud verweist in diesem Zusammmenhang auf die unterschiedlichen Charakteristika der Gleichgewichtsbegriffe.[16] Im walrasianischen Modell impliziert Gleichgewicht die *Konsistenz der Einzelpläne im Aggregat,* während Gleichgewicht im marshallianischen Modell bedeutet, daß eine *Konstanz im beobachtbaren Verhalten* existiert, weil die „Vorhersage", wie der Produzent seinen Output verändern wird, davon abhängt, wieviel er gerade produziert hat.

Wir können schon jetzt anhand eines ganz einfachen Beispiels deutlich machen, wie sich die unterschiedlichen Konzeptualisierungen der Marktfunktionsweise in der Interpretation von Angebots- und Nachfragekurven bzw. Angebotspreis- und Nachfragepreiskurven niederschlagen. Wir erinnern an das bekannte Lehrbuch-Diagramm:

---

[16] Vgl. ebenda, S. 22-28.

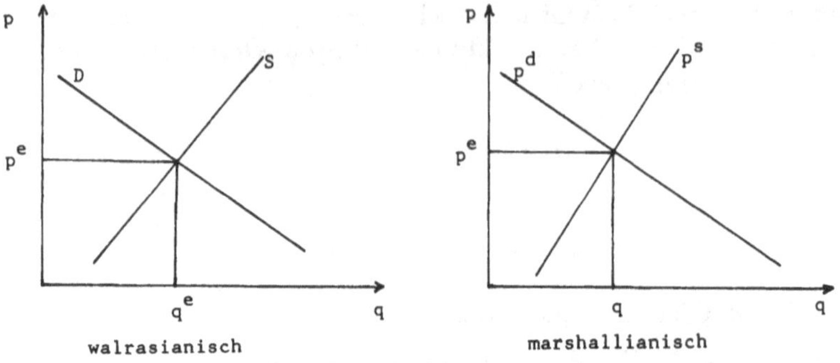

(Graphik III.2.)

Im walrasianischen Diagramm ist (p^e, q^e) der einzige Punkt, in dem der Markt geräumt wird, während im marshallianischen Diagramm die gesamte Nachfragepreiskurve potentielle Markträumungsgleichgewichte widerspiegelt — allerdings mit der Einschränkung, daß diese nur temporär sind, da die Zufuhrpreise (Produktionskosten) beim Output $q > q^e$ größer und beim Output $q < q^e$ kleiner als die Nachfragepreise sind.

Weiterhin wird bei diesem einfachen Beispiel des Fischmarkts deutlich, daß im walrasianischen Modell die individuelle Handlungsebene klar konzipiert ist, die Preisanpassungsregel (Marktexperiment) dagegen an den fiktiven Auktionator gebunden ist, dessen Handlungen aber gerade nicht dem Muster der Optimierung folgen. Im marshallianischen Modell ist dagegen die Mengenanpassungsregel (Marktexperiment) handlungsteoretisch fundiert; sie stellt allerdings kein ausgefeiltes Optimierungskalkül dar.

Bisher haben wir uns auf das sehr einfache Modell des Fischmarkts beschränkt. Dabei mußten wir im marshallianischen Modell zwei Gleichgewichtstypen, nämlich das temporäre und das kurzperiodige Gleichgewicht, miteinander verbinden. Eine derartige Prozedur war im walrasianischen Modell nicht nötig, da dort keine Periodenabgrenzung vorgenommen wird.

Ich möchte im folgenden das einfache Modell des Fischmarkts verlassen und auf die Konstruktion von Angebotspreis- und Nachfragepreiskurven für kurz- und langperiodige Gleichgewichte eingehen.

Im marshallianischen Modell gibt es, wie schon erwähnt, keine strikte Trennung von Individual- und Marktexperiment. Strenggenommen bewegt man sich schon immer auf der Marktebene. So muß man beispielsweise bei einer Nachfragepreiskurve der kurzen Periode immer berücksichtigen, daß die Markträumungsbedingung der temporären Periode zum Zwecke der Konstruktion vorausgesetzt wird. Die Nachfragepreiskurve entsteht, indem alternative Produktionsmengen angeboten werden und dabei ausgelotet wird, wieviel die Nachfrager zu zahlen bereit sind.

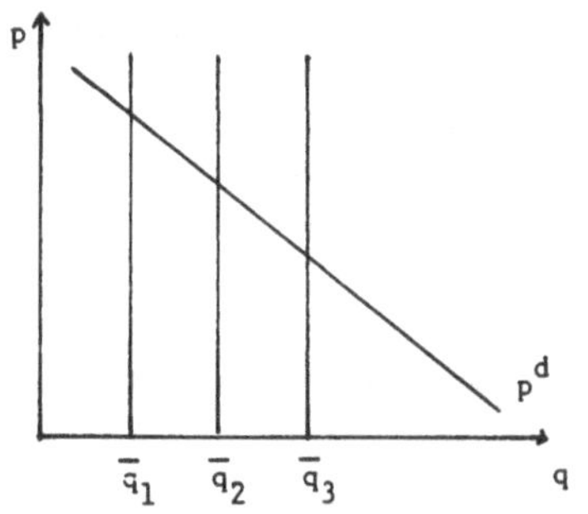

(Graphik III.3.

Die gesamte Nachfragepreiskurve genügt der Markträumungsbedingung, d.h. jeder Punkt auf ihr ist ein potentielles temporäres Marktgleichgewicht.

Die Zufuhrpreiskurve in einem Markt ist ebenfalls ein Gebilde, dessen Konstruktion man sich genauer ansehen sollte. Man muß die Zufuhrpreiskurve eines Marktes aus den Zufuhrpreiskurven der einzelnen Unternehmen entwickeln. Man kennt aber nur den Marktpreis und muß jetzt gewissermaßen rückwärts schließen, wie sich die Unternehmer verhalten müßten, um bei diesem Preis die Menge anzubieten, die tatsächlich auch angeboten wird. Zu diesem Zweck unterstellt man, der Marktpreis sei der Marktgleichgewichtspreis, und erlaubt jeder einzelnen Unternehmung, ihren Output so weit auszudehnen, bis der Zufuhrpreis gleich dem Marktgleichgewichtspreis ist. Für den Markt als Ganzen gilt, wenn p^e der Marktgleichgewichtspreis ist, daß $\Delta q = \sum_j \Delta q_j = 0$ ist, wobei q den Branchenoutput und q_j den Output der j-ten Unternehmung darstellt. Wir sehen, daß sich im marshallianischen Modell die Summe der Outputvariationen der einzelnen Firmen zu null addieren muß. Damit ist nicht sichergestellt, daß sich die einzelnen Unternehmen im Individualgleichgewicht befinden, wenn sich der Markt im Gleichgewicht befindet.[17] Wenn dagegen $\Delta q_j = 0, \forall j$ gilt, dann gilt auch $\sum_j \Delta q_j = \Delta q = 0$. Wenn sich alle Unternehmen im Individualgleichgewicht befinden, dann herrscht auch ein Marktgleichgewicht.[18] Leijonhufvud plädiert dafür, die marshallianische Zufuhrpreisfunktion eines Marktes als Marktgleichgewichtskurve im Sinne Patinkins zu interpretieren.

---

[17] Das entspricht den Ausführungen in Teil III, 2.2. dieser Arbeit.

[18] M.E. haben wir hier den Unterschied zwischen kurzperiodigem und langperiodigem Gleichgewicht vor uns. In der kurzen Periode gilt p = Grenzkosten, wobei aber $p \lesseqgtr$ Durchschnittskosten sein kann. In der langen Periode gilt p = Grenzkosten = Durchschnittskosten für alle Unternehmen.

"Each (p^s, q)-point on the market schedule has the condition $\Delta q = 0$ attached to it. But if p^s were not to be an equilibrium price, 'more firms' would be expanding than contracting or *vice versa*, implying $\Delta q \neq 0$ and hence $\Delta p = 0$. Each point on the industry supply locus is constructed 'as if' the value of the price variable associated with it was the demand price *in market equilibrium*, which is to say, 'as if' the market demand schedule in effect passed through that very point."[19]

Auch P. Newman und R. Frisch heben die in die Zufuhrpreisfunktion eingehende Gleichgewichtsbedingung hervor. Newman betont:

"It (die Angebotspreiskurve, V.C.) is a long-run cost curve which gives 'average' (in some sense) cost per unit of the commodity after the industry has settled down to the equilibrium output for some time, so that all the appropriate economies have been obtained. This is true of every point on the curve, for that is its definition."[20]

R. Frisch leitet die Zufuhrpreiskurve aus der langfristigen Durchschnittskostenkurve ab und vergleicht diese mit einer traditionellen Angebotskurve:

"The unit cost curve ... is not a supply curve in the same sense as the supply curve Marshall deals with in his discussion of 'temporary equilibrium'. The supply curve he uses in that connection is a 'holders will be willing to sell' curve (...). The unit cost curve on the other hand shows what the cost (in the long run) will be if the (long run) volume of production is given."[21]

Damit gehen schon bei der Konstruktion sowohl in die Nachfragepreis- als auch in die Zufuhrpreiskurven Gleichgewichtsbedingungen ein. Auf der Nachfragepreiskurve gilt die Markträumungsbedingung, und auf der Zufuhrpreiskurve herrscht insofern ein Gleichgewicht, als die einzelnen Unternehmen sich entsprechend ihren Grenzkosten (kurze Periode) bzw. Durchschnittskosten (lange Periode) mengenmäßig angepaßt haben.[22] Da es sich bei der Zufuhrpreisfunktion um eine Kostenfunktion (Grenz- bzw. Durchschnittskosten) handelt, kann eigentlich auch nur die Menge als unabhängige Variable angesehen werden. Den Preis als unabhängige Variable zu behandeln würde die Angebotsfunktion zu einer nicht eineindeutigen Relation werden lassen, da bei einer U-förmigen Durchschnittskostenkurve einem Preis zwei Mengenwerte zugerechnet werden können.

Der Schnittpunkt von Zufuhrpreis- und Nachfragepreisfunktion kann nicht nur einfach als Marktgleichgewicht interpretiert werden, denn Marktgleichgewicht im Sinne von Markträumung ist ja auf der gesamten Nachfragepreisfunktion gewährleistet. Hinzu kommt, daß auch auf der Seite der Produzenten entsprechende Anpassungen vollzogen worden sind. Es spiegelt sich in diesem „normalen Preis" der „natürliche Preis" Adam Smiths wider. Der Unterschied zur Klassik besteht darin, daß Marshall versuchte, diesen normalen Preis durch

[19] A. *Leijonhufvud;*The Varieties of Price Theory ...,S. 31.

[20] P. *Newman;* The Erosion of Marshall's Theory of Value, Q.J.E., Vol. 74, 1960, S. 592.

[21] R. *Frisch;* Alfred Marshall's Theory of Value, Q.J.E., Vol. 64, 1950, S. 517.

[22] Vgl. Teil II dieser Arbeit, insbes. 5.2.

die Übereinstimmung von Marktpreis und Zufuhrpreis, die jeweils unabhängig voneinander bestimmt werden, zu erklären. Auch R. Frisch konstatiert die unterschiedliche Bedeutung der beiden sich schneidenden Kurven:

> "The two curves are not symmetrical and cannot be merged in this way. This lack of symmetry is characteristic of Marshall's use of the curves. In his analysis of the curve, Marshall considers the possibility of a situation in which the point (p, x) characterizing the market does not lie on the unit cost curve. According to his analysis it must, however, always lie on the demand curve."[23]

Aus den bisherigen Ausführungen folgt, daß bestimmte Fragen nur im Rahmen bestimmter Modellkonstruktionen sinnvoll gestellt werden können. So kann man im Rahmen des walrasianischen Modells fragen, was passiert, wenn ein „falscher" Preis existiert, also der Preis höher oder niedriger als der Gleichgewichtspreis ist. Diese Frage ist im marshallianischen Modell nicht in dieser Weise zulässig, da die gesamte Nachfragepreiskurve potentielle Marktgleichgewichte widerspiegelt. Hingegen kann man im marshallianischen Modell komparativ-statische Experimente vornehmen, also die Frage diskutieren, was passiert, wenn sich die Nachfragepreiskurve verschiebt. „False trading" kann nur im Rahmen des walrasianischen Modells diskutiert werden, im marshallianischen kann es nicht auftreten. Allerdings gibt es im marshallianischen Modell ein Korrelat zum „false trading", nämlich „false production". Da der marshallianische Produzent keinen Auktionator zur Hand hat, der ihm einen Preis mitteilt, muß er eine Preiserwartung bilden. Wenn er der Einfachheit halber annimmt, daß $p_t = p_{t-1}$, und seine Produktion ausdehnt, so kann es ihm passieren, daß er in Absatzschwierigkeiten gerät (Läger) bzw. Gewinnrückgänge verkraften muß, weil der Preis gesunken ist. In einer marshallianischen Welt kann man Erwartungen konsistent einführen, nicht aber in einer walrasianischen, es sei denn, man verzichtet auf den Auktionator. Preiserwartungen und Auktionator sind unvereinbare Modellbausteine. Entweder man kennt den Preis oder man hat eine Preiserwartung; beides zusammen geht nicht. Fassen wir diesen Paragraphen zusammen, indem wir beide Modelle noch einmal in ihren wesentlichen Punkten gegenüberstellen.

Walras	Marshall
(1) Klare Unterscheidung zwischen Individual- und Marktexperiment.	(1) Das Marktexperiment ist zentral. Das Individualexperiment kann nur erahnt werden.
(2) Preisanpassungsmechanismus ist nicht durch ein Individualexperiment im Sinne der Optimierung abgeleitet.	(2) Der Mengenanpassungsmechanismus ist handlungstheoretisch begründet. Es handelt sich aber nicht um eine Optimierungsstrategie im Sinne einer Maximierung unter Nebenbedingungen.
(3) Es existiert keine Theorie des Marktprozesses. Kein Markt hat eine Vergangenheit.	(3) Es existiert eine Theorie des Marktprozesses.

[23] R. *Frisch;* Alfred Marshall's Theory of Value, S. 518.

(4) Sind alle individuellen Optimalitätsbedingungen erreicht, dann ergibt sich eine allgemeine Gleichgewichtslage.	(4) Die Optimalität der Einzelpläne ist keine notwendige Bedingung für ein Marktgleichgewicht, aber eine hinreichende Bedingung.
(5) Gleichgewicht bedeutet, daß im Aggregat eine Konsistenz der Individualpläne gewährleistet ist.	(5) Gleichgewicht bedeutet Verhaltenskonstanz der ökonomischen Agenten.
(6) Ex ante-Konsistenz muß ex post nicht erfüllt sein.	(6) Die Betonung liegt auf „ex post", d.h. auf realisierten Größen. Ex-ante-Größen werden unter dem Begriff der Erwartungen thematisiert. Erwartungen können sich als falsch erweisen. Lerneffekte wirken stabilisierend.

Das gesamte walrasianische Paradigma ist in seinem Kern eine Theorie der rationalen Entscheidung, wobei die Art der Rationalität der Theorie vorgeschrieben ist. Es ist keine Rationalität, die sich endogen herausbildet. Gewinn- oder Nutzenmaximierung ist eine Voraussetzung des Modells und nicht das Ergebnis eines komplexen Interaktionszusammenhangs. Ein Mangel der walrasianischen Theorie besteht gerade darin, den eigentlichen Marktprozeß so zu behandeln, als wäre er ein zielbewußter Prozeß. Der Auktionator verkörpert diese Idee.

In der Marshallschen Theorie wird das Individualverhalten nicht in Begriffen des reinen Optimierungskalküls gedacht. Es ist viel eher durch Sitte und Gewohnheit geprägt, wobei die allgemein implementierten Verhaltensweisen durchaus von einer der Rechenhaftigkeit verbundenen Wirtschaftsethik (protestantische Ethik) durchdrungen sein können. Rechenhaftigkeit ist aber noch kein Kalkül. Das letztere mündet in strategisches Handeln ex ante, die Rechenhaftigkeit in kontrolliertes Handeln ex post. Das Nachrechnen dient der Kontrolle des bisherigen Handelns und löst Lerneffekte aus; es dient dazu, Fehler aufzudecken, aber auch Erfolge sichtbar zu machen.

Genau in diesem Sinne wird der Marktprozeß im Marshallschen System behandelt. Die Händler und Produzenten „machen" den Markt. Sie folgen einfachen „Daumenregeln" und kontrollieren dann ex post ihre Handlungen. So ist die Mengenanpassung das Ergebnis einer festgestellten Differenz zwischen Marktpreis und Produktionskosten (Zufuhrpreis). In der kurzen Periode versucht jede einzelne Unternehmung, ihren Output auszudehnen, wohingegen in der langen Periode das Outputvolumen der Branche durch neueintretende Produzenten erhöht wird. Die Vorstellung ist, daß die Unternehmer versuchen werden, ihr Kapital in solchen Branchen anzulegen, in denen die höchste Profitrate erzielt wurde bzw. in Zukunft erwartet werden kann. Dies spiegelt eine Handlungsweise wider, die nicht auf komplizierten Optimierungsstrategien, sondern auf ordentlicher Buchführung, solider Information und Durchsetzungsvermögen beruht.

"Constancy was a Victorian virtue, consistency a Gallic vice."[24]

2.4. Skalenerträge und Kosten

In diesem Abschnitt soll die Frage behandelt werden, wie sich in den beiden Theorien Skalenerträge und Kosten zueinander verhalten.

Bei Walras und seinen Nachfolgern können selbst unter der Bedingung konstanter Produktionskoeffizienten steigende Durchschnittskosten abgeleitet werden. Dies ist möglich, weil die Produktionsmittel als fixe Bestände behandelt werden. Die Eigentümer dieser Bestände bieten nicht den gesamten Bestand an, sondern machen ihr Angebot von der Höhe des Preises abhängig. Je höher der Preis für die Nutzung der Produktionsmittel, desto mehr wird der Eigentümer davon offerieren, und umgekehrt. Wenn die Nachfrage nach einem Konsumgut steigt, so wird die Produktion des Guts ausgedehnt, wobei konstante Skalenerträge unterstellt werden. Eine Verdoppelung des Outputs (Konsumgut) erfordert eine Verdoppelung des Inputs (Produktionsmittel). Da die Produktionsmitteleigentümer das Mehr an Inputs aber nur zu höheren Preisen liefern, werden dadurch die Produktionskosten des Konsumguts steigen. Die vermehrte Produktion des Konsumguts erzeugt eine proportionale Erhöhung der Inputs, d.h. der Faktornachfrage. Da die Faktornachfrage auf einen fixen Bestand trifft, wird sich der Preis des Faktors erhöhen. Die Ursache der Kostensteigerung ist nicht die verstärkte Intensivierung oder die niedrigere Fruchtbarkeit, sondern der mit einer vermehrten Hergabe eines Produktionsmittels verbundene Anstieg der „disutility" des Produktionsmitteleigentümers. Schumpeter sah genau in dieser die Kosten auf Nutzen reduzierenden Sichtweise den eigentlichen revolutionären Gehalt der „neuen Lehre".[25]

> „Auf diese Scheidung des physischen und werttheoretischen Gesetzes vom abnehmenden Ertrage legen wir großen Wert."[26]

Faktorpreise und Güterpreise können allein im Rahmen der subjektiven Nutzentheorie erklärt werden; der Realkostenbegriff wird durch den der Opportunitätskosten ersetzt.

> "(. . .) we have derived, from the marginal utility principle, a new 'law of decreasing returns', which is independent of any physical law of decrease, and which will assert itself even in face of a physical law of increasing returns."[27]

Dieses neue, vom physischen Gesetz der fallenden Erträge zu unterscheidende Prinzip liefert die Fundierung der Angebotsseite in der walrasianischen Theorie. Es basiert auf einer ganz einfachen Überlegung, die wir schon im Walrasschen Tauschmodell kennengelernt haben. Der Besitzer einer gegebenen Faktormenge bietet in Abhängigkeit von der Höhe des Faktorpreises einen Teil dieser Menge

---

[24] A. *Leijonhufvud;* The Varieties of Price Theory . . ., S. 45.

[25] Vgl. J. A. *Schumpeter;* Wesen und Hauptinhalt der theoretischen Nationalökonomie, Berlin 1970 (Nachdruck der 1. Aufl. von 1908), S. 219-243.

[26] Ebenda, S. 231.

[27] J. A. *Schumpeter;* History of Economic Analysis, London 1954, S. 917.

zur Nutzung an. Je höher der Faktorpreis ist, desto mehr wird der Faktorbesitzer von seinem Bestand anbieten. Die Bereitschaft, seinen Faktorbesitz zur Nutzung anzubieten, drückt gleichzeitig aus, daß der Faktoreigentümer auf dessen Eigennutzung verzichtet. Das Angebot des Faktorbesitzers kann somit auch als negative Nachfrage nach Eigennutzung ausgedrückt werden. Dieser Sachverhalt läßt sich geometrisch wir folgt erläutern:

Der vorgegebene, fixierte Faktorbestand kann in der Preis-Mengen-Ebene durch eine vertikale Gerade ($\bar{q}\bar{q}'$) dargestellt werden.

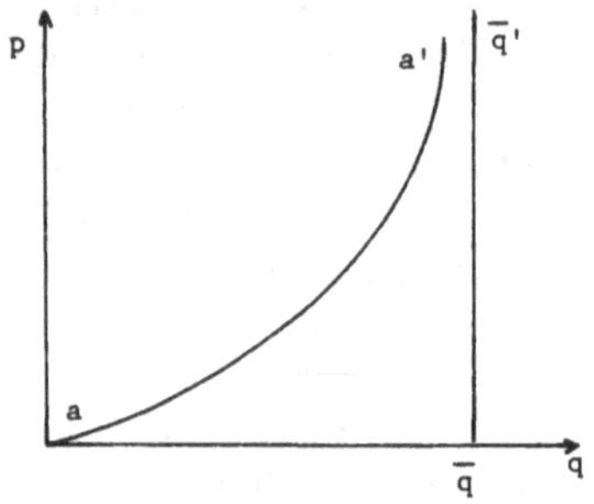

(Graphik III.4.)

Das tatsächliche Angebot wird sich von *qq'* unterscheiden. Nur bei einem sehr hohen Preis wird sich der Besitzer von Faktor *q* zu einem totalen Verkauf seines Bestands entschließen können, bei sehr niedrigen Preisen wird er nur wenig von *q* verkaufen und den Rest selbst nutzen. Es entsteht somit eine funktionale Beziehung zwischen dem Preis von *q* und der angebotenen Menge *q*. Die Kurve (*aa'*) gibt diese Beziehung wieder. Sie stellt in dieser Konzeption die Angebotskurve dar. Der sich hier manifestierende Angebotsbegriff unterscheidet sich von dem der Marshallschen Theorie.

Das Angebot ist in der walrasianischen Konzeption eine Stromgröße, die durch Bestandsänderungen entsteht. Gesamtwirtschaftlich ändert sich am Bestand nichts, denn es hat nur Besitzwechsel stattgefunden. In der Marshallschen und in der klassischen Theorie ist das Angebot eine Stromgröße sui generis.[28] In der walrasianischen Theorie gibt es eigentlich keinen eigenständigen Angebotsbegriff, vielmehr läßt sich dieser unter das allgemeine Gesetz der Nachfrage subsumieren. Hierzu braucht man nur das Angebot anders zu definieren. Da das Angebot die Menge darstellt, die man herzugeben bereit ist, gilt auch folgende Gleichung:

$$\text{Angebot} = \text{Bestand} - \text{Eigennachfrage}$$

[28] Im Englischen, gibt es eine sprachliche Differenzierung, die dem sachlichen Unterschied entspricht. Mit „offer" meint man den Strom, der durch Bestandsänderungen entsteht, während „supply" die reine Stromgröße bezeichnet. In der deutschen Sprache müßte man eigentlich „supply" mit „Zufuhr" und nicht mit „Angebot" übersetzen.

Damit hat man das Angebot als Differenz zwischen Bestand und Eigennachfrage ausgedrückt. Für die Eigennachfrage gelten die üblichen Theoreme der Nutzentheorie, so daß es in einer derartigen Konzeption kein eigenständiges Angebotsprinzip geben kann. Es läßt sich leicht zeigen, daß die Bestimmung der Preise und Mengen durch Angebot und Nachfrage auf die Nachfragedeterminante und den Güterbestand reduziert werden kann.

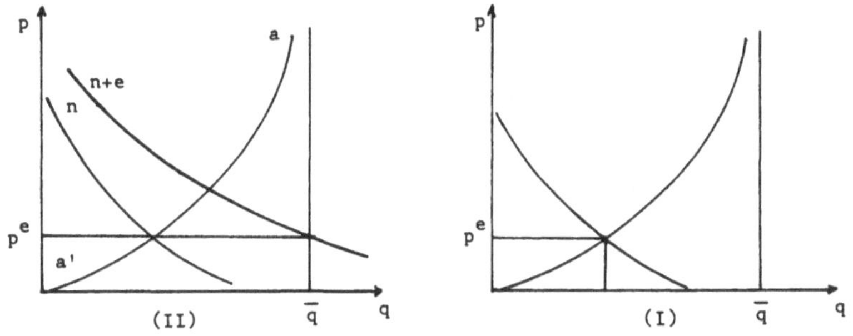

(Graphik III.5.)

Im Diagramm (I) wird der Preis und die Menge durch den Schnittpunkt von Angebot (a) und Fremdnachfrage (n) bestimmt. Im Diagramm (II) addieren wir die Eigennachfrage ($\bar{q} - a = e$) zur Fremdnachfrage hinzu und erhalten die Gesamtnachfrage ($n + e$). Der Schnittpunkt von Gesamtnachfrage und Bestand bestimmt den Gleichgewichtspreis p^e.

Es läßt sich jetzt zeigen, daß trotz konstanter Skalenerträge die Durchschnittskosten steigen können. Um dies zu beweisen, greifen wir zunächst auf die uns bekannte Überlegung zurück, daß das Faktorangebot nichts anderes als die negative Eigennachfrage des Faktorbesitzers ist. Je höher der Preis des Faktordienstes (v), desto geringer ist die Eigennachfrage, d.h. desto größer ist das Faktorangebot. Das Faktorangebot kann den gegebenen Faktorbestand ($\bar{q}$) nicht überschreiten, so daß sich die Angebotsfunktion (q^a) bei steigendem Faktorpreis (v) asymptotisch dem Wert $\bar{q}$ annähert.

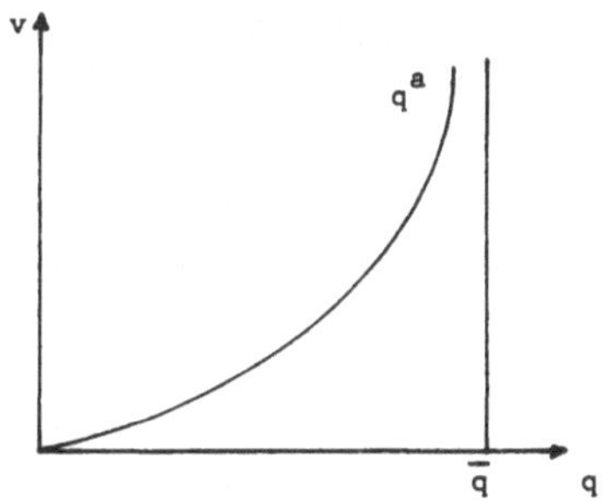

(Graphik III.6.)

Wir können den Preis des Faktordiensts (v) als eine Funktion des Faktorangebots schreiben:

$$(1) \qquad v = f(q^a), \text{ mit } f(q^a) = \frac{q^a}{\bar{q} - q^a} = \frac{1}{\frac{\bar{q}}{q^a} - 1},$$

wobei

$$\lim_{q^a \to \infty} f(q^a) = c .$$

Die Gesamtkosten der Ausbringung einer bestimmten Konsumgütermenge x sind:

$$(2) \qquad K(x) = q(x) \cdot v(q(x)),$$

wobei q die Faktormenge bezeichnet, deren Einsatzmenge von der Menge der verkauften Konsumgüter abhängt. Diese Faktormenge wird mit dem Preis des Faktordienstes (v), dessen Höhe von der Intensität des Faktoreinsatzes abhängt, multipliziert. Nehmen wir konstante Erträge an, so läßt sich $q(x)$ als lineare Funktion schreiben. Wenn wir also Linearität annehmen und Gleichung (1) in (2) einsetzen, so erhalten wir die folgende Kostenfunktion:

$$K(x) = ax \frac{1}{\frac{\bar{q}}{ax} - c}.$$

Durch Umformen erhalten wir:

$$K(x) = \frac{a^2 x^2}{\bar{q} - cax}.$$

Dieser Ausdruck zeigt, daß mit steigendem Konsumgüteroutput x die Kosten überproportional wachsen, da der Zähler quadratisch zunimmt und der Nenner kleiner wird.

Auch für den Fall steigender Erträge läßt sich zeigen, daß die Durchschnittskosten steigen. Der physische Teil der Kostenfunktion sei durch eine Wurzelfunktion $a\sqrt{x}$ beschrieben:

$$K(x) = a\sqrt{x} \frac{1}{\frac{\bar{q}}{a\sqrt{x}} - c},$$

so daß

$$K(x) = \frac{a^2 x}{\bar{q} - ca\sqrt{x}}$$

ist.

Es zeigt sich, daß die Durchschnittskosten

$$\frac{K(x)}{x} = \frac{a^2}{\bar{q} - ca\sqrt{x}}$$

steigen, da der Zähler eine Konstante darstellt und der Nenner mit steigendem Output kleiner wird.

Damit ist die erstmals von Schumpeter aufgestellte Behauptung, daß das physische Gesetz der steigenden Erträge keine wesentliche Bedeutung für die Wert- und Verteilungstheorie habe, bewiesen, wenn man davon ausgeht, daß die Faktoren in fixen Anfangsbeständen vorliegen.

Die Ambivalenz des Angebotsbegriffs spiegelt sich auch im Kostenbegriff wider. Der Opportunitäts- oder Alternativkostenbegriff hat nichts mit dem klassischen Realkostenbegriff gemein. Die Opportunitätskosten sind nur über die subjektive Nutzentheorie ableitbar, denn die Kosten der Verwendung eines Guts können nur durch den entgangenen Nutzen einer Alternativverwendung ausgedrückt werden.

Solange die Faktorausstattungen als konstante physische Bestände spezifiziert sind, ist der Opportunitätskostenbegriff noch plausibel. Welchen Sinn erhält er aber, wenn wir die Faktormengen nicht mehr als Anfangsbestand, sondern als Stromgröße betrachten, d. h., wenn wir die Faktoren (simultan) als produzierte Produktionsmittel ansehen? Die Faktoren als produziert zu begreifen hindert aber noch nicht daran, sie doch als Bestandsgrößen zu definieren. Man muß dann die Bestände nur unterschiedlich datieren. Faktorbestände haben dann ein anderes Datum als Konsumgüter. Der Opportunitätskostenbegriff wird davon nicht betroffen, er erhält nur einen neuen Aspekt, den der Intertemporalität. Sobald man Faktoren nicht mehr als Bestände ansieht, die Produktion der Faktoren selbt zu Variablen werden läßt und die „Ontologie" letzter Faktoren — die Primärfaktoren — fallenläßt, verliert der Opportunitätskostenbegriff seine tiefere Bedeutung. Die Alternativverwendung eines noch zu produzierenden Faktors kann m. E. nur in Einkommenseinheiten ausgedrückt werden. Die Alternativkosten wären demnach in einem entgangenen Einkommen auszudrücken, so daß die Kosten selbst nicht auf ein physisches Maß zurückgeführt würden, sondern von Preis-Mengen-Konstellationen abhingen. Die walrasianische (und auch die österreichische) Schule war theoretisch konsequent, da sie auch die Angebotsseite nutzentheoretisch untermauerte.

Kosten sind eben ein Wertphänomen, und Werte sind nutzentheoretisch begründet.

Marshalls Position ist eine andere. Sie wird durch den Dualismus von klassischem Faktorbegriff und Realkostenkonzept geprägt. Einerseits sollen Kapital und Arbeit reproduzierbar sein, und andererseits soll es letzte Kostenursachen geben. Die Position der klassischen Arbeitswertlehre wollte Marshall nicht einnehmen, also blieb ihm nichts anderes übrig als die Arbeit als Opfer anzusehen. Damit begab er sich auf das Terrain der subjektiven Wertlehre, denn ein Opfer kann auch als entgangener Nutzen begriffen werden. Der Opportunitätskostenbegriff schlich sich somit hinterrücks wieder ein.

Wenn Produktionsfaktoren reproduzierbar sind, dann kann ein emphatischer Kostenbegriff nicht mehr aufrechterhalten werden, denn die Kosten werden in Einkommenseinheiten ausgedrückt und sind damit verteilungsabhängig. Auch beim Wertbegriff ergibt sich das gleiche Problem. Ohne Wertbegriff gibt es keinen Kostenbegriff — darin ist Schumpeter zuzustimmen. Als Ausweg aus diesem theoretischen Dilemma boten sich die Ertragsgesetze einerseits und die Annahme gegebener Faktorpreise andererseits an. Die scheinbar produktionstechnischen Zusammenhänge mußten als Fundierung der Angebotsseite herhalten. Damit waren die nächsten Probleme im Marshallschen Lehrgebäude schon angelegt. Es handelte sich dabei um die Frage, welche Ertragsverläufe aus dem klassischen Faktorbegriff folgen und welche mit der Annahme der vollkommenen Konkurrenz verträglich sind. Wie wir schon erwähnt haben, sind verschiedene Ertragsverläufe nur mit ganz bestimmten Prämissen vereinbar.

Im Unterschied zur walrasianischen Theorie basieren steigende Kosten und damit steigende Angebotspreise in der Marshallschen Theorie auf produktionstheoretischen und nicht auf werttheoretischen Annahmen. Marshall konnte die Annahme der Reproduzierbarkeit der Faktoren produktionstheoretisch nicht umsetzen. Eine Lösung dieses Problems gelang erst Sraffa mit seinem Buch „Warenproduktion mittels Waren.“[29]

Marshalls Kostenbegriff und damit seine Konstruktion der Angebotsseite kann nur unter der Bedingung einer gegebenen Einkommensverteilung Gültigkeit besitzen. Sowohl die walrasianische als auch die marshallianische Theorie müssen von einer gegebenen Verteilung ausgehen. In der walrasianischen Theorie ist die Verteilung in Form der physischen Ausstattung — der Anfangsbestände — gegeben. In der marshallianischen Theorie ist mindestens ein Faktorpreis als gegeben vorausgesetzt, um eine Theorie der normalen Preise zu entwickeln.

3. Gegenüberstellung der Gleichgewichtstypen

Marshall und Walras zogen ganz verschiedene Kriterien zur Klassifikation von Gleichgewichtstypen heran. Walras gliederte nach funktionalen Kriterien.

[29] P. *Sraffa;* Production of Commodities by Means of Commodities, Cambridge 1960.

Er untersuchte zunächst das Tauschgleichgewicht, dann erweiterte er dieses um das Produktionsgleichgewicht. Im dritten Schritt nahm er die Kapitalbildung hinzu. Marshall wählte die Zeit als Einteilungskriterium. Damit war aber nicht die kontinuierliche, historische Zeit gemeint, sondern die Periodenlänge, in der bestimmte Variable parametrisch behandelt werden müssen. Eine Periode ist also durch die Größen bestimmt, die sich ändern bzw. nicht ändern dürfen. So ist für das temporäre Gleichgewicht charakteristisch, daß alle Mengen, d.h. produzierte Outputs, konstant gesetzt werden. In der kurzen Periode ist der Kapitalstock als physisch konstant anzusehen, wohingegen in der langen Periode auch diese Bedingung aufgehoben wird.[30]

Für den Aufbau der Theorie ist aber nicht nur die Unterscheidung funktionaler Aspekte, sondern auch deren Gliederungsabfolge von entscheidender Bedeutung. Den Kern der Walrasschen Theorie bildet der Tausch. Von diesem ausgehend werden Produktion und Kapitalbildung entwickelt.

Bei Marshall ist das Gesamtsystem in phänomenologischer Form gegeben. Es wird analysiert, indem man „Schnitte" hindurchzieht, d.h. man versucht, seine Funktionsweise zu analysieren, indem man bestimmte Aspekte isoliert, also unter Ceteris-paribus-Bedingungen betrachtet.

Wenn daher im folgenden die völlig verschiedenen Gliederungsaspekte paarweise miteinander verglichen werden, so geschieht das in der Hoffnung, auf diese Weise die Schnittmenge der Gemeinsamkeiten herausfiltern zu können. Gleichzeitig werden dann aber auch die Unterschiede deutlich.

3.1. Tausch versus temporäres Gleichgewicht

Was haben ein Tauschgleichgewicht und ein temporäres Gleichgewicht gemeinsam, und was unterscheidet sie?

Zur Kenntnis eines einfachen Tauschgleichgewichts benötigen wir folgende Informationen:

(1) Kenntnis der Verteilung der Anfangsbestände
(2) Die Präferenzen der Tauschteilnehmer

Wie in Teil I schon gezeigt wurde, läßt sich auf der Basis dieser Informationen die Existenz eines Tauschgleichgewichts nachweisen. Zur Lösung des Problems ist es völlig unerheblich, ob die getauschten Anfangsbestände produziert wurden oder ob sie wie Manna vom Himmel gefallen sind. Angebots- und Nachfragefunktion werden aus dem Prinzip der Nutzenmaximierung abgeleitet. Für das System als Ganzes gilt, daß der Gesamtwert aller Verkäufe gleich dem Wert der Käufe, dieser aber auch gleich dem Wert der mit den Gleichgewichtspreisen

[30] Es gibt bei Marshall Anhaltspunkte, daß er in der langen Periode die Technik konstant setzt. Dann wäre eine vierte Periode zu berücksichtigen, die man säkulare Periode nennen könnte, in der Variationen der Technik zulässig sind. Vgl. Principles I, S. 380.

bewerteten Anfangsbestände ist. In dieser Ökonomie findet keine Wertschöpfung statt. Der Tauschprozeß sorgt lediglich für eine Umverteilung der Anfangsbestände.

Das temporäre Gleichgewicht ist auf den ersten Blick durch genau die gleichen Bedingungen wie der reine Tausch ausgezeichnet. Die einzelnen Märkte sind dadurch charakterisiert, daß der Output bereits existiert und nur noch abgesetzt werden soll. Die Nachfrage bestimmt den Preis, zu dem die Märkte geräumt werden. Die Anpassung erfolgt allein über die Preise. Über die Faktorpreise läßt sich nichts Eindeutiges sagen, da Marshall das temporäre Gleichgewicht nur auf den Gütermarkt bezogen hatte. Die Einbeziehung des Faktormarktes könnte auf zwei Arten erfolgen:

(1) Die Entlohnung der Faktoren fand in Preisen der Vorperiode statt, so daß die Produktionskosten des Outputs bekannt sind. Die in der gegenwärtigen Periode herrschenden Preise können daher die Produktionskosten übersteigen, kleiner oder ihnen gleich sein. Die Effekte dieser möglichen Differenzen zwischen Preis und Produktionskosten wirken sich aber nicht in der gegenwärtigen Periode aus.

(2) Die Entlohnung der Faktoren richtet sich ausschließlich nach den in der gegenwärtigen Periode erzielten Preisen des Outputs. Damit ist gesichert, daß auch das Einkommen existiert, um alle produzierten Güter zu kaufen.

Diese zweite Variante scheint mir weniger sinnvoll zu sein, da zu Beginn der nächsten Periode, exogene Störungen ausgeschlossen, genau die gleiche Menge produziert und bei den gleichen Preisen abgesetzt werden kann. Ein solches Gleichgewicht kann man nicht temporär nennen. Aus diesem Grund neige ich der ersten Auffassung zu, denn sie weist auf weitere Anpassungen hin, die aber erst im Rahmen der kurzen Periode zum Tragen kommen. Im Unterschied zum Tauschgleichgewicht hat das temporäre Gleichgewicht eine Geschichte. Es gibt Vergangenheitsentscheidungen und Zukunftserwartungen, und es stellt nur einen Punkt im Gesamtprozeß dar, der den Tauschaspekt im Marktprozeß hervorhebt. Der Produktionsaspekt, also die Outputanpassung, wird ausgeblendet bzw. in die kurze Periode verlagert. Marshall hatte am Tauschaspekt des temporären Gleichgewichts kein besonderes Interesse, er bestritt sogar, daß es sich hierbei um ein echtes Gleichgewicht handele.

> "In a casual bargain that one person makes with another, as for instance when two backwoodsmen barter a rifle for a canoe, there is seldom anything that can properly be called an equilibrium of supply and demand (...)."[31]

Hierin steht Marshall konträr zu der später von Hicks eingenommenen Position, obwohl sich dieser u.a. auf Marshall beruft.[32]

---

[31] Principles I, S. 331.

[32] Vgl. J. R. *Hicks;* Value and Capital, Oxford 1946, S. 122-123, und *ders.:* Capital and Growth, S. 58ff.

Während das Tauschgleichgewicht in sich geschlossen ist, kann dies vom temporären Gleichgewicht nicht behauptet werden. Das temporäre Gleichgewicht ist dem Tauschgleichgewicht aber ähnlich, weil im temporären Gleichgewicht der Tauschaspekt die dominierende Rolle spielt.

3.2. Produktion versus Gleichgewicht der kurzen Periode

Nach der Untersuchung des reinen Tauschgleichgewichts bezog Walras den Produktionsaspekt in die Analyse ein. Während beim Tausch die zu tauschenden Güter als Bestände vorgegeben waren, wird diese Annahme jetzt aufgehoben, die Güter werden als produzierte Waren begriffen. In der Produktion werden mit Hilfe bestimmter Rohstoffe und der Faktordienste Güter hergestellt. Auf dieser Konstruktionsebene sind nicht die zu produzierenden Güter, sondern die in die Produktion eingehenden Faktoren als Bestandsgrößen anzusehen. Die Gleichgewichtspreise der Faktoren bestimmen sich durch die abgeleitete Nachfrage nach Inputs und durch die Größe und Zusammensetzung der Faktorbestände. Die ganze Gleichgewichtsbestimmung kann, wie in Teil I gezeigt wurde, auf den Tausch zwischen Faktordiensten reduziert werden.[33] Der Kern des erweiterten Modells bleibt vom Tauschaspekt dominiert, oder wie Eatwell es formuliert:

> "The fundamental symmetry is now between the utility of consumption and the disutility of supplying productive services."[34]

Produktion heißt im Walrasschen Modell Transformation von Faktorleistungen und Rohstoffen in Konsumgüter. In dieser Ökonomie werden nach einem Produktionszyklus alle produzierten Güter konsumiert. Die dazu erforderlichen Einkommen entsprechen genau dem Wert aller Verkäufe, wenn Gleichgewichtspreise herrschen.

Die kurze Periode der Marshallschen Theorie unterscheidet sich vom Walrasschen Produktionsmodell in einem wesentlichen Punkt. In der kurzen Periode werden nicht nur Konsumgüter, sondern auch Kapitalgüter produziert. Damit umfaßt die kurze Periode Marshalls einen wesentlichen Aspekt des Walrasschen Kapitalbildungsmodells. Auf der Inputseite unterscheiden sich beide Modelle nur im Grad der Homogenität der Faktoren, identisch ist hingegen die Annahme einer gegebenen Kapitalausstattung. Es ist ja ein Charakteristikum der kurzen Periode, daß der Kapitalstock physisch konstant ist. Da auch Land als konstant angesehen werden muß, bleibt nur noch zu klären, wie der Faktor Arbeit behandelt werden muß. Sicherlich kann man auch hier davon ausgehen, daß das gesamte Arbeitskräftepotential in der kurzen Periode konstant ist.

---

33 L. *Walras;* Elements, S. 478.

34 J. L. *Eatwell;* Scarce and Produced Commodities, unveröffentlichte Dissertation; Harvard, Cambridge/Mass. 1975, S. 173.

Es gibt indes noch einen weiteren Unterschied, dessen Bedeutung man erst erkennt, wenn man den Kreislaufzusammenhang berücksichtigt. Er betrifft den Kapitalbesitz. Hierunter kann man Verschiedenes verstehen. Im Walrasschen Modell sind die Kapitalgüter Eigentum von Individuen. Diese stellen die Kapitalgüter den Unternehmern zur Verfügung. Der Preis für die Faktornutzung entsteht also durch einen Tausch zwischen Unternehmer und Faktoreigentümer, wobei die Faktornachfrage eine abgeleitete Nachfrage darstellt. Sind alle Gleichgewichtspreise gefunden, dann beginnt die Produktion und daraufhin der Verkauf der produzierten Güter. Die im Unternehmen entstehenden Erlöse werden als Einkommen gemäß den gleichgewichtigen Faktorpreisen und Mengen vollkommen auf die Faktoren verteilt. So ist z. B. der Preis der Nutzung einer Maschine, eines Gebäudes usw. bestimmt. Im Marshallschen Modell der kurzen Periode ist das im strengen Sinne nicht der Fall. Hier wird der Faktorbesitzer nicht vom Faktoreigentümer unterschieden. Ein Angebot bzw. eine Nachfrage nach Maschinendiensten existiert nicht. Die Kapitalgüter gehören den Unternehmen; sie wurden gekauft, und die Unternehmen zahlten dem ursprünglichen Eigentümer bzw. Produzenten des Kapitalguts einen Preis. Das Kapitalgut wird so lange genutzt, bis es ökonomisch nicht mehr sinnvoll ist.

Wenn die Unternehmen unter der Bedingung vollkommener Konkurrenz produzieren, müssen sie sich an den herrschenden Marktpreis anpassen. Den bei diesem Preis erzielten Erlösen stehen die Produktionskosten gegenüber. Da wir uns in der kurzen Periode befinden, lassen sich nur die in dieser Periode anfallenden Kosten berechnen, denn nur für die Verwendung dieser Faktoren hat die Unternehmung eine Nachfrage formuliert, genauer: Nur diesen Kosten entspricht auch ein durch den Markt bestimmtes Faktoreinkommen. Wenn die Unternehmung daher von ihren Erlösen die durch Marktpreise determinierten Kosten abzieht, ist damit noch nicht gesagt, daß die gesamten Erlöse den gesamten verteilten Einkommen entsprechen, denn die Unternehmung muß langfristig auch ihr fixes Kapital erhalten. Die Differenz zwischen Erlösen und Kosten der kurzen Periode nannte Marshall Quasirente. Er bezeichnete diese Differenz als Rente, da sie nicht mit Hilfe der Theorie von Angebot und Nachfrage, sondern als Residualgröße bestimmt wird. Die Quasirente stellt ein Einkommen dar, dem keine ‚Kosten' korrespondieren. Sie ist ein Surplus.

Die Unterschiede zwischen beiden Modellen lassen sich durch einen Vergleich der Modellstruktur gut verdeutlichen.

Widmen wir uns zunächst dem Walrasschen Produktionsmodell. Ein Konsumgut c wird mit den Faktoren k und l produziert. Beide Faktoren sind als fixe Bestände vorgegeben. Die Nachfrage nach dem Konsumgut d^c hängt vom Preis des Konsumguts p_c und von den Faktorpreisen p_k und w ab. Bei der Produktion des Konsumguts herrschen konstante Skalenerträge, d. h. wir haben konstante Produktionskoeffizienten a_k und a_l. Wir erhalten die ersten zwei Gleichungen:

(1) $$x_c^d = f_c(p_c, w, p_k) .$$

(2) $$p_c = a_k p_k + a_l w .$$

Gleichung (1) definiert die Nachfrage nach dem Konsumgut und (2) fordert, daß der Preis des Konsumguts gleich seinen Produktionskosten sein muß. Die Faktornachfrage wird aus der Konsumgüternachfrage abgeleitet. Gleichzeitig muß diese Faktornachfrage dem Faktorangebot entsprechen:

(3) $$O_l = a_l d^c .$$

(4) $$O_k = a_k d^c .$$

O_l und O_k bezeichnen das Angebot (offer) der Faktoren l und k. Um die Bestimmung des Gleichgewichts nicht unnötig zu komplizieren, soll das Faktorangebot nicht von der Höhe des Faktorpreises abhängen:

(5) $$O_l = O_l^* ,$$

(6) $$O_k = O_k^* ,$$

wobei O_l^* und O_k^* die Faktorbestände darstellen. Das gesamte Modell besteht aus 6 Gleichungen und 6 endogenen Variablen (d^c, p_c, w, p_k, O_l, O_k).

Da wir den Preis des Konsumguts (p_c) zum Numéraire erheben, reduziert sich die Zahl der zu bestimmenden Variablen auf 5. Um eine Übereinstimmung zu vermeiden, müssen wir auch die Anzahl der Gleichungen auf 5 reduzieren. Dies ist mit Hilfe des Walras-Gesetzes möglich. In dem hier dargestellten Modell gibt es drei Märkte — einen Gütermarkt und zwei Faktormärkte. Wenn auf dem Gütermarkt und einem Faktormarkt Gleichgewicht herrschen, dann muß auch auf dem zweiten Faktormarkt ein Gleichgewicht herrschen. Wir können daher eine Gleichung für einen Faktormarkt streichen. Dies ist leicht zu sehen, wenn wir die zwei Überschußnachfragefunktionen in die Budgetrestriktion einsetzen. Die Überschußnachfragefunktionen lauten:

(a) $$E_l = a_l d^c - O_l ,$$

(b) $$E_k = a_k d^c - O_k .$$

Wenn wir (a) und (b) in die Budgetresriktion

(c) $$p_c d^c - p_k O_k - w O_l = 0$$

einsetzen, erhalten wir

(c′) $$(a_k p_k + a_l w) d^c - p_k (a_k d^c - E_k) - w (a_l d^c - E_l) = 0 .$$

Wenn wir (c′) auflösen, dann bleiben nur noch die Werte der Überschußnachfragen übrig:

$$p_k E_k = - w E_l .$$

Dies besagt: Wenn auf dem Faktormarkt für k bei positivem Preis p_k eine Überschußnachfrage herrscht, dann muß auf dem Faktormarkt für l ein Überschußangebot existieren. Wenn dagegen auf dem Markt für Faktor k ein Gleichgewicht herrscht, d.h. wenn bei $p_k > 0$, $E_k = 0$ ist, dann muß auch bei $w > 0$, $E_l = 0$ sein, also ein Gleichgewicht existieren.[35]

Im folgenden kontrastieren wir das Walrassche Produktionsmodell mit dem Marshallschen Modell der kurzen Periode.

Zunächst bleiben wir bei der Annahme, es werde nur ein Konsumgut produziert. Die Produktion erfolge mit Hilfe des variablen Faktors Arbeit und des fixen Faktors Kapital. Hieraus folgt, daß im Unterschied zum Produktionsmodell von Walras im Marshallschen Modell die Technologie durch eine Produktionsfunktion mit fallenden Skalenerträgen gekennzeichnet ist.

Die Unternehmen existieren; ihre Produktionsanlagen sind vorgegeben und installiert. Es gibt hierfür weder ein Angebot noch eine Nachfrage. Der Faktor Arbeit wird hingegen sowohl nachgefragt als auch angeboten.

Wir konstruieren hieraus das folgende einfache Modell. Die Nachfragefunktion für das Konsumgut lautet analog dem Walrasschen Modell:

$$x_c^d = f(p_c, w)\,. \tag{1}$$

Die Preisstellung erfolgt nach der Grenzkostenregel.

$$p_c = w\frac{dL_c}{dx_c}\,, \tag{2}$$

wobei p_c der Preis des Konsumguts, w die Lohnrate und der Differentialquotient die erste Ableitung der invertierten Produktionsfunktion darstellen. Es ist anzunehmen, daß wir im vorliegenden Modell die Grenzkostenregel berücksichtigen müssen, da im Fall fallender Erträge die Durchschnittskosten nur in deren Minimum den Grenzkosten entsprechen. Im Walras-Modell sind konstante Skalenerträge vorausgesetzt, so daß dort ohne Beschränkung des Allgemeinheitsgrads von den Durchschnittskosten ausgegangen werden kann. Da im Marshallschen Modell der kurzen Periode je nach der Höhe des Produktionsniveaus die Grenzkosten über oder unter den Durchschnittskosten liegen können, entsteht bei der Einhaltung der Grenzkosten-Regel eine Quasirente, wenn der Preis über, bzw. ein Verlust, wenn dieser unter den Durchschnittskosten liegt. Die Quasirente bestimmt sich durch die Gleichung

$$Q_c = p_c x_c - wL_c\,, \tag{3}$$

d.h. durch die Differenz zwischen Erlös und Lohnkosten.

[35] Für den Fall, daß bei $p_k > 0$, $E_k = 0$ aber $E_l > 0$ ist, muß $w = 0$ sein, d.h. der Faktor l wäre dann ein freies Gut.

Mit diesen drei Gleichungen wird der Gütermarkt beschrieben; es bleibt noch die Inputseite, also der Arbeitsmarkt, zu behandeln.

Der Einfachheit halber nehmen wir an, das Arbeitsangebot (L^s) sei starr und entspreche den insgesamt vorhandenen Arbeitskräften:

(4) $$L_c^s = \bar{L}\,.$$

Die Arbeitsnachfrage bestimmt sich nach der Grenzproduktivitätsregel, d. h. sie wird durch Gleichung (2) bestimmt, die umgeformt besagt, daß

$$\frac{w}{p_c} = \frac{dx_c}{dL_c}$$

ist. Der Reallohnsatz gibt also an, wie hoch das Grenzprodukt der letzten Arbeitskraft sein muß, um sie gerade noch gewinnbringend einsetzen zu können. Die gesamte Arbeitsnachfrage kann auch als abgeleitete Nachfrage durch die Inverse der Produktionsfunktion ($X_c = F(L_c)$) beschrieben werden:

(5) $$L_c^d = F^{-1}(x_c)\,.$$

Im Gleichgewicht muß natürlich gelten:

(6) $$L_c^s = L_c^d\,.$$

Wir haben somit 6 Gleichungen und 6 Variable (x_c, p_c, w, L_c^d, L_c^s, Q_c).

Das hier dargestellte, extrem einfache Modell weist eine Besonderheit auf, die es verdient, hervorgehoben zu werden. Es handelt sich um die Einkommenskategorie der Quasirente. Die Frage ist, ob Märkte nicht geräumt werden, wenn Quasirenten entstehen. Daß dies nicht zu sein braucht, läßt sich insbesondere am vorliegenden, bewußt einfach gehaltenen Modell verdeutlichen. Die zentrale Annahme, die wir hierzu benötigen, ist, daß die gesamten Quasirenten zu Konsumgüterverkäufen verwendet werden. Es gilt dann die Budgetbeschränkung:

$$p_c x_c - wL - Q_c = 0\,.$$

Wir definieren wie im walrasianischen Produktionsmodell die Überschußnachfragefunktionen:

$$E_c = x_c^d - x_c^s$$
$$E_L = L^d - \bar{L}\,.$$

Wenn wir diese mit einer kleinen Umformung in die Budgetrestriktion einsetzen, erhalten wir:

$$p_c(x_c^s + E_c) - w(L^d - E_L) = Q_c\,.$$

Da die Quasirente definiert ist als Differenz zwischen Erlös und direkten Kosten (hier sind es die Lohnkosten), läßt die Budgetrestriktion sich wie folgt schreiben:

$$p_c(x_c^s + E_c) - w(L^d - E_L) = p x_c^s - w L^d .$$

Wie man leicht sieht, folgt daraus:

$$p_c E_c = - w E_L .$$

Wenn also bei positiven Preisen (w, p) die Überschußnachfrage nach Konsumgütern gleich null ist, dann muß auch die Überschußnachfrage nach Arbeit den Wert null annehmen. Dieses Resultat ergibt sich in diesem Modell durch die Annahme, daß alle Quasirenten zu Konsumtionszwecken verausgabt werden. Interessanter wird ein marshallianisches Modell der kurzen Periode, wenn die Quasirenten nicht verausgabt werden, d.h. wenn Ersparnisse entstehen. Der eigentliche Unterschied zwischen dem Walrasschen Produktionsmodell und Marshalls Modell der kurzen Periode besteht darin, daß im letzteren Produktion von Kapitalgütern (Investitionsgütern) zugelassen ist, während das bei Walras erst im Kapitalbildungsmodell angesprochen wird. Insofern ist der Komplexitätsgrad des Marshallschen Modells der kurzen Periode gegenüber dem walrasianischen Produktionsmodell höher. Es wird nämlich der Gesamtzusammenhang von Sparen und Investieren mitberücksichtigt. Ohne jedoch zu viel vorwegzunehmen, muß an dieser Stelle schon darauf hingewiesen werden, daß sich dadurch einige konzeptionelle Probleme ergeben, auf die Keynes notwendigerweise stoßen mußte. Es handelt sich in erster Linie um zwei Probleme. Erstens war das Konzept der Investitionsnachfrage zu entwickeln. Hierbei stellte sich die Frage, wie die „Einkommensbeschränkung" dieser Nachfrage zu formulieren ist. Zweitens galt es zu klären, ob die Quasirenten als „Ex post-Einkommen" in die Berechnung der Ersparnisse aufgenommen werden können oder nicht. Auf diese Fragen werden wir im vierten Teil noch genauer eingehen.

3.3. Kapitalbildung versus lange Periode

Nachdem wir für das Walrassche Produktionsmodell festgestellt haben, daß dort nur die Konsumgüterproduktion thematisiert wird, kommt Walras in diesem jetzt zur Debatte stehenden Modell zur Frage der Kapitalgüterproduktion. Dabei bleiben die für die Walrassche Theorie charakteristischen Annahmen, nämlich von gegebenen Anfangsbeständen verschiedener Faktoren auszugehen, erhalten. Insofern unterscheidet sich das Walrassche Kapitalbildungsmodell nicht wesentlich von Marshalls Modell der kurzen Periode. Während bei Walras alle Faktoren in physisch konstanten Mengen vorliegen, gilt dies bei Marshall nur für das fixe Kapital. Der Faktor Arbeit und das zirkulierende Kapital werden dagegen grundsätzlich als variabel angesehen, weil sie innerhalb der betrachteten Periode vermehrt bzw. vermindert werden können. Walras glaubte, zirkulierende Kapitalgüter nicht beachten zu müssen, da ihre Produktion mit ausschließlicher Verwendung der Dienste der Primärfaktoren möglich sei.[36] Dies ist aber nur der Fall, wenn kein zirkulierendes Kapitalgut Basisgut[37] ist. Nur wenn die Menge aller Basisgüter mit der Menge aller Primärfaktoren übereinstimmt, ist die Walrassche Reduktionsweise sinnvoll, so daß die zirkulierenden Kapitalgüter in der Preisbestimmung keine Rolle spielen. Das gleiche gilt für das Walrassche Kapitalbildungsmodell, so daß die Produktionsbedingungen dieses Modells genau denen der Marshallschen kurzen Periode entsprechen. Ein weiteres Indiz für die strukturelle Kongruenz beider Modelle liegt in der Formulierung des I-S-Problems. Bei Walras stellt es sich erst im Rahmen des Kapitalbildungsmodells, bei Marshall schon im Modell der kurzen Periode. Eine vorläufige Arbeitshypothese ist daher, daß das Walrassche Kapitalbildungsmodell eher dem Marshallschen Modell der kurzen Periode als dem der langen Periode entspricht. Diese Aussage ist sicherlich problematisch, zumal gerade von Cambridger Ökonomen die Ansicht vertreten wird, daß das zentrale Charakteristikum der langen Periode eine uniforme Profitrate sei.[38] An dem Konzept der uniformen Profitrate hat Walras jedoch festgehalten.

In Marshalls langer Periode soll der Kapitalstock, also das fixe Kapital, variabel sein. Was unter der „Variabilität des Kapitalstocks" zu verstehen ist, diskutierte Marshall nicht. Zwei Interpretationen sind möglich. Entweder man hält am Konzept des Kapitalstocks fest und macht seinen Wert zu einer endogenen Variablen, oder man löst fixes Kapital in zirkulierendes auf.[39]

Marshall versuchte, mit dem Konzept der langen Periode den klassischen Güter- und Faktorbegriff mit der Theorie von Angebot und Nachfrage zu verbinden. Dazu war es notwendig, einerseits die Faktoren Arbeit und Kapital in Stromgrößen zu verwandeln und andererseits die Angebots- und Nachfrageseite der Faktoren so zu formulieren, daß ein infiniter Regreß umgangen werden konnte. Hierbei zeigte sich, daß dies im Fall des Faktors Arbeit in gewissen Grenzen möglich ist, da das langfristige Arbeitsangebot nicht von rein ökonomischen Kräften beeinflußt wird. Im Fall des Kapitalangebots bzw. der Kapitalnachfrage stellt sich ein viel größeres Problem. Da Kapital produzierbar wird und zu dessen Produktion immer auch Kapital benötigt wird, deutet sich

---

[36] Vgl. Elements, S. 241.

[37] Zum Begriff des Basisguts vgl. P. *Sraffa;* Production of Commodities by Means of Commodities, Cambridge 1960, S. 7-8.

[38] Vgl. P. *Garegnani;* On a change in the notion of equilibrium in recent work on value and distribution. A Comment on Samuelson, in: Essays in Modern Capital Theory, ed. M. *Brown,* K. *Sato,* P. *Zarembka,* North-Holland 1976, S. 25-45.

[39] Dies kann analytisch streng nur dann durchgeführt werden, wenn man fixes Kapital als Kuppelprodukt begreift. Diese Erkenntnis verdanken wir P. Sraffa. Zur detaillierten Analyse von Fixkapitalsystemen vergleiche: B. *Schefold;* Theorie der Kuppelproduktion, Basel 1971, S. 48-78, sowie *ders.;* „Fixed Capital a Joint Product", JfNS, Bd. 192, 1978, S. 415-439.

ein infiniter Regreß an. Marshall fehlten die Instrumente, dieses Problem zu lösen. Erst mit dem Aufkommen der Input-Output-Analyse war eine Weiterentwicklung möglich. Marshalls Ausweg bestand darin, Kapital nicht physisch, sondern wertmäßig zu fassen. Mit Kapitalangebot meinte er also nicht eine physische Größe, sondern eine Geldgröße. Daher auch seine Neigung, das Kapitalangebot mit dem Sparangebot gleichzusetzen. Diese methodischen und auch theoretischen Mängel führten, wie wir bereits gesehen hatten, zu der Identifikation von stationärem Zustand und langer Periode.

Teil IV

Die Debatte um die Keynessche Theorie

1. Einleitung

Seit nunmehr fast 50 Jahren ist die Keynessche Theorie Gegenstand theoretischer und wirtschaftspolitischer Auseinandersetzungen. Dabei verfahren die an der Debatte beteiligten Seiten nach sich wiederholenden Mustern. Die der neoklassischen Tradition verpflichteten Theoretiker versuchen die Keynessche Theorie als Spezialfall ihres Grundmodells darzustellen, während die andere Seite die Eigenständigkeit der Keynesschen Theorie betont.[1]

Mit den Arbeiten Clowers und Leijonhufvuds wurde die zweite große Diskussionswelle gestartet. Auch hier zeigte sich wieder das bekannte Muster. Das ausgefeilte neowalrasianische Paradigma lieferte die theoretische und methodische Grundlage für eine Integration sogenannter „Keynesscher Fälle". Die Ungleichgewichtstheorie als Grundmodell der neuen Makroökonomik war geboren.[2]

In diesem letzten Teil der Arbeit möchte ich die Keynessche Theorie von neowalrasianischen Synthetisierungs- und Integrationsversuchen befreien, indem ich zu zeigen versuche, daß sie schon immer ein Teil eines bereits existenten, aber nicht rezipierten Paradigmas war. Dabei ist es mir nicht möglich, auf alle Aspekte der Keynesschen Theorie einzugehen. Im Vordergrund werden Probleme der Gleichgewichtsmethode, der Modellstruktur sowie der Idee der Selbstregulierung stehen.

2. Die gegenwärtige Keynes-Rezeption

2.1. Entstehung und Anwendung der temporären Gleichgewichtsmethode

Die temporäre Gleichgewichtsmethode ist eine Erfindung des 20. Jahrhunderts. Sie ist weder bei den Klassikern noch bei den Vätern des Marginalismus zu

[1] Den ersten Versuch, Keynes in die Neoklassik zu integrieren, bezeichnet man als „Neoklassische Synthese". Deren namhafteste Vertreter sind Samuelson, Hicks, Modigliani. Daneben gibt es die Strömung der Fundamentalisten wie Shackle und Coddington und natürlich die gesamte Cambridger Schule (Kahn, Kaldor, Robinson).

[2] Die sogenannte Ungleichgewichtstheorie hat bereits Lehrbuchreife angenommen. Dies läßt sich durch eine Reihe bereits vor einigen Jahren erschienener Bücher dokumentieren. So z. B. K. *Rothschild;* Einführung in die Ungleichgewichtstheorie, Heidelberg 1981, J. P. *Benassy;* The Economics of Disequilibrium, London 1982.

finden. Rigoros angewandt wurde sie von Hicks[3], eingeführt in die ökonomische Theorie jedoch wurde sie von Lindahl und Hayek.[4]

Hicks, an dessen Ausführungen wir uns im folgenden orientieren werden, versprach sich durch die Einführung der temporären Gleichgewichtsmethode, die statische zugunsten einer dynamischen Sichtweise ersetzen zu können.[5] Mit Hilfe dieser Methode war es nämlich möglich, ein Gleichgewicht über Perioden durch eine Aneinanderkettung von Periodengleichgewichten zu beschreiben.

> "By using the week, we become able to treat a process of change as consisting of series of temporary equilibria; this enables us still to use equilibrium analysis in the dynamic field."[6]

Hicks versuchte seinen Bruch mit der traditionellen Methode des langperiodischen Gleichgewichts zu vertuschen, indem er seine Methode in die Nähe zu Marshalls Periodeneinteilung rückte.

> "The rigid tripartite division (temporary equlibrium on the first 'Day', short period, and long period) is the most important of these. These categories are suitable enough for Marshall's isolated market, but they hardly fit the analysis of the whole system. There is scarcely any period of time so short that it can give us temporary equilibrium (in Marshall's sense) for all commodities."[7]

Deshalb erweiterte Hicks die Periode von einem „Tag“ auf eine „Woche“. Diese Periode ist dadurch definiert, daß sich in diesem Zeitraum die Preise nicht ändern dürfen. Fixiert werden die „Wochenpreise“ am „Montag“. Damit hat Hicks Marshalls „temporäre Periode“ in die Länge gezogen:

> "This implies that the Market (indeed, all markets) proceed quickly and smoothly to a position of temporary equilibrium—in Marshall's sense."[8]

Marshall selbst maß dem temporären Gleichgewicht, wie wir bereits gesehen haben, keine besondere Bedeutung bei. Sein Interesse galt den „normalen“ Preisen, nicht den Marktpreisen und der Marktperiode. Sich trotzdem auf ihn zu berufen, mag Hicks' Interesse an Kontinuität widerspiegeln, ist aber sachlich nicht zu rechtfertigen. Das temporäre Gleichgewichtsmodell kann gerade das Essentielle der Marshallschen Theorie der normalen Preise, nämlich die Ausdehnung bzw. die Einschränkung der Produktion, nicht behandeln. Hierauf werden wir noch im letzten Abschnitt dieses Kapitels eingehen.

---

[3] J. R. *Hicks;* Value and Capital, Oxford 1939, 2. Aufl. 1946.

[4] F. A. *v. Hayek;* Das intertemporale Gleichgewichtssystem der Preise und die Bewegungen des Geldwerts, Weltwirtschaftliches Archiv, Vol. XXVIII, 1928, S. 33-76, sowie E. *Lindahl;* Studies in Money and Capital, New York 1939; vgl. auch M. *Milgate;* On the Origin of the Notion of ‚Intertemporal Equilibrium‘, Economica, Vol. 46, 1979, S. 1-10.

[5] Vgl. J. R. *Hicks;* Value and Capital, S. 115.

[6] J. R. *Hicks;* Value and Capital, S. 127.

[7] J. R. *Hicks;* Value and Capital, S. 122.

[8] Ebenda, S. 123.

Das Hicksche Grundmodell des temporären Gleichgewichts ist dem Walrasschen Produktionsmodell sehr ähnlich. Hier, wie auch bei Walras, lassen sich alle ökonomischen Handlungen auf den Tausch reduzieren. Die Modelle unterscheiden sich bezüglich der Rolle der Erwartungen. Während bei Walras eine folgende Periode bzw. eine vergangene Periode überhaupt nicht beachtet werden, versucht man im temporären Gleichgewichtsmodell Erwartungen bezüglich der folgenden Periode als Einflußgröße der gegenwärtigen Periode zu berücksichtigen.

Tatsächlich werden in den gegenwärtigen Abhandlungen zur temporären Gleichgewichtstheorie eher die Theoretiker genannt, die sich der walrasianischen Tradition verbunden fühlen.[9] Ein temporäres Gleichgewicht kann wie folgt beschrieben werden. Wenn am „Montag" der Markt geöffnet wird, sind bestimmte Daten bereits gesetzt. Die Menge aller Faktorinputs, Halb- und Fertigprodukte ist gegeben. Die Technologie der Unternehmen sowie die Präferenzstruktur der Haushalte sind ebenfalls ein Datum.[10] Das Problem besteht nun darin, am „Montag" die Preise zu finden, bei denen alle Einzelpläne, d.h. Produzenten- und Haushaltspläne, miteinander konsistent sind. Ein solches Preissystem kann gefunden werden; es entspricht der Lösung eines statischen Modells des allgemeinen Gleichgewichts.

Wenn wir nun die Erwartungen mit einbeziehen, modifiziert sich der Lösungsweg. Jetzt ist zu berücksichtigen, daß die Pläne für die gegenwärtige „Woche" auch von Erwartungen über die Preise der nächsten Woche affiziert werden. Dies gilt sowohl für die Haushalts- als auch für die Produzentenpläne. Zwar kann, wie Grandmont betont, gewährleistet werden, daß innerhalb der Periode Gleichgewicht herrscht, und zwar in dem Sinne Gleichgewicht, daß durch Variation der relativen Preise Angebot und Nachfrage sich treffen, aber:

> "Nevertheless although one assumes equilibrium in each period, the economic system displays a disequilibrium feature along a sequence of temporary competitive equilibria which I believe is important: at each date, the plans of the agents for the future are not coordinated and thus will be, in general, incompatible."[11]

Aus diesem Grund muß man versuchen, Erwartungen zu berücksichtigen.

> "We shall see, however, that the distinctive feature of temporary equilibrium models, compared to static ones, is the fact that one has to make meaningful assumptions on the expectation functions of the agents in order to derive the needed properties of the agents' supplies and demands."[12]

Grandmont zeigt, daß unter geeigneten Annahmen ein Marktgleichgewicht existiert.[13] Wie sich aber herausstellt, handelt es sich nur um ein Tauschgleichge-

---

[9] Vgl. J. M. *Grandmont;* Temporary General Equilibrium Theory, Econometrica, Vol. 45, 1977, S. 535-572.

[10] J. R. *Hicks;* Value and Capital, S. 130.

[11] J. M. *Grandmont,* S. 542.

[12] Ebenda, S. 543.

wicht, so daß nur Gleichgewichtspreise für bereits vorhandene Güter existieren. Die Faktoren erhalten eine Entlohnung, die aus dem Verkaufspreis der Produkte abgeleitet wird. Produktion in der gegenwärtigen Periode für zukünftige Perioden bleibt unbehandelt. Den Grund dafür spricht Grandmont explizit an:

> "Although there have been a number of attemps to integrate firms in temporary equilibrium models . . . the result is far less impressive. This is because there is much less agreement about the proper modelling of a firm operating in sequence economies with incomplete future markets."[14]

In einem Modell eines temporären Gleichgewichts mit Produktion ergeben sich, wie Grandmont ausführt, eine Reihe grundsätzlicher Probleme.[15] Es müssen Unternehmen berücksichtigt werden, die für die gegenwärtige und zukünftige Perioden produzieren. Die Unternehmen müssen ihre zukünftige Produktion finanzieren und ihren Inhabern oder Anteilseignern einen Gewinn- bzw. Dividendenstrom auszahlen. Diese Sachverhalte werfen im wesentlichen drei Probleme auf:

1. Die Unternehmen müssen von den Eigentümern / Anteilseignern bewertet werden. Diese Bewertung basiert in erster Linie auf den erwarteten Gewinnen / Dividenden. Da die auf Erwartungen basierenden Pläne nicht notwendig konsistent sein müssen, kann der Kapitalmarkt im Ungleichgewicht sein, obwohl die spot-Märkte der Güter im Gleichgewicht sind.

Die nächsten zwei Punkte betreffen die Angebots- bzw. Nachfrageseite des Kapitalmarkts.

2. Die Unternehmen können ihren zukünftigen Produktionsplan durch Schuldscheine oder Ausgabe von Anteilen finanzieren. Hier ist die Frage, wodurch die obere Grenze des Schuldscheinangebots definiert wird. Arrow und Hahn zeigen, daß auch ohne eine solche obere Grenze des Schuldscheinangebots ein temporäres Gleichgewicht existiert.[16] Eine wesentliche Annahme des Modells besteht jedoch darin, daß es zu Beginn der Periode keinen Schuldenbestand gibt. Das Problem wird indes nur auf die nächste Periode verlagert. Da es im allgemeinen zu Beginn der folgenden Periode eine bestimmte Konstellation von Schuldnern und Gläubigern geben wird, und wenn die Erwartungen der Wirtschaftssubjekte nicht erfüllt werden, wird es in dieser Periode kein allgemeines Gleichgewicht ohne den Bankrott einiger Wirtschaftssubjekte geben.

   Im Falle der Finanzierung des Produktionsplans durch die Ausgabe von Anteilen (Aktien) ergibt sich ein weiteres, jedoch anders gelagertes Problem.

---

[13] Ebenda, S. 543-548.

[14] Ebenda, S. 555.

[15] Ebenda, S. 554f.

[16] J. K. *Arrow* und F. H. *Hahn;* General Competitive Analysis, San Francisco—Amsterdam 1971, S. 136-151.

Grandmont[17] verweist darauf, daß im Unterschied zur Schuldscheinausgabe die Ausgabe neuer Aktien eine „kostenlose" Finanzierung des Produktionsplans darstellt. Aus der Modellogik würde somit folgen, daß eine Unternehmung immer die Aktienfinanzierung der Finanzierung durch Schuldscheine vorziehen müßte, wenn die Schuldenstruktur nicht in ihrer Zielfunktion berücksichtigt wird und solange der Zinssatz positiv ist.

3. Im intertemporalen Modell ist die Zeitstruktur der Gewinnausschüttung an die Haushalte irrelevant, da durch die bekannte Zinsstruktur die zukünftigen Dividenden (Gewinne) auf den Gegenwartswert diskontiert werden können.[18] Daraus folgt, daß die Gewinnausschüttung als schon zum Periodenbeginn erfolgt gedacht werden kann. Diese Überlegung läßt sich nicht auf ein temporäres Modell übertragen, da durch die sich von Periode zu Periode ändernden Kapitalmarktkonstellationen die Struktur des Gewinnstroms (Dividendenstroms) nicht vorherbestimmt ist. Im Unterschied zum intertemporalen Modell ist im temporären die Struktur des Gewinnstroms daher von Bedeutung.

Die drei angesprochenen Punkte verdeutlichen die Problematik des temporären Gleichgewichtskonzepts. Es ermöglicht es nur, den Tauschaspekt vollständig zu integrieren. Der Produktionsaspekt kann nur behandelt werden, sofern man sich auf die Entlohnung der Faktoren beschränkt. Die andere Seite des Produktionsaspekts, d.h. die Aufstellung eines Produktionsplans, kann nur unbefriedigend behandelt werden.

2.2. Die Ungleichgewichtstheorie als Version der temporären Gleichgewichtsmethode

Im vorhergehenden Abschnitt hatten wir schon erwähnt, in welchem Sinn ein temporäres Gleichgewicht auch als Ungleichgewicht angesehen werden kann. Dort wurde Ungleichgewicht in einem allgemeineren Sinne begriffen, als dies in der Literatur üblich ist. Der Begriff des Ungleichgewichts wird viel eher mit der Entwicklung der „Neuen Makroökonomik" in Zusammenhang gebracht, insbesondere mit der dort verwendeten Fixpreis-Methode. Hicks folgend begreifen wir die Fixpreis-Methode als eine Variante der temporären Gleichgewichtsmethode. Das bisher behandelte Pendant zur Fixpreis-Methode nannte Hicks Flexpreis-Methode.[19] In beiden Fällen handelt es sich um eine Betrachtung eines Periodengleichgewichts, mit dem Unterschied jedoch, daß im Fall der Flexpreis-Methode Angebot und Nachfrage über eine Variation der Preise in Deckung gebracht werden, während im Fall der Fixpreis-Methode Mengenvariationen den Ausgleich bewirken.

---

[17] J. M. *Grandmont*, S. 556.

[18] Vgl. G. *Debreu;* Werttheorie, Berlin—Heidelberg—New York 1976, S. 96-98.

[19] J. R. *Hicks;* Capital and Growth, S. 78-79.

Sicherlich sind die Implikationen und Konsequenzen der Fixpreis-Methode erst innerhalb der letzten 15 Jahre herausgearbeitet worden; neu ist der Grundgedanke, der hinter den beiden Methoden steckt, jedoch nicht. Hatte doch Marshall schon beide Fälle im Rahmen der Marktperiode unterschieden. Der „fish-market“ symbolisiert die Flexpreis-Methode, der „retail trade“ steht für die Fixpreis-Methode.

2.2.1. Die Logik der Fixpreis-Methode

Wenn nicht Angebot und Nachfrage die markträumenden Preise der betrachteten Periode bestimmen, dann muß man sich fragen, wie die Preise eigentlich festgelegt werden. Hicks' Antwort ist klar und kurz:

> "The determination of prices is taken right outside the model."[20]

Die Preise werden zwar nicht als absolut fix angesehen, aber es wird angenommen, daß sie innerhalb der betrachteten Periode nicht variieren. Eine Preisvariation findet dagegen von Periode zu Periode statt. Wenn wir uns der Hickschen Termini „Woche“ und „Montag“ bedienen, dann läßt sich der gedachte Prozeß so vorstellen: Am „Montag“ werden irgendwelche Preise gesetzt, die allerdings der Bedingung genügen sollen, die Kosten zu decken.[21] Zu diesen Preisen wird dann eine ganze „Woche“ lang getauscht. Warum am nächsten „Montag“ die Preise geändert werden sollen, vor allem, was die Gründe einer derartigen Änderung sein könnten, wird nicht untersucht, so daß offen bleibt, ob über die Perioden hinweg ein Gleichgewicht von Angebot und Nachfrage hergestellt werden kann. Da die am „Montag“ gesetzten Preise nur zufällig mit den Gleichgewichtspreisen zusammenfallen, aber zu diesen Preisen getauscht werden darf, finden Transaktionen zu nicht markträumenden Preisen (false trading) statt. Wenn sich aber bei den gesetzten Preisen die geplanten Angebote und die geplanten Nachfragen nicht decken, so fragt sich, welche Mengen eigentlich auf den Märkten transferiert werden.[22] Zur Beantwortung dieser Frage wird die sogenannte „short side rule“[23] oder auch „Minimum-Regel“[24] eingeführt. Sie besagt, daß jeweils die kürzere Marktseite dominiert und ihre Tauschwünsche durchsetzen kann, d.h., daß die Anbieter sich

---

[20] J. R. *Hicks;* Capital and Growth, S. 78.

[21] Vgl. ebenda, S. 78. Hicks sagt leider nicht, welche Kosten zu decken seien. Hier würde er sich auch in sumpfiges Gebiet begeben und die Probleme seiner Methode offenlegen. Was nämlich als Kosten anzusehen ist, hängt von der Periodenlänge entscheidend ab.

[22] Es ist zentral für das weitere Verständnis dieser Konzeption, daß zwischen Angebot und Nachfrage einerseits und den erfolgten Transaktionen andererseits unterschieden wird. Im ersten Fall handelt es sich um geplante, im zweiten Fall um realisierte Größen. Vgl. auch J. P. *Benassy;* The Economics of Disequilibrium, London 1982, S. 14-15.

[23] Vgl. J. P. *Benassy*, S. 19-23.

[24] Vgl. U. *Meyer;* Neue Makroökonomik, Heidelberg 1983, S. 82ff.

durchsetzen, wenn eine Überschußnachfrage existiert, und die Nachfrager im Falle eines Überschußangebots. Bezogen auf ein Gut i heißt das:

$$D \geq S \Rightarrow \hat{s}_j = s_j \text{, für alle } j = 1, \ldots, n;$$
$$D \leq S \Rightarrow \hat{d}_j = d_j \text{, für alle } j = 1, \ldots, n.$$

D und S bezeichnen das geplante Angebot und die geplante Nachfrage, s_j und d_j die realisierten Transaktionen der n-Marktteilnehmer. Daraus kann die Minimumregel sofort abgeleitet werden:

$$\sum_j^n \hat{d}_j = \sum_j^n \hat{s}_j = \min\left(\sum_j^n d_j, \sum_j^n s_j\right).$$

Diese Regel besagt, daß die gesamten Transaktionen (realisierte Größen) gleich dem Minimum des gesamten geplanten Angebots und der gesamten geplanten Nachfrage sind.[25] Dies läßt sich in einem üblichen Angebots-Nachfrage-Diagramm wie folgt verdeutlichen. (Die gezackten Abschnitte der Kurven geben den Transaktionsspielraum an.)

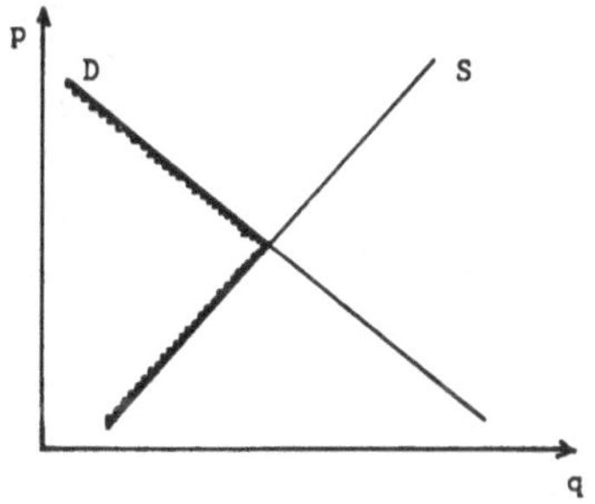

(Graphik IV.1.)

Wie Meyer zeigt[26], reicht die Minimumregel nicht aus, um die realisierten Mengen zu bestimmen. Wenn wir berücksichtigen, daß die zum Tausch bereitstehenden Gütermengen auch produziert werden müssen, kann der Fall eintreten, daß bei der Anwendung der Minimumregel ein Transaktionsumfang angegeben wird, der gar nicht produziert werden kann. Wenn wir zu einer allgemeinen Gleichgewichtsanalyse übergehen, müssen die Konstellationen auf anderen Märkten mitberücksichtigt werden. Dies leistet unter anderem Clowers „Dual Decision Hypothesis".[27]

[25] Wie Benassy zeigt, folgt die Regel aus den beiden Annahmen, daß der Tausch freiwillig erfolgt und daß der Markt friktionslos funktioniert. Letzteres bedeutet, daß alle gegenseitig vorteilhaften Tauschakte ausgeführt werden, so daß die kürzere Marktseite immer voll zum Zuge kommt.

[26] Vgl. U. *Meyer*, S. 83-84.

Wenn die Haushalte zum herrschenden Reallohnsatz bereit sind, mehr Arbeit anzubieten als die Unternehmen nachfragen, sind die Haushalte in ihrem Angebot rationiert. Damit ändert sich aber auch ihre Nachfrage am Gütermarkt, denn die Rationierungssituation wirkt sich auf die Einkommensbeschränkung der Haushalte aus. Da ihr tatsächliches Einkommen niedriger als das geplante ist, werden sie ihre Konsumpläne erneut überdenken müssen, mit dem Ergebnis, weniger als geplant nachzufragen. Damit sehen sich jetzt aber die Unternehmen durch die Nachfrage der Haushalte rationiert, denn ihre tatsächlichen Verkäufe sind kleiner als ihre geplanten.

Quintessenz dieser Überlegungen ist, daß neben die Preissteuerung von Angebot und Nachfrage eine Mengensteuerung, d.h. Einkommenssteuerung, tritt, sobald Tausch zu Ungleichgewichtspreisen zugelassen wird. Clower bezeichnet die Entscheidungsregel für den Fall, daß nicht zu Gleichgewichtspreisen getauscht wird, deshalb als dual, weil im Gleichgewicht ein anderes Entscheidungssystem (Mengen statt Preise) wirksam ist als in Ungleichgewichtssituationen. Das Entscheidungssystem für Ungleichgewichtssituationen ist vom eigentlichen Gleichgewicht völlig unabhängig und kann daher ein selbständiges und permanentes Dasein führen. Dies macht deutlich, warum ein rationiertes Gleichgewicht als ein durchweg stabiler Zustand angesehen werden kann. Auch hier stellt sich wieder die eingangs aufgeworfene Frage, was eigentlich in der nächsten Periode mit den „falschen" Preisen geschehen soll, wenn die dadurch entstandenen „Rationierungsgleichgewichte" weitgehend stabil sind. Das von Clower genannte zweite Entscheidungssystem wird im Rahmen der Ungleichgewichtstheorie als das Keynessche Prinzip der effektiven Nachfrage angesehen. Clower sah diese duale Entscheidungshypothese im wesentlichen als eine mikroökonomische Fundierung der Keynesschen Konsumfunktion an, obwohl er die Konsumfunktion nicht mikroökonomisch entwickelte. Vielmehr führte er den Gedanken der Konsumfunktion in die mikroökonomische Haushaltstheorie ein.

> "It is only in mathematical versions of preference analysis that we lose sight of realized current income as an operative constraint on effective demand."[28]

Zu bedenken ist, daß Clower die effektive Nachfrage zwar berücksichtigte, eine Theorie ihres Niveaus liefert die duale Entscheidungshypothese jedoch nicht.

Die Ungleichgewichtstheorie stellt mittlerweile ein ausdifferenziertes System dar, auf dessen weitere Ausformulierung wir hier aus verschiedenen Gründen

---

[27] R. W. *Clower;* Die Keynesianische Gegenrevolution: eine theoretische Kritik, Schw.ZfVS, Vol. 99, 1963, S. 8-31. Übersetzung des Originalbeitrags einer IEA-Tagung 1962: The Keynesian Counterrevolution: A theoretical appraisal, in: *Hahn,* F. H. / *Brechling,* F. P. R. (Hrsg.); The Theory Interest Rates, London—N. Y. 1965, S. 103-125.

[28] R. *Clower,* The Keynesian Counterrevolution ..., wiederabgedruckt in: Monetary Theory, (Hrsg. R. *Clower*), Harmondsworth 1969, S. 290.

verzichten wollen. Der maßgebliche Grund besteht darin, daß der Verfasser nicht sehen kann, in welchem Sinne diese Theorie zum Verständnis der inneren Logik der Keynesschen Theorie beitragen kann. Er begreift die Ungleichgewichtstheorie eher als einen Versuch, Elemente der Keynesschen Theorie im Rahmen der walrasianischen allgemeinen Gleichgewichtstheorie zu berücksichtigen. Das Leitmotiv dieser Denkrichtung ist nicht, die mikroökonomischen Fundamente der Keynesschen Theorie zu finden, sondern makroökonomische Phänomene, wie Unterbeschäftigung, Unterauslastung der Kapazitäten, Inflation usw. mit Hilfe von Modellen zu erklären, die dem walrasianischen Baukasten entstammen.

Bevor wir allerdings zu einer andersartigen Rekonstruktion der Keynesschen Theorie kommen, müssen wir noch einmal auf die Entstehung, insbesondere die Entstehungsursachen der temporären Gleichgewichtsmethode zurückkommen. Nur wenn wir verstehen, welche theoretischen Probleme durch die temporäre Gleichgewichtsmethode gelöst werden sollten, kann deutlich werden, warum diese Methode der Keynesschen Theorie nicht gerecht werden kann.

2.3. Entstehungsgründe der temporären Gleichgewichtsmethode

Ich will hier nicht die Geschichte der Verbreitung einer neuen Methode schildern[29]; es geht mir vielmehr um die Frage, welche Gründe für den Wechsel der Gleichgewichtsmethode maßgeblich gewesen sein können. Drei Gründe, denen ich in den folgenden drei Abschnitten nachgehen möchte, seien kurz genannt:

1. Erwartungen sollten in der ökonomischen Theorie berücksichigt werden.
2. Das Konzept der langen Periode sollte nicht mit dem stationären Stadium zusammenfallen.
3. Das Problem mit dem Kapitalbegriff sollte gelöst werden.

2.3.1. Die Rolle der Erwartungen

Hicks brachte die Erwartungen ins Spiel, weil er durch seine Definition der Statik und Dynamik gezwungen war, Anpassungsvorgänge, also Gleichgewichtsfindungsprozesse, in der Form aufeinanderfolgender Perioden zu diskutieren. Damit war aber auch implizit klar, daß periodenimmanente Preisänderungen die Zufuhr (gemeint ist die Produktion) kaum beeinflussen. Dagegen wirken sich diese Preisänderungen maßgeblich auf die Zufuhr aus, wenn die Produzenten erwarten, daß die neuen Preise — mögen sie höher oder niedriger erwartet werden als in der Vorperiode — in der nächsten Periode fortbestehen.

[29] Der dogmenhistorisch Interessierte kann sich über die Verbreitung der Hayekschen Idee bei M. Milgate informieren. Siehe M. *Milgate;* Capital and Employment, London und New York 1983, S. 127-140.

> "If they decide that it (the price, V. C.) probably will continue, they may start upon the production of a considerably increased supply for a future date. Similarly, the current supply of a commodity depends not so much upon what the current price is as upon what entrepreneurs have expected it to be in the past."[30]

Hicks hatte aber auch schon einige Jahre vor „Value and Capital", nämlich in „Mr. Keynes' Theory of Employment"[31] die Gefahr, die in der Berücksichtigung von Erwartungen liegt, gesehen:

> "But it is probable that the change in actual production during the first period will influence the expectations ruling at the end of that period; and there is no means of telling what that influence will be. The more we go into the future, the greater this source of error, so that there is a danger, when it is applied to long periods, of the whole method petering out."[32]

Diese Gefahr besteht aber nur im Rahmen der temporären Gleichgewichtsmethode. Die Klassik und auch Marshall konnten durchaus die Fluktuationen der Marktpreise behandeln, ohne daß deshalb die Basis ihrer Theorie ins Wanken geriet.

Indem die klassische Theorie die „long period positions" der Preise als „Gravitationszentren" begriff, konnte sie die Marktpreise als akzidentielles Phänomen und deren Bewegungen als Oszillation um die „long period positions" ansehen. Da Hicks diese Methode zugunsten der temporären Periodenbetrachtung aufgegeben hatte, fehlte ihm der Punkt, an dem man Preisbewegungen hätte festmachen können. Wenn die Erwartungen diesen Fixpunkt bilden sollen, dann ist es offensichtlich, daß der Prozeß der Preisbewegung nur noch zufällig stabil ist.

Leider gewährte die Berücksichtigung der Erwartungen die Möglichkeit, eine scheinbare Nähe zur Keynesschen Theorie herzustellen, denn auch bei Keynes spielen die Erwartungen eine gewisse Rolle. Zwar wurde dabei nicht beachtet, daß Keynes selbst niemals die temporäre Gleichgewichtsmethode benutzte, aber die Berücksichtigung der Erwartungen erleichterte es eben, gleichzeitig damit auch eine neue Methode in die theoretische Ökonomie einzuführen.

2.3.2. Stationarität und lange Periode

Die These, daß die lange Periode identisch mit dem stationären Zustand einer Ökonomie sei, ist zwar nicht neu — schon bei Marshall finden sich hierzu einige Bemerkungen —, jedoch interessant, weil sie offenlegt, wie gründlich sich Theorie und Methode verwechseln lassen. Das stationäre Stadium ist das Ergebnis eines ökonomischen Prozesses, der dazu geführt hat, daß die Akkumulationskräfte erlahmt sind. Das Konzept der langen Periode dient

---

[30] J. R. *Hicks;* Value and Capital, S. 117.

[31] J. R. *Hicks;* Mr. Keynes' Theory of Employment, E.J. 1936, S. 238-253.

[32] Ebenda, S. 241.

hingegen dazu, Verteilung und Preisbildung unter der Voraussetzung einer uniformen Profitrate zu analysieren.

In einen engen Zusammenhang wurden beide Konzepte gebracht, da Hicks die *lange* Periode als eine Abfolge und Aneinanderkettung temporärer Gleichgewichte begriff. Das stationäre Stadium ist dann definiert durch eine Periodenfolge, deren einzelne Periodengleichgewichte miteinander identisch sind.[33] Es herrscht dann also „equilibrium over time" oder ein langperiodiges Gleichgewicht.[34]

Folgt man der Hickschen Sichtweise, dann bleibt das Konzept der langen Periode eine Fiktion, wenn das stationäre Stadium nicht realisiert ist bzw. keine Tendenz zu diesem auszumachen ist. Im Unterschied dazu konnten Ricardo bzw. J. St. Mill nur mit Hilfe der Methode der langen Periode, d. h. durch die Einbeziehung und Berücksichtigung des Akkumulationsgedankens, die Entwicklung in die Stationarität diskutieren.

2.3.3. Das Problem mit dem Kapitalbegriff

Einer der umstrittensten Begriffe der ökonomischen Theorie ist der des Kapitals. Ob man an die Diskussion zwischen Clark und Böhm-Bawerk, die Debatte der dreißiger Jahre (Knight, Hayek) oder die Cambridge-Cambridge-Kontroverse der sechziger Jahre denkt, immer ging es um die Frage, was Kapital ist und in welchen Einheiten es zu messen sei.[35] Während Clark eher dazu neigte, Kapital als eine reine Wertgröße anzusehen, wollten die „Österreicher" eine Maßgröße entwickeln, die unabhängig von ökonomischen Wertgrößen ist. Es dürfte bekannt sein, daß sie als Maßgröße das Konzept der durchschnittlichen Produktionsperiode — eine Zeitgröße also — entwickelten. Schon Wicksell mußte jedoch feststellen, daß diese Größe nur dann unabhängig vom Zinssatz ist, wenn man die in den verschiedenen Produktionsstufen verwendeten Zwischenprodukte nicht mit dem Zinseszins, sondern nur dem einfachen Zinssatz bewertet. Damit war die Suche nach einer von Preis- bzw. Wertgrößen unabhängigen Maßgröße des Kapitals erfolglos geblieben. Als ähnlich problematisch erwies sich der Weg, den Wert des Kapitalstocks zu bestimmen. Hicks führte hierzu aus:

> "How will the quantity of intermediate products—the quantity of capital—be determined? (. . .) But since we are in a stationary state, there can be no tendency for the stock of capital to increase or diminish; constancy of the stock thus gives us one relation between its size and the rate of interest."[36]

[33] Vgl. J. R. *Hicks;* Value and Capital, S. 117.

[34] Es ist leicht möglich, gleichschrittiges Wachstum (steady state growth) als Sonderfall des stationären Zustands anzusehen.

[35] Hier sind nicht statistische, sondern theoretisch-konzeptionelle Meßprobleme gemeint. Erst wenn diese entschieden sind, kann man sich dem statistischen Problem zuwenden.

[36] J. R. *Hicks;* Value and Capital, S. 118.

Da im stationären Stadium die Nettoinvestitionen gleich sind, gilt:

$$0 = I^{net} = s \cdot Y \ , \ s = f(i) \ .$$

Da $Y > 0$ ist, muß $s = 0 = f(i)$ sein. Damit ist der Zinssatz bestimmt. Ist die Profitsumme bekannt, läßt sich auch der Wert des Kapitalstocks berechnen.

Auch dieses Ergebnis war nicht ermutigend. Es konnte keine vom Zinssatz unabhängige Maßgröße des Kapitals gefunden werden, und eine eindeutige Beziehung zwischen dem Zinssatz und dem Kapitalstock ergab sich nur im stationären Zustand.

Die drei zuletzt aufgeworfenen Probleme — die Rolle der Erwartungen, die Identifikation der langen Periode mit dem stationären Stadium und das Kapitalproblem — führten zu einem Methodenwechsel der Gleichgewichtsanalyse. Keines der Probleme stand indes in einem direkten Zusammenhang mit den zentralen Fragestellungen der Keynesschen Theorie. Es bleibt deshalb fraglich, welchen Sinn eine Interpretation bzw. Reformierung der Keynesschen Theorie auf der Basis der temporären Gleichgewichtsmethode macht.[37]

3. Keynes im Rahmen des marshallianischen Paradigmas

Der Vorwurf, Marshall habe sein Augenmerk nur auf die Analyse von partiellen Gleichgewichten gerichtet, ist nicht neu. In welchem Sinne dieser Vorwurf stichhaltig ist, haben wir bereits ausführlich diskutiert. Für die makroökonomische Ebene ist Ähnliches beanstandet worden. Stellvertretend hierfür steht Clowers Vorwurf, daß Marshall

"... never felt the need to model the workings of the economic system as a whole ..."[38]

Richtig an Clowers Kritik ist, daß Marshall seine makroökonomische Theorie nicht ausformulierte, obwohl sich die Idee eines allgemeinen Gleichgewichts in abstrakter Form bei ihm finden läßt.[39]

Es ist für Marshall nicht ganz untypisch, daß er Probleme, die gegenwärtig als wichtig und interessant erachtet werden, in Anhänge und mathematische Notizen verbannte. Vielleicht liegt dies daran, daß die „Principles" als eine Einführung in das Fachgebiet konzipiert waren. Obwohl Marshall in den „Principles" keine ausformulierte Theorie des Outputs und der Beschäftigung präsentierte, läßt sich aus den von ihm entwickelten Bausteinen ein makroökonomisches Modell entwickeln, das Keynes und Pigou als impliziter Bezugsrahmen gedient haben muß.[40]

[37] Hicks vermied es, Keynes die temporäre Gleichgewichtsmethode unterzuschieben. Er glaubte aber, Keynes habe sich darauf zubewegt. Vgl. J. R. *Hicks;* Capital and Growth, S. 77. Arrow und Hahn subsumieren Keynes unter diese Methode. Vgl. J. K. *Arrow* und F. H. *Hahn;* General Competitive Analysis, San Francisco—Amsterdam 1971, S. 347.

[38] R. W. *Clower;* Reflections on the Keynesian Perplex, S. 4.

[39] Vgl. A. *Marshall;* Principles, Note XXI, S. 855.

3.1. Ein marshallianisches Modell des Outputs und der Beschäftigung

In Marshalls Theorie steht die Ableitung eines Gleichgewichts der langen Periode im Vordergrund. Bei einer gegebenen Technik ist der Kapitalstock so angepaßt, daß eine „normale" Profitrate realisiert werden kann und das Arbeitskräftepotential bei einer steigenden Beschäftigung voll ausgelastet wird. Da wir die Anpassung des Kapitalstocks bei gegebener Technik nicht analysieren wollen, nehmen wir an, der Wert des Kapitalstocks und seine physische Zusammensetzung seien gegeben und konstant.

Wir unterteilen die Ökonomie in zwei Sektoren, wobei ein Sektor mit Hilfe von Arbeit (L_c) Konsumgüter (x_c) herstellt und der andere Sektor ebenfalls nur mit Arbeit (L_I) Investitionsgüter produziert. Unter der Annahme eines konstanten Kapitalstocks produzieren beide Sektoren mit fallenden Grenzerträgen. Die Produktionsfunktionen lauten daher:

(1) $$x_c = F(L_c),\ F' > 0,\ F'' < 0$$

(2) $$x_I = G(L_I),\ G' > 0,\ F'' < 0\,.$$

In beiden Sektoren wird das Ziel der Gewinnmaximierung verfolgt. Aus der Bedingung erster Ordnung für ein Gewinnmaximum ergibt sich für den Konsumgütersektor, daß der Reallohnsatz dem Grenzprodukt der Arbeit in diesem Sektor entsprechen muß:

(3) $$\frac{w}{p_c} = F'(L_c)\,,$$

wobei w den Geldlohnsatz und p_c den Preis des Konsumguts darstellt. Für den Investitionsgütersektor gilt analog:

$$\frac{w}{p_I} = G'(L_I)\,.$$

Da wir weiterhin annehmen, daß in beiden Sektoren der gleiche Geldlohnsatz gezahlt wird, muß der relative Reallohnsatz im Investitionsgütersektor gleich dem umgekehrten Verhältnis der sektoralen Grenzproduktivitäten der Arbeit sein:

(4) $$\frac{p_I}{p_c} = \frac{F'(L_c)}{G'(L_I)}\,,$$

wobei p_I den Preis des Investitionsguts bezeichnet.

---

[40] Vgl. Keynes' Kritik an Pigous Theory of Unemployment in der General Theory, S. 272ff.

Aus den Bedingungen erster Ordnung für ein Gewinnmaximum ergeben sich die sektoralen Arbeitsnachfragen, aus deren Summe wiederum die gesamtwirtschaftliche Arbeitsnachfrage resultiert:

(5) $$L_c + L_I = N^d$$

Der Einfachheit halber nehmen wir an, das gesamtwirtschaftliche Arbeitsangebot sei völlig unelastisch.

(6) $$N^s = \bar{N}\,.$$

Ein Gleichgewicht auf dem Arbeitsmarkt herrscht, wenn das gesamtwirtschatliche Arbeitsangebot gleich der gesamtwirtschaftlichen Arbeitsnachfrage ist.

(7) $$N^s = N^d\,.$$

Marshalls Behandlung der Investitionsnachfrage wirft keine konzeptionellen Probleme auf, lediglich seine Terminologie ist uns nicht sonderlich geläufig. Der Nachfragepreis eines Investitionsguts ergibt sich durch das Diskontieren aller diesem Investitionsgut zurechenbaren zukünftigen Nettoerträge:

> "Looking forwards we should run up all net incomings, and from the value of each substract compound interest for the period during which it would be deferred."[41]

Führt man dieses Kalkül für alle zur Disposition stehenden Investitionsprojekte durch, dann lassen sich diese Projekte nach der Höhe der errechneten Nachfragepreise anordnen, so daß eine Rangfolge mit fallendem Verlauf — die Nachfragepreisfunktion — entsteht. Ein Gleichgewicht auf dem Investitionsgütermarkt herrscht bei einer Preis-Mengen-Konstellation, bei der die Angebotspreisfunktion die Nachfragepreisfunktion für Investitionsgüter schneidet, wobei sich die Angebotspreisfunktion für Investitionsgüter aus der Bedingung erster Ordnung für ein Gewinnmaximum herleitet. Damit ist das Investitionsvolumen, das bei einem bestimmten Zinssatz als Investitionsgütermarktgleichgewicht zustande kommt, bestimmt. Um die Zinsabhängigkeit der Investitionsnachfrage abzuleiten, muß man bedenken, daß die Nachfragepreisfunktion für einen gegebenen Zinssatz definiert ist. Wenn man mit einem anderen Zinssatz diskontiert, ändert sich die Lage der Nachfragepreisfunktion, und zwar derart, daß sich mit niedrigerem (höherem) Zinssatz die Funktion nach außen (innen) verschiebt.

Es ergibt sich somit eine inverse Beziehung zwischen Zinssatz und Investitionsvolumen. Zu beachten ist, daß in die auf diese Weise abgeleitete Investitionsnachfragekurve die Marktgleichgewichtsbedingung für den Investitionsgütermarkt eingeht, denn sie bildet das einem bestimmten Zinssatz zugeordnete Investitionsgütermarktgleichgewicht ab.

---

[41] Ebenda, S. 354; vgl. auch S. 845-846.

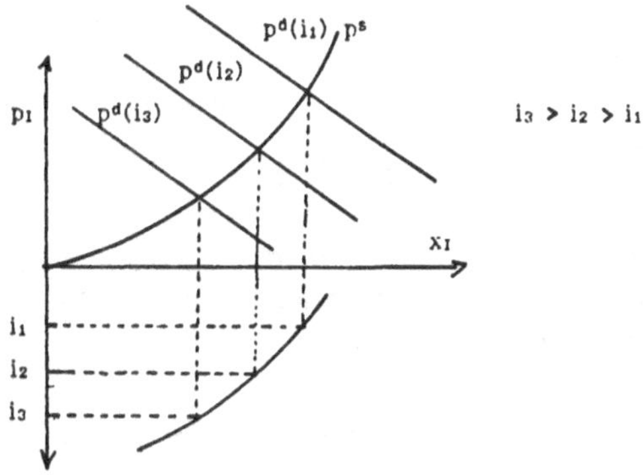

(Graphik IV.2.)

Es gilt die Definitionsgleichung:

(8) $$I = p_I x_I$$

und die Investitionsnachfragefunktion:

(9) $$I = I(i)\,, \frac{dI}{di} < 0\,.$$

Dieser Investitionsgüternachfrage steht ein Sparangebot gegenüber. Marshalls Ausführungen der Bestimmungsfaktoren des Sparens haben wir bereits ausführlich dargestellt[42], so daß wir an dieser Stelle ohne weitere Erläuterung darauf zurückgreifen können. Durch die Annahme einer klassischen Sparhypothese wird die Sparfähigkeit (power to save) durch die Höhe des Kapitaleinkommens bestimmt, und die Sparneigung (desire to save) ist eine steigende Funktion des Zinssatzes. Vorläufig können wir hieraus die folgende Sparfunktion konstruieren.

$$S = s \cdot P\,,$$

wobei s, die Sparneigung, eine Funktion des Zinssatzes ist

(10) $$s = s(i)\,, \frac{ds}{di} > 0\,.$$

Das Gewinneinkommen P ist durch

$$P = iK^*$$

[42] Siehe II, 7.2. in dieser Arbeit.

definiert. Wenn der Kapitalstock K wertmäßig gegeben ist, dann ist das Gewinneinkommen ceteris paribus um so größer, je höher der Zinssatz ist, und vice versa. Die Sparfunktion läßt sich daher wie folgt schreiben:

(11) $$S = s(i)\,iK^* \,.$$

Die Sparfunktion enthält somit unter der Voraussetzung eines wertmäßig gegebenen Kapitalstocks den Zinssatz als einziges Argument. Der Konsum aus Kapitaleinkommen ergibt sich aus der Differenz zwischen Kapitaleinkommen und Ersparnis

(12) $$C_K = iK^* - S = [1 - s(i)]\,iK^* \,,$$

und der Konsum aus Lohneinkommen ist gleich der gesamten Lohnsumme, d. h. gleich dem Produkt aus Geldlohnsatz w und Gesamtbeschäftigung N:

(13) $$C_L = wN \,.$$

Der gesamte Konsum ergibt sich aus

(14) $$C = C_L + C_K \,.$$

Um den Bezug zum mikroökonomischen Teil des Modells nicht zu verlieren, muß die folgende Definitionsgleichung gelten:

(15) $$C = p_c x_c \,.$$

Das gesamtwirtschaftliche Einkommen Y setzt sich aus dem Wert der verkauften Konsumgüter und den Nettoinvestitionen zusammen:

(16) $$Y = C + I \,.$$

Da nun andererseits das Lohneinkommen vollständig zum Kauf von Konsumgütern verausgabt wird und die Kapitaleinkommen teilweise gespart und zum anderen Teil ebenfalls für Konsumgüter ausgegeben werden, muß die gesamtwirtschaftliche Ersparnis gleich der gesamtwirtschaftlichen Investition sein:

(17) $$I = S \,.$$

Das Modell enthält 17 Gleichungen und 17 Variable (x_c, x_I, L_c, L_I, w, p_c, p_I, i, N^s, N^d, I, S, s, C, C_K, C_L, Y), und ist in dieser Form recht umfangreich. Es läßt sich jedoch auf einige wenige Gleichungen und Variable reduzieren. Mit Hilfe der Bilanzgleichungen des Güter- und Einkommenskreislaufs lassen sich die zentralen Gleichgewichtsbedingungen isolieren. Auf der Seite der Einkommensverwendung gilt:

(A) $$wN^s + iK^* = C_L^d + C_K^d + S \,.$$

Auf der Entstehungsseite erhalten wir:

(B) $$w\,(L_c^d + L_I^d) + iK^* = C^s + I\,.$$

Subtrahieren wir die Entstehungsseite des Einkommens von der Verwendungsseite ((B) – (A)), so ergibt sich:

$$w\,(L_c^d + L_I^d - \mathrm{N}^s) + C_L^d + C_K^d - \mathrm{C}^s = I - \mathrm{S}\,.$$

Wir müssen somit die den drei Märkten entsprechenden Gleichgewichtsbedingungen beachten:

(I) $$I = S$$
(II) $$C^s = C_L^d + C_K^d$$
(III) $$wN^s = wL_c^d + wL_I^d$$

Sparen und Investieren sind beide zinsabhängig und werden durch die Gleichungen (11) bzw. (9) unseres Modells beschrieben:

(I) $$I(i) = S(i)\,.$$

In der zweiten Gleichgewichtsbedingung gilt es, die Nachfrage nach Konsumgütern aus Kapitaleinkommen und aus Lohneinkommen zu bestimmen. Die Konsumnachfrage aus Kapitaleinkommen ergibt sich aus (12)

$$C_K^d = iK^* - \mathrm{S}(i)\,,$$

so daß wir vereinfachend auch

$$C_K^d = C_k(i)$$

schreiben dürfen. Die Konsumnachfrage aus Lohneinkommen wird durch Gleichung (13) beschrieben, so daß sich die gesamte Konsumnachfrage durch

$$C^d = wN + C_k^d(i)$$

ergibt. Wenn wir (1) und (13) berücksichtigen, so gilt im Gleichgewicht auf dem Konsumgütermarkt

$$p_c F(L_c) = wN + C_k^d(i)\,.$$

Wir können alle Preise in Lohneinheiten ausdrücken, indem wir durch die Lohnrate w dividieren

$$\frac{p_c}{w} F(L_c) = N + \hat{C}_k^d(i)\,,\ \hat{C}_k^d(i) = \frac{C_k^d(i)}{w}\,.$$

Unter der Voraussetzung, daß in der Konsumgüterindustrie die Arbeit nach ihrer Grenzproduktivität entlohnt wird (3), läßt sich die Gleichgewichtsbedingung wie folgt umformulieren:

$$\frac{F(L_c)}{F'(L_c)} = N + \hat{C}_k^d(i)$$

oder

$$\text{(II')} \qquad N = \frac{F(L_c)}{F'(L_c)} - \hat{C}_k^d(i)\,.$$

Diese Gleichung gibt an, wie hoch die durch die gesamtwirtschaftliche Konsumnachfrage kommandierte Arbeitsmenge ist. Das Modell wird jetzt durch drei modifizierte Gleichungen beschrieben, wobei alle Wertgrößen in Lohneinheiten ausgedrückt werden.

$$\text{(I')} \qquad \hat{I}(i) = \hat{S}(i)\,, \qquad \hat{I},\, \hat{S} := \frac{I}{w}\,,\ \frac{S}{w}\,,$$

$$\text{(II')} \qquad N = \frac{F(L_c)}{F'(L_c)} - \hat{C}_k(i)\,,$$

$$\text{(III')} \qquad \bar{N} = L_c + L_I\,,$$

wobei die Bedingung (III') aus den Gleichungen (5), (6) und (7) unseres Modells resultiert.

Zur Diskussion der Logik dieses Modells wollen wir uns auf die Gleichgewichtsbedingung für den Arbeitsmarkt und auf die $I = S$-Bedingung konzentrieren. Die Bestimmung des gesamtwirtschaftlichen Gleichgewichts erfolgt anhand der zwei Gleichgewichtsbedingungen

$$\text{(I')} \qquad \hat{I}(i) = \hat{S}(i)$$

$$\text{(II'')} \qquad \bar{N} = \frac{F(L_c)}{F'(L_c)} - \hat{C}_k(i)\,,$$

wobei (II'') aus der Gleichsetzung der gesamtwirtschaftlichen Arbeitsnachfrage (II') mit dem gesamtwirtschaftlichen Angebot $N^s = \bar{N}$ folgt. Diese zwei Gleichungen ermöglichen die Bestimmung der zwei endogenen Variablen i und L_c. Wenn die gesamtwirtschaftliche reale Investitionsnachfrage und das gesamtwirtschaftliche reale Sparangebot im Gleichgewicht sind, ist der Gleichgewichtszinssatz bestimmt. Damit ist aber auch die aus Kapitaleinkommen fließende Konsumnachfrage gegeben. Die Konsumnachfrage aus Lohneinkommen und das gesamtwirtschaftliche Beschäftigungsniveau bestimmen sich simultan. Da das gesamte Lohneinkommen konsumiert wird, muß die gesamtwirtschaftliche Lohnsumme gleich dem Wert der aus den Löhnen gezahlten Konsumnachfrage sein, d.h.

$$p_c x_{cl} = wN\,,$$

wobei x_{cl} den realen Konsum aus Lohneinkommen bezeichnet. Da im Gleichgewicht auf dem Arbeitsmarkt der Lohnsatz gleich dem Wert des Grenzprodukts sein muß, gilt im Gleichgewicht

$$p_c x_{cl} = p_c F'(L_c)\bar{N}$$

bzw.

$$\frac{x_{cl}}{F'(L_c)} = \bar{N}.$$

Da die Menge der aus Lohneinkommen gekauften und produzierten Konsumgüter, x_{cl}, der Produktionsfunktion entsprechend von der eingesetzten Menge Arbeit abhängt, enthält diese Gleichung nur L_c als Variable und kann somit gelöst werden. Damit ist das gesamtwirtschaftliche Vollbeschäftigungsgleichgewicht bestimmt.

Besondere Aufmerksamkeit verdient die auf der rechten Seite der Gleichgewichtsbedingung (II″) enthaltene Gleichung, denn sie kann in einem bestimmten Sinn als Beschäftigungsfunktion interpretiert werden. Wenn die $I=S$-Bedingung erfüllt und somit der Gleichgewichtszins bestimmt ist, gibt sie den geometrischen Ort aller Kombinationen von Beschäftigung im Konsumgütersektor und Gesamtbeschäftigung an. Unter der vereinfachenden Annahme

$$x_c = F(L_c) = A\,L_c^{\alpha}, \; 0 < a \leq 1,$$

erhalten wir

$$\bar{N} = -\hat{C}_k(i) + \frac{1}{a}L_c, \; \frac{F(L_c)}{F'(L_c)} = \frac{A\,L_c^{\alpha}}{A\,a\,L_c^{\alpha-1}} = \frac{1}{a}L_c.$$

In der Graphik IV.3. ist diese Funktion mit $\Phi(C_k, L_c)$ bezeichnet. Sie enthält zwei Argumente, den Konsum aus Kapitaleinkommen C_k und die im Konsumgütersektor eingesetzte Arbeitsmenge L_c.

Im nächsten Schritt werden wir die Eigenschaften dieser Funktion genauer untersuchen.

Die Φ-Funktion (Beschäftigungsfunktion) hat in diesem konkreten Fall die Steigung $1/a$, und da $0 < a < 1$, ist die Steigung größer als 1. Für jedes gesamtwirtschaftliche Beschäftigungsniveau gibt diese Funktion die Aufteilung der Beschäftigung auf Konsum- und Investitionsgüterindustrie an. Die Lage der Beschäftigungsfunktion wird von der Höhe des Konsums aus Kapitaleinkommen bestimmt. Steigt der Konsum aus Kapitaleinkommen, so verschiebt sich die Beschäftigungsfunktion nach rechts (gestrichelter Verlauf in Graphik IV.3), und umgekehrt im Fall eines Konsumrückganges. Hierdurch verschiebt sich natürlich die Struktur der Beschäftigung. Im vorliegenden Fall verringert sich die Beschäftigung im Investitionsgütersektor zugunsten einer Beschäftigungserhöhung im Konsumgütersektor.

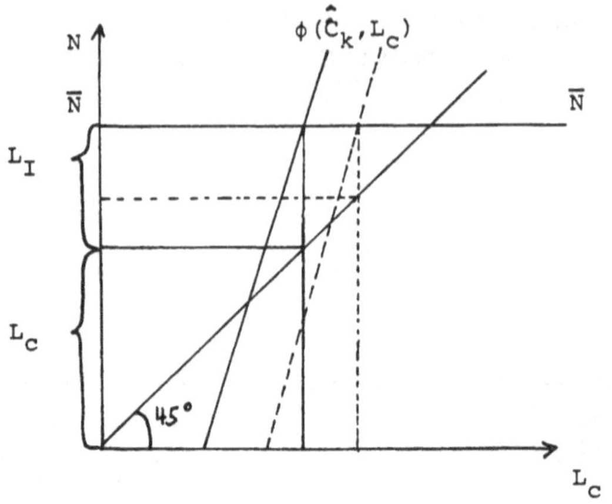

(Graphik IV.3.)

Da der Konsum aus Kapitaleinkommen von der Höhe des Zinssatzes abhängt und dessen Veränderung gleichermaßen das *I-S*-Gleichgewicht betrifft, wirken sich Änderungen des Zinssatzes auf die Lage der Beschäftigungsfunktion aus. Wir müssen zunächst untersuchen, wie sich der Konsum aus Kapitaleinkommen bei Variation des Zinssatzes verhält. Hierzu untersuchen wir die erste Ableitung der Konsumfunktion der Kapitaleinkommensbezieher:

$$C_k = c(i)iK^*\,,\; c(i) = [1 - s(i)]\,,$$

$$\frac{dC_k}{di} = \frac{dc}{di}iK^* + cK^* = \left(\frac{dc}{di}i + c\right)K^*\,.$$

Unter der Annahme, daß die Sparneigung $s(i)$ mit der Höhe des Zinssatzes zunimmt, folgt aus $c = [1 - s(i)]$, daß

$$\frac{dc}{di} < 0\,.$$

Somit enthält der Klammerausdruck zwei Terme mit unterschiedlichen Vorzeichen. Der Klammerausdruck ist positiv

$$\frac{dc}{di}i + c > 0\,,$$

wenn

$$-\frac{dc}{di}\cdot\frac{i}{c} < 1\,.$$

Wenn bei einer Änderung des Zinssatzes um einen Prozentpunkt die Konsumneigung um weniger als einen Prozentpunkt sinkt, dann steigt der Konsum bei einer Erhöhung des Zinssatzes. Dies bedeutet etwas anders formuliert, daß sich mit steigendem Zinssatz das Kapitaleinkommen erhöht und somit auch die aus diesem Einkommen resultierende Konsumnachfrage. Gleichzeitig nimmt jedoch die Konsumneigung, und zwar die marginale Konsumneigung ab. Nur wenn die Zinselastizität der Konsumneigung größer als eins ist, sinkt der Konsum aus Kapitaleinkommen bei steigendem Zinssatz, da unter dieser Voraussetzung der Rückgang der Konsumneigung die Erhöhung des Kapitaleinkommens übersteigt.

Diese Fallunterscheidung klärt unter anderem, warum bei einem Zinsanstieg gleichzeitig der Konsum aus Kapitaleinkommen und auch die Ersparnis steigen können. Ist die Zinselastizität der Konsumneigung kleiner als eins, dann steigt der Konsum aus Kapitaleinkommen mit abnehmender Rate, so daß die Ersparnis mit zunehmender Rate wächst. Mit zunehmendem Kapitaleinkommen verschiebt sich somit das Verhältnis zwischen Konsum und Sparen zugunsten der Ersparnis. Unter dieser Voraussetzung gilt

$$\frac{dC_k}{di} = \left(\frac{dc}{di} i + c\right) K^* > 0 .$$

Wenn wir dieses Ergebnis berücksichtigen, dann ergibt sich für die Beschäftigungsfunktion

$$\frac{\partial N}{\partial i} = -\frac{dC_k}{di} < 0 , \text{ wenn } \frac{dC_k}{di} > 0$$

und

$$\frac{\partial N}{\partial i} = -\frac{dC_k}{di} > 0 , \text{ wenn } \frac{dC_k}{di} < 0 .$$

Bei einer wenig zinselastischen Konsumneigung verschiebt sich die Beschäftigungsfunktion nach rechts, wenn der Zinssatz steigt, und umgekehrt. Das heißt, daß bei gegebenem Arbeitsangebot sich die Beschäftigung im Konsumgütersektor zu Lasten des Investitionsgütersektors erhöht. Bei einem elastischen Arbeitsangebot ergibt sich neben dem Struktureffekt auch ein Rückgang des Vollbeschäftigungsniveaus.

Bei hoher Zinselastizität der Konsumneigung bewirkt ein Anstieg des Zinssatzes eine Verschiebung der Beschäftigungsfunktion nach links.

Das zweite Argument der Beschäftigungsfunktion ist die Menge der im Konsumgütersektor eingesetzten Arbeit. Da die Menge der eingesetzten Arbeit von der Höhe des Reallohnsatzes abhängt, und dieser im Gleichgewicht der Grenzproduktivität der Arbeit in diesem Sektor entspricht, können wir nun direkt schließen, welche Beziehung zwischen der Höhe des Reallohnsatzes und dem Vollbeschäftigungsniveau besteht. Aus

$$N = \frac{1}{a} L_c - C_k(i)$$

und

$$\frac{\partial N}{\partial L_c} = \frac{1}{a}, \quad 0 < a < 1$$

ergibt sich eine positive Beziehung zwischen sektoraler Beschäftigung und Gesamtbeschäftigungsniveau. Da jedoch eine höhere Beschäftigung im Konsumgütersektor nur bei niedrigerem Reallohn ein Gleichgewicht ermöglicht, muß auch zwischen der gesamtwirtschaftlichen Arbeitsnachfrage und der Höhe des Reallohns eine inverse Beziehung bestehen.

Diese Beschäftigungsfunktion bildet somit das Herzstück des marshallianischen Modells, denn sie gibt für jede Konstellation der Faktorpreise, d.h. Reallohnsatz und Zinssatz, die diesen Preisen korrespondierende gesamtwirtschaftliche Arbeitsnachfrage an.

Die Lage der Beschäftigungsfunktion wird durch die Höhe des Konsums aus Kapitaleinkommen bestimmt, wobei die Höhe des Konsums aus Kapitaleinkommen von der Höhe des Zinssatzes abhängt. Durch den Ausgleich von Sparen und Investieren über den Zinssatz wird simultan auch der Umfang des Konsums aus Kapitaleinkommen bestimmt. In diesem Sinne wirkt sich der *I-S*-Ausgleich auf die Lage der Beschäftigungsfunktion aus. Wenn Sparen und Investieren beim herrschenden Zinssatz ausgeglichen sind, und der Konsumgütermarkt beim herrschenden Zinssatz und Reallohnsatz im Gleichgewicht ist, dann folgt aus dem Walras-Gesetz, daß auch der Arbeitsmarkt im Gleichgewicht sein muß.

Diese Modellkonstruktion verdeutlicht, in welchem Sinne in der Marshallschen Theorie Vollbeschäftigung herrscht. Eine Änderung der relativen Faktorpreise, d.h. des Reallohns bzw. des Zinssatzes, bewirkt eine Umverteilung der Arbeit zwischen den Sektoren. Ist die Arbeitsangebotsfunktion starr bezüglich des Reallohns, bleibt das Beschäftigungsniveau konstant. Nehmen wir hingegen an, das Arbeitsangebot sei elastisch bezüglich des Reallohns[43] und steige mit einer Erhöhung des Reallohns, dann ändert sich nicht nur die Struktur der Beschäftigung bei einer Änderung der Faktorpreise, sondern auch das Niveau. In der Graphik sind beide Fälle dargestellt, und wir gehen davon aus, der Konsum aus Kapitaleinkommen sei aufgrund einer Zinsänderung gestiegen.

---

[43] Üblicherweise wird die Arbeitsangebotsfunktion in der durch den Reallohn und die gesamte Arbeitsmenge definierten Ebene abgebildet. Eine Transformation des Reallohns in die L_c-N-Ebene ist jedoch leicht durchführbar. In dem Abschnitt über das Pigousche Modell kommen wir hierauf zu sprechen.

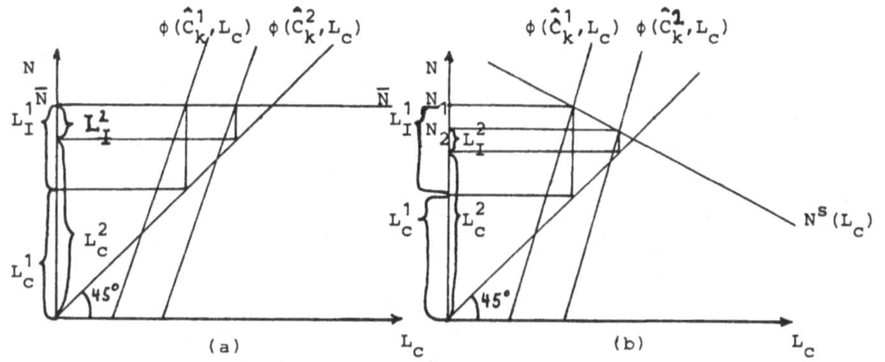

(Graphik IV.4)

Bei einem starren Arbeitsangebot (a) bewirkt eine Erhöhung des Konsums aus Kapitaleinkommen eine Verschiebung der Beschäftigungsstruktur zugunsten der Konsumgüterindustrie. Der Reallohn ist gesunken, da die Nachfrage nach Konsumgütern zu einem Preisanstieg bei Konsumgütern geführt hat. Dies entspricht der gesunkenen Grenzproduktivität der Arbeit in diesem Sektor. Die umgekehrte Konstellation ergibt sich im Investitionsgütersektor.

Im Fall einer elastischen Arbeitsangebotsfunktion (b) haben wir eine zum ersten Fall analoge Umverteilung der Arbeit von der Investitions- zur Konsumgüterindustrie. Der gesunkene Reallohn verringert jedoch auch die angebotene Arbeitsmenge, so daß das neue Vollbeschäftigungsniveau N_2 niedriger als das ursprüngliche ist.

Zum Schluß wollen wir noch die Stabilitätseigenschaften des Modells kurz untersuchen. Hierbei beschränken wir uns auf zwei Fälle:

(1) Eine Erhöhung des Zinssatzes stört das Gleichgewicht zwischen Sparen und Investieren.

(2) Die Profitabilität der Investitionen, d.h. die Grenzleistungsfähigkeit des Kapitals steigt und bewirkt eine Erhöhung der Investitionsnachfrage.

Zu (1):

Wenn der Zinssatz über dem Gleichgewichtszinssatz liegt, ist das Sparangebot größer als die Investitionsnachfrage. Die Auswirkung des Zinsanstiegs auf die Konsumnachfrage aus Kapitaleinkommen hängt bekanntlich von der Zinselastizität der Sparneigung ab. Bei hoher Zinselastizität geht die Konsumnachfrage aus Kapitaleinkommen zurück. Dadurch sinkt der Preis der Konsumgüter, bzw. der Reallohn steigt. Der Konsumgütersektor reduziert seine Arbeitsnachfrage. Diese Reduktion könnte durch zusätzliche Arbeitsnachfrage des Investitionsgütersektors kompensiert werden. Dem steht jedoch der zu hohe Zinssatz, der die Investitionsnachfrage bremst, entgegen, so daß die Unterbeschäftigung nicht behoben werden kann. Der „falsche" Zinssatz führt somit zu einem gesamtwirtschaftlichen Ungleichgewicht.

Der gleiche „falsche“ Zinssatz führt zu einer völlig anderen Situation, wenn die Zinselastizität der Konsumnachfrage aus Kapitaleinkommen niedrig ist. Unter dieser Bedingung führt der Zinsanstieg zu einer erhöhten Konsumnachfrage aus Kapitaleinkommen und somit zu einem höheren Preis für Konsumgüter, wodurch der Reallohn sinkt. Dies führt zu einer Ausdehnung der Konsumgüterproduktion mit steigender Arbeitsnachfrage des Konsumgütersektors. Diese steigende Arbeitsnachfrage könnte befriedigt werden, wenn die Unternehmen des Investitionsgütersektors Arbeiter entlassen würden. Hierzu werden sie sich auch bewegen lassen, denn der hohe Zinssatz hat die Investitionsnachfrage zurückgehen lassen, und auch das Preisverhältnis zwischen Konsumgütern und Investitionsgütern hat sich zugunsten der Konsumgüterproduktion entwickelt. Konsumgütermarkt und Arbeitsmarkt passen sich an den „falschen“ Zinssatz an und „stabilisieren“ das *I-S*-Ungleichgewicht.

Zu (2):

Im Unterschied zum bisher behandelten Fall gehen wir jetzt von einer Erhöhung der Grenzleistungsfähigkeit aus, was zu einer Rechtsverschiebung der Investitionsnachfragekurve führt. Beim herrschenden Zinssatz führt das zu einer Überschußnachfrage, die zu einer Erhöhung des Zinssatzes führt. Bei hoher Zinselastizität der Sparneigung führt der Zinsanstieg zu einem Rückgang des Konsums aus Kapitaleinkommen und damit zu einem Rückgang des Konsumgüterpreises und einem Anstieg des Reallohns. Das Preisverhältnis zwischen Konsum- und Investitionsgütern ändert sich zugunsten der Investitionsgüterproduktion, so daß die vom Konsumgütersektor entlassenen Arbeitskräfte im Investitionsgütersektor beschäftigt werden können. Die gestiegene Investitionsnachfrage kann nun auch mengenmäßig befriedigt werden.

Bei niedriger Zinselastizität der Sparneigung führt der Zinsanstieg zu einem Anstieg des Konsums aus Kapitaleinkommen. so daß der Konsumgüterpreis steigt und der Reallohn sinkt. Es müßten also dem Investitionsgütersektor zugunsten des Konsumgütersektors Arbeitskräfte entzogen werden, obwohl der Investitionsgütersektor diese Arbeitskräfte benötigen würde, um die gestiegene Nachfrage befriedigen zu können. Wenn der Investitionsgütersektor die gestiegene Nachfrage mengenmäßig nicht befriedigen kann, bleibt das Ungleichgewicht bestehen. Kommt es dann zu einer drastischen Preiserhöhung für Investitionsgüter, fallen übernormale Gewinne (Quasirenten) an, die einen Anreiz zur Produktionsausdehnung darstellen. Es entsteht eine Konkurrenz der Sektoren um die Arbeitskräfte, was zu einem Auftrieb bei Löhnen und Preisen führt.

Durch die beiden hier behandelten Störungen des gesamtwirtschaftlichen Gleichgewichts wird deutlich, welcher Stellenwert dem Grad der Zinselastizität der Sparneigung zukommt. Bei niedriger Zinselastizität dominiert der „Einkommenseffekt“ die Richtung der Änderung des Konsums aus Kapitaleinkommen, und eine Störung des Gleichgewichts führt weder zum alten zurück, noch zu einem neuen Gleichgewicht. Bei hoher Zinselastizität dominiert der „Substitutionseffekt", und eine Störung des Gleichgewichts löst Anpassungsprozesse aus, die zu einem Gleichgewicht führen.

Wir haben nun die Struktur und die Eigenschaften des Marshallschen Makromodells ausführlich dargestellt. In den folgenden Abschnitten werden wir aufzeigen, in welcher Form sich dieses Modell in Pigous „Theory of Unemployment"[44] wiederfinden läßt.

3.2. Die Pigousche Variante

Das der „Theory of Unemployment" zugrundeliegende Modell weicht vom hier entwickelten marshallianischen Grundmodell in zwei Punkten ab. Pigou unterscheidet einen Lohngüter von einem Nicht-Lohngüter produzierenden Sektor. Beide Güterarten dienen der Konsumtion. Die Produktion von Investitionsgütern wird ausgeschlossen, und es gibt keine Nettoersparnis. Die Arbeiter fragen nur Lohngüter nach, während die „Unternehmer" beide Güterarten nachfragen. Bevor Pigou zu einer sehr verkürzten Darstellung seiner modelltheoretischen Annahmen schreitet, verdeutlicht er seine Problemstellung. Er will Unterbeschäftigung mit Hilfe des Konzepts von Angebot und Nachfrage auf dem Arbeitsmarkt erklären. Hierbei stellt er fest, daß die Ableitung sektoraler Arbeitsnachfragen kein großes analytisches Problem darstellt. Schwierig hingegen wird es, wenn man aus den unabhängig voneinander konstruierten Arbeitsnachfragefunktionen zu einer gesamtwirtschaftlichen Arbeitsnachfrage gelangen will:

> "(...) the concept of a number of independent demand functions for labour standing in relation, (...), to the wage-rates, uniform or otherwise, ruling in those industries, cannot be used as an instrument for analysing the factors that determine aggregate labour demand over the whole body of industries."[45]

In welcher Weise Pigou dieses Problem löst, wird durch die Erläuterung seines Modells deutlich. Er trifft die folgenden sechs Annahmen:

"(1) There are engaged in making wage-goods (...) x men.
(2) The output in value of wage-goods of these men we call $F(x)$:
(3) and the general rate of wage is $F'(x)$.
(4) There are also engaged in other industries y further wage-earners, the wage payment to whom amounts, of course, to $yF'(x)$.
(5) There is thus a total wage payment $(x+y)F'(x)$: and there is left over, (...), a trading surplus to non-wage-earners in the wage-good industry $[F(x)-(x+y)F'(x)]$ values of wage-goods. (...)
(6) Given the surrounding conditions, we are entitled to write $(x+y)=\Phi(x)$."[46]

---

[44] A. C. *Pigou;* The Theory of Unemployment, London 1933.

[45] Ebenda, S. 71.

[46] Ebenda, S. 89-90.

In der letzten Annahme postuliert Pigou eine funktionale Beziehung zwischen sektoraler Beschäftigung und aggregierter Beschäftigung, wobei die Beschäftigung im Lohngütersektor die unabhängige und die Gesamtbeschäftigung die abhängige Variable bildet. Leider findet sich bei Pigou kein Hinweis, welche „surrounding conditions" dazu berechtigen, eine derartige Beziehung zu postulieren. Pigou hält sich auch gar nicht mit einer analytischen Ableitung dieser Φ-Funktion auf, sondern spezifiziert eine bestimmte Funktionsform auf der Basis statistischen Datenmaterials:

"Still I suggest it is not unreasonable for this country, on the hypothesis of no unemployment insurance, to put, as a rough guess, $y = \frac{1}{3}x$. This makes

$$\frac{x}{\Phi(x)} = \frac{x}{x+y} = \frac{3}{4}.$$ [47]"

Für Pigous Φ-Funktion gilt

$$\Phi(x) := x + \frac{1}{3}x = \left(1 + \frac{1}{3}\right)x$$

Die Beziehung zwischen der Beschäftigung im Lohngütersektor und der Gesamtbeschäftigung lautet somit:

$$N = (x+y) = \left(1 + \frac{1}{3}\right)x\,.$$

Etwas allgemeiner formuliert:

$$N = (1+k)x\,,\ k > 0\,.$$

Wir erhalten eine positive und lineare Beziehung zwischen der sektoralen und der gesamtwirtschaftlichen Beschäftigungsnachfrage, die der im Marshallschen Modell abgeleiteten Beschäftigungsfunktion bis auf die negative Konstante (C_k) gleicht. Mit der Φ-Funktion steht eine gesamtwirtschaftliche Arbeitsnachfragefunktion zur Verfügung, die als unabhängige Variable die im Lohngütersektor eingesetzte Arbeitsmenge enthält. Um dieser gesamtwirtschaftlichen Arbeitsnachfragefunktion die gesamtwirtschaftliche Arbeitsangebotsfunktion gegenüberstellen zu können, muß die letztere in eine etwas andere Form überführt werden. Üblicherweise befindet sich die Arbeitsangebotsfunktion in der durch den Reallohn und die gesamte Arbeitsmenge definierten Ebene. Da die gesamtwirtschaftliche Arbeitsnachfragefunktion in der durch sektorale und gesamte Arbeitsnachfrage definierten Ebene liegt, muß auch die Arbeitsangebotsfunktion in diese Ebene transformiert werden. Wir erhalten diese transfor-

[47] Ebenda, S. 92.

mierte Arbeitsangebotsfunktion durch Berücksichtigung der üblichen, aus dem ersten klassischen Postulat gewonnenen Arbeitsangebotsfunktion

$$(1) \qquad N^s = f(w_r)\,,$$

wobei w_r den Lohngüterkorb, d. h. den Reallohn bezeichnet, und der Beachtung des zweiten klassischen Postulats, daß

$$(2) \qquad w_r = F'(x)$$

im Lohngütersektor eingehalten werden muß. Wenn wir (2) in (1) einsetzen, erhalten wir:

$$N^s = f[F'(x)]$$

bzw.

$$N^s = \chi(x)\,.$$

Das Ergebnis dieser Transformation ist eine Funktion, die den geometrischen Ort aller Kombinationen von gesamtem Arbeitsangebot und *gleichgewichtiger* Beschäftigung im Lohngütersektor beschreibt. Pigous Modell läßt sich somit auf drei Gleichungen reduzieren:

Die gesamtwirtschaftliche Arbeitsnachfragefunktion:

$$(1) \qquad (x + y) = (1 + k)x\,.$$

Die gesamtwirtschaftliche Arbeitsangebotsfunktion:

$$(2) \qquad N^s = \chi(x)\,.$$

Die Gleichung für die Summation der sektoralen Arbeitsnachfragen zur gesamten Arbeitsnachfrage:

$$(3) \qquad N^d = x + y\,.$$

Die drei Gleichungen ermöglichen eine simultane Bestimmung der drei Variablen, x, y und N.

Man erhält bei einem elastischen Arbeitsangebot für verschiedene Kombinationen von Reallohn und Zinssatz unterschiedlich hohe Beschäftigungsniveaus, aber bei jedem dieser Niveaus herrscht Vollbeschäftigung. Wie für das Marshallsche Modell gilt auch für dieses, daß Unterbeschäftigung nur als Ungleichgewicht abgebildet werden kann.

Auf diesen Umstand legte Keynes in seiner Kritik an Pigous Theorie besonderen Wert:

> "His title the 'Theory of Unemployment' is, therefore, something of a misnomer. His book is not really concerned with this subject. It is a discussion of how much employment there will be, given the supply function of labour, when the conditions for full employment are satisfied. (...) But it is not capable of telling us what determines the actual level of employment; (...)."[48]

Keynes' Kritik an Pigous Modell trifft freilich auch das von uns entwickelte Marshallsche Modell. Das Modell von Pigou ist lediglich ein um den „Kapitalmarkt" verkürztes Marshallianisches Grundmodell. Insofern zielte Keynes' zweiter Kritikpunkt, Pigous Theorie impliziere die stillschweigende Annahme, daß sich der Zinssatz immer an die Grenzleistungsfähigkeit des Kapitals anpasse[49], nicht gegen Pigou, sondern gegen das Marshallianische Grundmodell. Keynes' Kritik wirkt zwar etwas überzogen, macht aber deutlich, daß er die Theorie, von der er sich getrennt hatte, sehr gut kannte.

3.3. Keynes' Entwicklung von der „Treatise on Money" zur „General Theory"

3.3.1. Die Entwicklung im Überblick

Die „Treatise on Money" ist eine Studie zur Geldtheorie, deren Untersuchungsgegenstand Keynes wie folgt umreißt:

> "My object has been to find a method which is useful in describing, not merely the characteristics of static equilibrium, but those of disequilibrium, and to discover the dynamical laws governing the passage of a monetary system from one position of equilibrium to another."[50]

Wenn man in erster Linie Abweichungen vom Gleichgewicht oder Übergänge von einem zum anderen Gleichgewicht untersuchen will, kommt man jedoch nicht umhin, das Gleichgewicht selbst zu definieren. Hierzu greift Keynes auf Marshalls Konzept des langperiodigen Gleichgewichts zurück. Solch ein Gleichgewicht ist dadurch gekennzeichnet, daß beim herrschenden Geldlohn alle Produktionsfaktoren „vollbeschäftigt" sind und das Einkommen der Unternehmer ein Niveau hat,

> "which (...) would leave them under no motive either to increase or to decrease their scale of operations."[51]

Eine Ungleichgewichtssituation wird in der „Treatise" dadurch gekennzeichnet, daß eine der beiden zentralen Bedingungen eines langperiodigen Gleichgewichts — die der „normalen" Gewinne — aufgehoben wird. Ein Ungleichgewicht ist somit ein Preis(-niveau)-Profit-Ungleichgewicht, denn die Vollbeschäf-

---

[48] J. M. *Keynes,* General Theory, S. 275.

[49] Vgl. ebenda, S. 274-275.

[50] J. M. *Keynes;* A Treatise on Money, The Collected Writings of J. M. Keynes, Bd. V, London 1971, S. XVII.

[51] Ebenda, S. 112.

tigung bleibt davon unberührt. Aus dem Kreislaufzusammenhang läßt sich der definitorische Teil seiner fundamentalen Gleichungen gewinnen. Da in der „Treatise“ vorausgesetzt wird, daß die Mengen im Gleichgewicht sind und nur die Preise ungleichgewichtige Werte annehmen, läßt sich der tatsächliche Wert der Aggregate Konsum und Investition in jeweils zwei Komponenten aufsplitten: in den Wert, der bei Gleichgewichtspreisen herrschen würde, zuzüglich oder abzüglich eines Extragewinns bzw. eines Verlusts. Das Preisniveau des Sozialprodukts bestimmt sich somit aus folgender Definitionsgleichung:

(1) $$P_Y = \frac{C + Q_c + I + Q_I}{C + I} = 1 + \frac{Q_c + Q_I}{Y} = 1 + \frac{Q}{Y},$$

wobei C und I die Gleichgewichtswerte des Konsums bzw. der Investitionen sind und Q_c und Q_I die Extragewinne bzw. Verluste in den beiden Sektoren.

Wenn wir die entsprechende Überlegung für die Verwendungsseite durchführen, erhalten wir den zweiten Teil seiner fundamentalen Gleichungen. Es gilt:

$$P_Y Y = C + I = Y - S + I$$

(2) $$P_Y = \frac{Y - S + I}{Y} = 1 + \frac{I - S}{Y},$$

wobei P_Y das Preisniveau, S die Ersparnisse und I die Investitionen. Aus (1) und (2) folgt:

(3) $$I - S = Q\,.$$

Ein gesamtwirtschaftliches Gleichgewicht ist dadurch definiert, daß Sparen und Investieren gleich sind und somit weder Extragewinne noch Verluste auftreten.

Die bisher dargestellten Relationen einschließlich der abgeleiteten Gleichung (3) sind reine Definitionsgleichungen. Über die Verhaltensgleichungen ist zwar noch nichts bekannt, aber Keynes hat gerade durch Gleichung (3) den weiteren Gang der Argumentation erheblich vorherbestimmt. Wenn die Gleichheit von Sparen und Investieren die zentrale Gleichgewichtsbedingung ist, dann gilt es die Einflußfaktoren zu ermitteln, die einen entsprechenden Ausgleich bewirken. In „klassischer“ Manier beantwortet Keynes die Frage nach der zentralen Determinante der Ersparnis:

> "In the case of saving, the effect of a change in the rate of interest is direct and primary and needs no special explanation, though the amount of the effect may often be quantitatively small in practice, especially over the short period. Thus a rise will have a direct tendency to increase the rate of saving (. . .)."[52]

---

[52] Ebenda, S. 180.

Die Investitionen betreffend argumentiert er:

> "Thus, generally speaking, we may expect the direct and primary effects of a rise of bank rate to be a fall in the price of fixed capital and, therefore, in *P'*, the price level of investment goods (...)."[53]

Ungleichgewichte sind in der „Treatise" also Preisniveau-Ungleichgewichte, und der Indikator hierfür sind die *Q*-Gewinne bzw. -Verluste, die durch *I-S*-Ungleichgewichte ausgelöst werden. Keynes unterscheidet *I-S*-Ungleichgewichte, die durch monetäre Störungen hervorgerufen werden, von solchen, die durch Veränderungen der Investitionsnachfrage verursacht werden:

> "(...) there is thus a further characteristic of great importance which differentiates monetary disturbances (...) from investment disturbances; namely that the former represent a passage from one equilibrium price level to another, whereas the latter (...) is an oscillation about an approximately unchanged price level."[54]

Ausgehend von einer langfristigen Gleichgewichtslage wird angenommen, die Zentralbank erhöhe den Zinssatz, so daß bei einem unveränderten „natürlichen" Zinssatz die Ersparnis größer als die Investition ist. Hierdurch entstehen Verluste, die gemäß den „Fundamental Equations" zu einem Rückgang des Preisniveaus führen. Da bei diesem niedrigeren Preisniveau die Produzenten Verluste realisieren, kann diese Situation nur transitorisch sein und kein Gleichgewicht darstellen. Um eine Gleichgewichtslage herzustellen, müssen die Verluste der Produzenten beseitigt werden. Gerade auf diesen zweiten Schritt im Anpassungsprozeß legt Keynes besonderen Wert.[55]

Die durch Senkung des Preisniveaus entstandenen Verluste können nur durch einen Rückgang der monetären Produktionskosten und damit des Nominaleinkommens beseitigt werden. Wie aber kann das Nominaleinkommen gesenkt werden?

> "In Bolshevist Russia or in Fascist Italy it may be possible by decree to change the money rate of efficiency earnings over night. But no such method is available in the systems of capitalistic individualism. (...) this means that the object of the higher bank rate is to involve entrepreneurs in losses and the factors of production in unemployment, for only in this way can the money rates of efficiency earnings be reduced. It is not reasonable, therefore, to complain when these results ensue."[56]

Keynes sieht in der Arbeitslosigkeit ein notwendiges, aber nur kurzfristiges „Mittel" zur Reduktion der Geldlöhne. Sind diese dann in entsprechendem Verhältnis zum Preisniveau gesunken, wird sich ein neues langperiodiges Gleichgewicht mit niedrigerem Preisniveau einstellen.

Diese zweite Stufe des durch die Erhöhung des Zinssatzes ausgelösten Anpassungsprozesses wird kurz nach dem Erscheinen der „Treatise" für Keynes

---

[53] Ebenda, S. 183.

[54] Ebenda, S. 248.

[55] Vgl. ebenda, S. 171 und S. 244.

[56] Ebenda, S. 244-245.

zum Problem. Hat sich die Ökonomie aus einem langperiodigen Gleichgewicht erst einmal herausbewegt, und herrscht Arbeitslosigkeit, dann entstehen Mengen- und Einkommenseffekte, die durch die „Fundamental Equations" nicht abgebildet werden können. Keynes erkannte nämlich, daß zwischen den Q-Gewinnen (bzw. Verlusten) und dem Ausgleich von Sparen und Investieren keine eindeutige Beziehung besteht, sobald Beschäftigungsänderungen im Anpassungsprozeß stattfinden.

Bereits ein Jahr nach der Publikation der „Treatise" bemerkte Keynes diese Erklärungslücke, und in einem Brief vom 20. September 1931 an R. F. Kahn finden sich zwei wegweisende Gedankengänge. Keynes stellte die Frage, wie sich eine Nachfragezunahme auswirke, wenn die Produktionskosten rigide seien oder wenn bereits Unterbeschäftigung herrsche. Offensichtlich würde in diesem Fall der Gesamtoutput erhöht werden.

> "But if each level of aggregate output has an appropriate proportion of saving to incomes attached to it; e.g. if $\frac{S}{E}=f(0)$ or better suppose $\frac{S}{E}=f_1\left(\frac{E}{P}\right)+f_2\left(\frac{Q}{P}\right)E+Q=OP$, then points of equilibrium output can be reached which fall short of maximum and zero. (. . .) Thus if, starting with equilibrium, an increase of I makes Q positive, O increases and S increases but Q/O gradually diminishes. If Q/O reaches zero before O reaches maximum, we have 'long-period unemployment'; i.e. an equilibrium position short of full employment."[57]

Der erste und zugleich neue Gedanke betrifft die Ersparnis bzw. die Sparquote. Keynes definiert diese als abhängig von der Höhe des Einkommens *und* der Q-Gewinne. Der zweite interessante Gedanke ist eigentlich eine aus diesem neuen Konzept deduzierte Folgerung: Wenn nämlich die Ersparnis mit steigendem Einkommen zunimmt und dieses steigende Einkommen aus einer Outputerhöhung resultiert, dann sinken mit steigendem Output die Q-Gewinne, weil die Divergenz zwischen Sparen und Investieren abgebaut wird. Wenn die Q-Gewinne gleich null sind, bevor Vollbeschäftigung erreicht ist, herrscht im Sinne der „Treatise" ein Gleichgewicht bei Unterbeschäftigung.

Das war der Stand Keynesschen Denkens im September 1931, genau ein Jahr nach dem erscheinen der „Treatise".[58]

Was Keynes im Herbst 1931 noch fehlte, war ein Einkommensbegriff, der nicht durch das Konzept des langperiodigen Gleichgewichts präjudiziert wurde. In der „Treatise" addieren sich nur die Gleichgewichtseinkommen zum Volkseinkommen, während die Q-Gewinne bzw. -Verluste nicht dazu zählen.

---

[57] J. M. *Keynes;* The Collected Writings of J. M. Keynes, Vol. XIII, London 1971, S. 374. (Zur Symbolik: $E \triangleq$ Earnings, $O \triangleq$ Output, $P \triangleq$ Preisniveau des Outputs).

[58] Kahns Antwortbrief macht m. E. deutlich, wie sehr Keynes den Mitgliedern des „Circus" voraus war. Man findet in Kahns Brief u. a. den folgenden Satz: "I feel more that this new method is the right one and that the conclusions are correct, but I have not quite been able to follow the steps." Collected Writings, Vol. XIII, S. 375.

In einem Entwurf aus dem Jahr 1934 hat Keynes sich dann zu einer anderen Einkommensdefinition entschlossen:

> "But finally I have come to the conclusion that the use of language, which is most convenient on a balance of considerations and involves the least departure from current usage, is to call the actual sale proceeds *income* and the present value of the expected sale proceeds *effective demand*."[59]

Damit sind die ursprünglichen *Q*-Gewinne bzw. Verluste im Einkommen enthalten, wodurch sich auch die Definition der Ersparnis ändert. Gemäß der neuen Einkommensdefinition kann die Ersparnis betragsmäßig nicht mehr von den Investitionen verschieden sein, denn wenn wir der Einfachheit halber einmal unterstellen, daß die Unternehmen nicht konsumieren, dann müssen die gesamten *Q*-Gewinne der Ersparnis zugerechnet werden. Dies hat zur Folge, daß sich Investition und Ersparnis immer in die gleiche Richtung bewegen, und zwar unabhängig davon, ob Preis- oder Mengenanpassung vorliegt. Passen sich die Preise an, dann ändert sich die Ersparnis via Änderungen der *Q*-Gewinne; sind es hingegen die Mengen, die sich anpassen, dann sinkt oder steigt die Ersparnis, weil sich die Beschäftigung und somit die Einkommenshöhe geändert hat. Diese neue Definition des Einkommens führt im Zusammenhang mit der einkommensabhängigen Ersparnis dazu, daß Sparen und Investieren immer und notwendigerweise gleich sind. Keynes wies darauf hin, daß durch diese konzeptionelle Änderung die Ersparnis nicht mehr die herausragende Rolle wie in der „Treatise" spielen kann:

> "For the same ideas can be more conveniently handled by means of the inverse of saving; namely consumption."[60]

Wenn Sparen und Investieren durch Einkommensanpassung und nicht durch Änderungen des Zinssatzes ausgeglichen werden, wird der Zinssatz seiner angestammten Funktion beraubt. Der letzte Schritt zur Vollendung der „General Theory" bestand in einer „neuen" Theorie des Zinssatzes. Keynes selbst sah in diesen beiden eng verbundenen Gedankengängen die zwei wesentlichen Schritte in seiner Entwicklung von der „Treatise" zur „General Theory":

> "As I have said above, the initial novelty lies in my maintaining that it is not the rate of interest, but the level of incomes which ensures equality between saving and investment. The arguments which lead up to this initial conclusion are independent of my subsequent theory of the rate of interest, and in fact I reached it before I had reached the latter theory."[61]

Die „neue" Theorie des Zinssatzes, die Liquiditätspräferenztheorie, hat ihren Ursprung in der Cambridger Kassenhaltungstheorie, die in verschiedenen

---

[59] J. M. *Keynes;* The Collected Writings of J. M. Keynes, Vol. XIII, S. 425.

[60] Ebenda, S. 436.

[61] J. M. *Keynes;* Alternative Theories of the Rate of Interest, cit. op. The Collected Writings of J. M. Keynes, Vol. XIV, London 1973, S. 212.

Versionen das Herzstück der Cambridger „oral tradition“ bildete.[62] Schon Marshall unterschied zwei Motive, Kasse zu halten. Neben dem Transaktionsmotiv beschrieb er ein Verhalten, das eine Mischung aus Vorsichts- und Spekulationsmotiv darstellt. Aus diesem letzteren entwickelte er sein „Law of hoarding“[63], dem Keynes attestierte, eine erste Annäherung an sein eigenes Konzept der Liquiditätspräferenz zu sein[64]. Marshall versuchte mit Hilfe dieses Motivs, die durch Spekulation der „bulls“ und „bears“ hervorgerufenen Kurseinbrüche an der Börse zu erklären.[65] Er begriff das Spekulationsmotiv jedoch nicht als einen wesentlichen Bestimmungsfaktor des Zinssatzes, sondern als Ursache „anormaler“ Abweichungen des Geldzinssatzes vom realen Zinssatz. Keynes hat genau diesen Gedankengang in der „Treatise“ weiterentwickelt, um zeigen zu können, wie durch die Spekulation die Anpassung an das Gleichgewichtsniveau verhindert wird. In der „Treatise“ beeinflussen neben den Stromgrößen Sparen und Investieren auch die Bestände bereits existierender Vermögenstitel die Anpassung des Zinssatzes. Nachdem in der „General Theory“ die Stromgrößen über den Einkommensmechanismus ausgeglichen werden, bleibt die Bestimmung des Zinssatzes nun ganz den Vermögensbeständen überlassen.

3.3.2. Die Entwicklung dargestellt anhand der Änderungen in der Theoriestruktur

Keynes’ Entwicklung von der „Treatise“ zur „General Theory“ war keineswegs geradlinig, denn er hat mehrere Ideen und Argumentationsstränge gleichzeitig verfolgt. Wenn man diese Entwicklung vom Ergebnis her deutet, dann war die Entdeckung, daß sich die Ersparnis im Anpassungsprozeß mit dem Einkommen in die gleiche Richtung bewegt, konzeptionell besonders wichtig, weil Keynes damit auch das Einkommenskonzept grundsätzlich änderte.

Wenn man zunächst einmal von der klassischen Sparhypothese, wie wir sie im Marshallschen Modell entwickelt haben, ausgeht, wird deutlich, daß Gewinneinkommen, Sparen, Investieren, Konsum aus Gewinneinkommen und die Höhe des Gleichgewichtszinssatzes simultan bestimmt werden, wenn der Wert des Kapitalstocks gegeben ist. Bewegt man sich aus dem langfristigen Gleichgewicht heraus — und das war Keynes’ Fragestellung — dann ergeben sich zwei nicht nur begriffliche Probleme. Hält man am Einkommenskonzept der langen Periode fest, ergeben sich außerhalb des Gleichgewichts zusätzliche Gewinne bzw. Verluste, die bei der Berechnung des Gewinneinkommens nicht berücksichtigt werden können und somit auch die Höhe der Ersparnis und des Konsums aus Gewinneinkommen nicht beeinflussen. Die beiden Arten der Bestimmung des Gewinneinkommens, der „allokationstheoretisch“ (ex ante) bestimmte Normalgewinn und die kreislauftheoretisch (ex post) bestimmten, als

---

[62] Vgl. hierzu: E. *Eshag;* From Marshall to Keynes, Oxford 1963.

[63] Vgl. A. *Marshall;* Money, Credit and Commerce, London 1923, S. 38 - 39.

[64] Vgl. J. M. *Keynes;* General Theory, S. 174.

[65] Vgl. A. *Marshall;* Money, Credit and Commerce, S. 258 - 59.

Residualgrößen anfallenden Verluste bzw. Gewinne, werden streng auseinandergehalten.

Berücksichtigt man diese Verluste bzw. Gewinne als Einkommen, dann bedient man sich nicht nur einer anderen Einkommensdefinition, sondern die Bestimmung des Einkommens selbst muß ebenfalls überdacht werden. Dies wird deutlich, wenn man bedenkt, daß die durch ein *I-S*-Ungleichgewicht entstehenden *Q*-Gewinne vzw. -Verluste zu Mengenanpassungen und damit zu einem anderen Beschäftigungsniveau führen. Dem geänderten Beschäftigungsniveau entspricht nun auch ein anderes Lohneinkommen, so daß die schrittweise Anpassung eine Änderung des gesamtwirtschaftlichen Einkommens bewirkt.

Unter der Voraussetzung des geänderten Einkommenskonzepts bewegt sich die Ersparnis mit dem Einkommen in die gleiche Richtung, und jede Investitionsänderung bewirkt durch Preis- und Beschäftigungseffekte Einkommensänderungen, die zu einer Anpassung der Ersparnis an die ursprüngliche Investitionsänderung führt. Damit zerbrach die Vorgehensweise der „Treatise", mit Hilfe des *I-S*-Ungleichgewichts und der „Fundamental Equations" den Anpassungsprozeß und das Gleichgewicht als dessen Resultat zu analysieren.

Mit dem geänderten Einkommenskonzept ergaben sich zwei Erklärungslücken. Keynes mußte nun eine Theorie der Einkommensbestimmung entwickeln und auch eine Antwort auf die Frage nach der Bestimmung des Zinssatzes finden, nachdem Sparen und Investieren hierfür nicht mehr herangezogen werden konnten.

Das Problem der Einkommensbestimmung löste Keynes mit seiner Theorie der effektiven Nachfrage, deren Kern der Multiplikator ist. Bemerkenswerterweise beschreibt Keynes schon in der „Bananen-Parabel" der „Treatise" den Multiplikator als Anpassungsprozeß, freilich ohne den Begriff zu benutzen.[66] Ein weiteres wichtiges Element der Theorie der effektiven Nachfrage bildet die Konsumfunktion. Im dritten Kapitel der „General Theory" erläutert er die Grundidee seiner Theorie, wonach sich die gesamtwirtschaftliche effektive Nachfrage aus den zu erwartenden Konsumausgaben (D_1) und Nettoinvestitionen (D_2) zusammensetzt. Im achten Kapitel, das die Konsumfunktion zum Gegenstand hat, spezifiziert er den Konsum (C) als Funktion der Gesamtbeschäftigung (N):

> "Since we are here concerned in determining what sum will be spent on consumption when employment is at a given level, we should (...) consider the function which relates the former quantity (C) to the latter (N). It is more convenient, however, to work in terms of a slightly different function, namely, the function which relates the consumption in terms of wage-units (C_w) to the income in terms of wage-units (Y_w) corresponding to a level of employment N."[67]

---

[66] Vgl. J. M. *Keynes;* Treatise on Money, S. 158ff. und I. *Barens;* Geld und Unterbeschäftigung, S. 62-66 und 67-76. Barens belegt, daß Keynes aus der Analyse des Anpassungsprozesses eine Stabilitätsbedingung herausarbeitet, die ihm einen wesentlichen Baustein für die Konsumfunktion und somit für den Multiplikator liefert.

Diesen Ausführungen zufolge lautet die Konsumfunktion:

$$\hat{C} = \chi(\hat{Y}), \ \hat{C} = C_w, \ \hat{Y} = Y_w .$$

Es gilt

$$\hat{C} = \frac{p_c}{w} F(L_c) = \frac{F(L_c)}{F'(L_c)},$$

und

$$\hat{Y} = N + \hat{Q}, \ \hat{Q} = Q / w,$$

wobei $\hat{Q}$ die in Lohneinheiten gemessenen Gewinne bezeichnet. Da diese Gewinne selbst wiederum vom Grad der Beschäftigung abhängen — ihre Höhe ergibt sich aus der Differenz zwischen dem Grenzprodukt und dem Durchschnittsprodukt der in jedem Sektor eingesetzten Arbeitsmenge —, läßt sich die Konsumfunktion wie folgt schreiben:

$$\frac{F(L_c)}{F'(L_c)} = \chi(N) .$$

Die Konsumfunktion beschreibt analog zur marshallianischen Beschäftigungsfunktion eine Beziehung zwischen der Gesamtbeschäftigung und der Beschäftigung im Konsumgütersektor.[68] Der wesentliche Unterschied zur marshalliani-

---

[67] J. M. *Keynes;* General Theory, S. 90.

[68] Vgl. J. M. Keynes; General Theory, S. 273. Keynes weist auf die Beziehung zwischen der Beschäftigungsfunktion von Pigou und seiner Konsumfunktion ausdrücklich hin. Er stellt folgende Beziehung zwischen seinem und Pigous Konzept fest (wir verwenden nicht die Keynessche, sondern die in diesem Text vereinbarte Notation).

(1) $$\Delta L_c = k' \Delta L_I ,$$

wobei Keynes den Beschäftigungsmultiplikator mit k' bezeichnet. Für Pigous Beschäftigungsfunktion gelte:

(2) $$\Phi' = 1 + 1/k' .$$

Unter der Voraussetzung, daß

$$\Delta L_c = c \Delta L_I + \Delta L_c$$

ist, ergibt sich:

$$\Delta L_c = c/(1-c) \Delta L_I ,$$

so daß

(3) $$k' = c/(1-c) .$$

Wenn wir (3) in (2) einsetzen, erhalten wir

$$\Phi' = 1 + (1-c)/c = 1/c .$$

Demnach ist

$$\Phi'^{-1} = c = \chi' ,$$

schen Beschäftigungsfunktion besteht jedoch in der Umkehrung der Kausalrichtung. Während im marshallianischen Modell die Beschäftigung im Konsumgütersektor die unabhängige und die Gesamtbeschäftigung die abhängige Variable darstellt, ist in der Konsumfunktion die Gesamtbeschäftigung die unabhängige bzw. die durch den Konsum kommandierte sektorale Beschäftigung die abhängige Variable. Dieser Umkehrung entspricht auch die Änderung der Kausalrichtung in der Beziehung zwischen Sparen und Investieren.

Die andere Komponente der effektiven Nachfrage bilden die Nettoinvestitionen. Hinsichtlich der Investitionsnachfrage schließt sich Keynes der Marshallschen Sichtweise an und hält an der inversen Beziehung zwischen Zinssatz und Investitionshöhe fest.

Wir können jetzt die von Keynes vorgenommenen Änderungen in der Struktur des güterwirtschaftlichen Modells im Überblick darstellen:

Marshallianisches Modell		Keynessches Modell
$\hat{I}(i) = \hat{S}(i)$	$\longrightarrow$	$\hat{I}(i) = S(\hat{Y})$
$N = \Phi(\hat{C}_k(i), L_c)$	$\longrightarrow$	$\hat{C} = \chi(\hat{Y}) = c\hat{Y}$
$N = L_c + L_I$	$\longrightarrow$	$\hat{Y} = \hat{C} + \hat{I}$

Auf den ersten Blick zeigt sich die durch die Konsumfunktion erwirkte konzeptionelle Neuerung: Aus ihr läßt sich der Multiplikator gewinnen und mit Hilfe der Definitionsgleichung für das Einkommen das in Lohneinheiten gemessene Volkseinkommen bestimmen. Dieses Einkommen kommandiert eine entsprechende Menge Arbeit, die nicht notwendig der gesamten angebotenen Menge Arbeit entsprechen muß. Die gesamtwirtschaftliche Arbeitsnachfrage wird durch die gesamtwirtschaftliche effektive Nachfrage bestimmt. Dieses Argumentationsmuster ist so überzeugend, daß üblicherweise die Konsumfunktion und der Multiplikator als die herausragenden konzeptionellen Änderungen angesehen werden, die Keynes am orthodoxen Ansatz vorgenommen hat.

Ohne die Bedeutung der Konsumfunktion schmälern zu wollen, möchte ich jedoch diese These durch die Sichtweise revidieren, daß der Wechsel des Einkommensbegriffs mindestens ebenso wichtig ist und vielleicht sogar die revolutionärere Neuerung im Keynesschen Denken darstellt. Das läßt sich mit zwei Argumenten begründen.

Auch in unserem marshallianischen Grundmodell ist der Konsum aus Lohneinkommen von der Höhe dieses Einkommens abhängig. Es handelt sich hierbei um eine spezielle Konsumfunktion, in der unterstellt wird, daß die Konsumneigung der Lohneinkommensempfänger gleich eins ist. Die erste

---

woraus folgt, daß

$$\Phi^{-1}(L_c) = \chi(N)$$

ist. Die Beschäftigungsfunktion Pigous ist die Inverse der Keynesschen Konsumfunktion.

Frage ist nun, ob die Annahme einer Konsumneigung kleiner eins bezüglich der lohneinkommensabhängigen Konsumnachfrage (die Konsumneigung aus Gewinneinkommen ist ohnehin kleiner als eins) die Kausalstruktur des marshallianischen Modells wesentlich verändert. Für die Konsumnachfrage ergibt sich:

$$\hat{C} = \hat{C}_k(i) + cN, \quad 0 < c < 1 .$$

Unter der Voraussetzung des ersten klassischen Postulats $w/p_c = F'(L_c)$ und der unterstellten sektoralen Produktionsfunktion $x_c = AL_c^a$ ergibt sich für die gesamtwirtschaftliche Konsumnachfrage im Gleichgewicht:

$$(1/a)L_c = \hat{C}_k(i) + cN,$$

und nach einer Umformung erhalten wir

$$N = (1/c)[-\hat{C}_k(i) + (1/a)L_c].$$

Diese Gleichung ist die um den Faktor $1/c$ erweiterte Beschäftigungsfunktion. Die Berücksichtigung von Ersparnissen aus Lohneinkommen bzw. einer Konsumneigung kleiner als eins bewirkt also keine Veränderung der Kausalstruktur des marshallianischen Grundmodells. Es ändert sich lediglich die Steigung der Beschäftigungsfunktion. Diese wird steiler, weil $0 < c < 1$ und somit $1/c > 1$ ist.

Im nächsten Schritt überprüfen wir die These, daß der Wechsel des Einkommensbegriffs die zentrale konzeptionelle Innovation darstellt, indem wir die „klassische" Konsumhypothese beibehalten, das Gewinneinkommen jedoch anders bestimmen. Im marshallianischen Modell ergibt sich das Gewinneinkommen, wenn man den Zinssatz, der im Gleichgewicht dem Grenzprodukt des Kapitals entsprechen muß, mit dem wertmäßig gegebenen Kapitalstock multipliziert. Keynes gab dieses Konzept der Einkommensbestimmung auf, da es nur den „normalen" Gewinn, den „Gleichgewichtsgewinn der langen Periode" zu bestimmen gestattet, während es ihm um die Analyse der Auswirkungen zusätzlicher Gewinne bzw. Verluste auf Konsum und Sparen ging. Er wechselte das Grenzproduktivitätskonzept der langen Periode gegen Marshalls Konzept der Quasirente aus. Demzufolge ist das Gewinneinkommen eine Residualgröße, die sich aus der Differenz zwischen Erlösen und direkten Kosten (prime costs) ergibt. Wenn wir der Einfachheit halber unterstellen, daß die direkten Kosten im wesentlichen den Lohnkosten entsprechen[69], dann bestimmt sich die sektorale Quasirente durch die folgende Gleichung:

$$Q_i = p_i x_i - wL_i, \; i = 1, \ldots n \text{ (in unserem Modell } i = C, I\text{)}.$$

---

[69] Wir könnten auch zirkulierendes Kapital berücksichtigen. Mit der Annahme konstanter Skalenerträge ergäbe sich dann ein für jeden Sektor spezifischer, aber konstanter Aufschlag auf die Lohnkosten, der die Materialkosten widerspiegeln würde. Dies würde jedoch die Substanz des folgenden Arguments nicht berühren.

Unter Berücksichtigung des ersten klassischen Postulats und bei Normierung in Einheiten der Lohnrate ergibt sich:

$$\hat{Q}_i = \frac{F(L_i)}{F'(L_i)} - L_i, \; i = C, I.$$

Die Höhe der Quasirente wird somit von den Eigenschaften der Produktionsfunktion und der Höhe der sektoralen Beschäftigung bestimmt. Da Keynes von einem *physisch* gegebenen Kapitalstock ausgeht, liegen fallende Grenz- und Durchschnittskosten der Arbeit vor, und die Quasirente pro eingesetzter Arbeitseinheit ergibt sich aus der bei einer bestimmten Beschäftigungshöhe bestehenden Differenz zwischen der Durchschnitts- und der Grenzproduktivität der Arbeit. Unter der Voraussetzung dieses produktionstechnischen Zusammenhangs hängt die Höhe des (sektoralen) Gewinneinkommens vom Niveau der (sektoralen) Beschäftigung ab.

Hierdurch ändert sich die Kausalstruktur unseres marshallianischen Grundmodells. Daß die Ersparnis aus Gewinneinkommen von der Höhe des Gewinneinkommens abhängt, bleibt unbestritten, das Gewinneinkommen selbst ist jedoch nicht durch den Zinssatz und den Wert des Kapitals, sondern durch die Höhe der Beschäftigung bestimmt. Das Analoge gilt für den Konsum aus Gewinnen, so daß erst durch die Änderung des Konzepts der Einkommensbestimmung die gesamtwirtschaftliche Konsumnachfrage als Funktion der Beschäftigung formuliert werden konnte.

Nach Änderung des Einkommenskonzepts wird unser marshallianisches Modell durch folgende Gleichungen beschrieben:

(*I*) $$\hat{I}(i) = \hat{S}(N);$$

die Nachfrage nach Konsumgütern ergibt sich aus:

$$\hat{C} = \hat{C}_k(N) + \hat{C}_L(N) = cN.$$

Im Gleichgewicht auf dem Konsumgütermarkt gilt:

$$(1/a)\,L_c = cN$$

bzw.

(*II*) $$L_c = acN.$$

Da

$$N = L_c + L_I = acN + L_I,$$

läßt sich die gesamtwirtschaftliche Arbeitsnachfrage durch die Gleichung

$$N = \frac{1}{1 - ac} L_I$$

ableiten. Bei einem gegebenen Zinssatz ist die Investitionsnachfrage bestimmt. Diese kommandiert bei gegebenem Nominallohn eine produktionstechnisch festgelegte Menge Arbeit für den Investitionsgütersektor (L_I), so daß über den Multiplikator $1/(1-ac)$ eine gesamtwirtschaftliche Arbeitsnachfrage generiert wird. Diese Arbeitsnachfrage entspricht nun nicht notwendig dem gesamten Arbeitsangebot $\bar{N}$:

(*III*) $$\bar{N} \geq N .$$

Die gegenüber dem marshallianischen Modell veränderte Kausalstruktur leitet sich somit aus dem Wechsel der Theorie der Einkommenbestimmung ab. Erst die Ablösung der grenzproduktivitätstheoretischen Bestimmung des Gewinns durch Marshalls Konzept der Quasirente ermöglichte Keynes seine Formulierung der Theorie der effektiven Nachfrage. Keynes konnte mit dieser Theorie erklären, wodurch das Niveau der gesamtwirtschaftlichen Arbeitsnachfrage bestimmt wird. Der Preis, den er für diese konzeptionelle Innovation zahlen mußte, war jedoch, daß der Zinssatz unbestimmt bleibt, wenn sich die Ersparnis über Einkommensänderungen und nicht durch Änderungen des Zinssatzes an die zinsabhängige Investitionsnachfrage anpaßt. Keynes selbst wies auf die entsprechende Sequenz im Entstehungsprozeß der „General Theory" hin:

> "(. . .) the initial novelty lies in my maintaining that it is not the rate of interest, but the level of incomes which ensures the equality between saving and investment. The arguments which lead up to this initial conclusion are independent of my subsequent theory of the rate of interest, and in fact I reached it before I reached the latter theory. But the result of it was to leave the rate of interest in the air. If the rate of interest is not determined by saving and investment (. . .) how is it determined?"[70]

Keynes konnte den Zinssatz nicht mehr durch einen Rückgriff auf güterwirtschaftliche Größen erklären. Die Wendung zu einer monetären Zinstheorie lag nahe, zumal bereits die „Treatise" eine umfassende Theorie des monetären Zinssatzes enthält. Diese hatte dort allerdings noch einen anderen Stellenwert, denn sie diente nicht dazu, die Gleichgewichtslage des ökonomischen Systems zu erklären, sondern nur zur Analyse der monetären Vorgänge im Ungleichgewicht.

Diese „orthodoxe" oder „klassische" Theorie des monetären Zinses war auch keinesfalls eine originär von Keynes entwickelte Theorie. Ihre Ursprünge lassen sich vielmehr bis hin zu Marshalls kassenhaltungstheoretischer Interpretation der Quantitätstheorie zurückverfolgen. Marshall hatte die klassische Quantitätstheorie aufgeweicht, indem er sie in eine Theorie der Geldnachfrage verwandelte. Er berücksichtigte neben dem Transaktions- und dem Vorsichtsmotiv der Kassenhaltung auch die Möglichkeit, daß Geld zu spekulativen Zwecken gehalten wird.[71] Die Erkenntnis, daß Geld nicht nur ein Transaktions-

[70] J. M. *Keynes;* Alternative Theories of the Rate of Interest, EJ, 1937, S. 250.

[71] Vgl. A. *Marshall;* Money, Credit and Commerce, S. 259.

mittel, sondern auch ein Vermögensgut darstellt, kann nicht Keynes zugeschrieben werden, sondern gehörte zum Gemeingut der Cambridger „oral tradition“.[72] Keynes dürfte mit seiner Liquiditätspräferenztheorie den Stand der damaligen Diskussion widerspiegeln. Ihre herausragende Bedeutung erhält die Liquiditätspräferenztheorie jedoch durch ihre Stellung in der „General Theory“, denn dort dient sie als Theorie des monetären Zinses, nicht wie in der „Treatise“ zur Analyse von Ungleichgewichten, sondern zur Bestimmung des Gleichgewichts selbst.

Der gleichgewichtige Zinssatz herrscht, wenn das gesamtwirtschaftliche Geldangebot der gesamtwirtschaftlichen Geldnachfrage entspricht. Wie aber beeinflußt der Zinssatz den Umfang des Geldangebots und die Höhe der Geldnachfrage?

Konzentrieren wir uns zunächst auf die Nachfrageseite. Keynes unterscheidet vier Motive der Geldhaltung.[73] Das Einkommens- und das Geschäftsmotiv faßt er zum Transaktionsmotiv zusammen. Unter der Voraussetung gegebener institutioneller und rechtlicher Regelungen ergibt sich ein stabiler Zusammenhang zwischen der Höhe des Nominaleinkommens und der Geldhaltung zu Transaktionszwecken, und zwar derart, daß bei steigendem Nominaleinkommen die Geldhaltung zu Transaktionszwecken in konstanter Proportion zunimmt. Wir beschreiben diesen Zusammenhang durch die folgende Gleichung:

$$M_1^d = L_1(Y),$$

wobei Keynes spezifiziert

$$L_1(Y) = Y/V,$$

so daß wir die Gleichung für die Geldhaltung zu Transaktionszwecken (M_1^d) wie folgt formulieren können:

$$M_1^d = kY, \; k = 1/V,$$

wobei k den Kassenhaltungskoeffizienten und V die Umlaufgeschwindigkeit bezeichnet. Der Zinssatz hat somit auf die Transaktionskasse keinen direkten Einfluß.

Auch die Geldhaltung zu Vorsichtszwecken hängt kaum von Änderungen des Zinssatzes ab:

> “In normal circumstances the amount of money required to satisfy the transactions-motive and the precautionary-motive is mainly a resultant of the general activity of the economic system and of the level of money-income.”[74]

---

[72] Vgl. E. *Eshag;* From Marshall to Keynes, Oxford 1963.

[73] Vgl. J. M. *Keynes;* General Theory, S. 195f.

[74] Ebenda, S. 196.

Das vierte und letzte Motiv der Geldhaltung ist das Spekulationsmotiv. Mit ihm berücksichtigt Keynes die Doppelnatur des Geldes, nicht nur als Zahlungsmittel, sondern auch als Vermögensgut zu fungieren. Dennoch unterscheidet sich das Vermögensgut Geld von anderen Vermögensgütern durch eine besondere Kombination verschiedener Eigenschaften. Geld hat — wie auch andere Vermögensobjekte — eine sehr geringe Produktionselastizität.[75] Da seine Produktion jedoch einen vernachlässigbar geringen Einsatz von Ressourcen erfordert und somit seine Vermehrung von der Kostenseite her nicht wesentlich begrenzt wird, muß seine Produktion institutionell kontrolliert und begrenzt werden, um seine Eigenschaften als Vermögensgut sicherzustellen.

Die zweite wichtige Eigenschaft des Geldes ist seine geringe Substitutionselastizität.

> "(...) which means that as the exchange value of money rises there is no tendency to substitute some other factor for it (...)."[76]

Wenn Geld nicht vollkommen substituierbar ist, wird selbst bei einem sehr hohen Wert des Geldes eine positive Geldnachfrage existieren.

Es bleibt noch die Frage zu beantworten, worin der Wert des Geldes als einem Vermögensobjekt besteht. Keynes sieht diesen in dem Ertrag, den allein die Verfügungsmacht über ein Vermögensgut erbringt. Er nennt diesen Ertrag die Liquiditätsprämie.

> "The amount which they are willing to pay for the potential convenience or security given by this power of disposal, we shall call its liquidity-premium."[77]

Geld tauscht sich gegen ein anderes Vermögensgut, wenn dieses einen Ertrag bringt, der den Verlust der Liquidität mindestens kompensiert. Der Zinssatz als Ertragsrate eines Vermögensgutes ist somit der Preis, der gezahlt werden muß, um ein Wirtschaftssubjekt zur Aufgabe von Liquidität, d.h. Geld, zu bewegen. Je höher der Zinssatz, desto eher werden Wirtschaftssubjekte Geld zugunsten anderer Vermögensobjekte aufgeben, und umgekehrt. Sinkt der Zinssatz auf das Niveau der Liquiditätsprämie, dann wird die Geldnachfrage extrem groß, d.h. die Nachfrage nach Geld zu spekulativen Zwecken wird unendlich elastisch. Keynes hebt dies als weitere Besonderheit des Geldes im Unterschied zu anderen Vermögensobjekten hervor.

> "(...) beyond a certain point money's yield does not fall in response to an increase in its quantity to anything approaching the extent to which the yield from other types of assets falls when their quantity is comparably increased."[78]

Die Liquiditätsprämie stellt somit einen Reservationszinssatz dar, so daß die Geldnachfrage „unendlich" groß wird, wenn der Geldzinssatz auf das Niveau

[75] Ebenda, S. 230.

[76] Ebenda, S. 231.

[77] Ebenda, S. 226.

[78] Ebenda, S. 233.

der Liquiditätsprämie gesunken ist. Andererseits garantiert die geringe Substitutionselastizität des Geldes, daß die Geldnachfrage auch bei hohen Zinssätzen positiv bleibt. Unter diesen Voraussetzungen ist sichergestellt, daß bei Zinssätzen, die größer oder gleich der Liquiditätsprämie sind, eine positive Geldnachfrage existiert.

Bei der Ableitung der individuellen Nachfrage nach Geld zu spekulativen Zwecken überlegt man, in welcher Form ein Individuum angesichts des gerade herrschenden Marktzinses und seiner Erwartungen bezüglich der Änderungen des Zinsniveaus Vermögen halten will. Erwartet ein Individuum einen Anstieg des Zinssatzes bzw. einen Rückgang der Kurse festverzinslicher Wertpapiere, dann wird es Geld halten wollen und zu diesem Zweck Wertpapiere anbieten. Es wird hingegen Wertpapiere nachfragen und Geld anbieten, wenn es einen Anstieg der Kurse erwartet, d. h. mit einem Rückgang des Zinsniveaus rechnet.

Eine Transaktion „Geld gegen Wertpapier" kann nur realisiert werden, wenn es mindestens zwei verschiedene Individuen mit unterschiedlichen Erwartungen gibt. Wenn alle das Gleiche erwarten, z. B. einen Kursanstieg und somit einen Rückgang des Zinsniveaus, wollen alle Geld halten, können aber kein Wirtschaftssubjekt finden, das ihnen ihre angebotenen Wertpapiere gegen Geld eintauscht. Bei identischen Erwartungen würde der Vermögensbestand somit entweder nur in Form von Geld oder nur in Form von Wertpapieren gehalten werden wollen. Eine bei steigendem Zinssatz stetig zunehmende Geldhaltung kann nur abgeleitet werden, wenn vorausgesetzt wird, daß die verschiedenen Wirtschaftssubjekte unterschiedliche Erwartungen über die Änderung des Zinsniveaus bzw. Kursniveaus haben, und nur ein Teil der Wirtschaftssubjekte aus dem Lager der „Bulls" in das der „Bears" wechselt.

Zur Bestimmung des gleichgewichtigen Zinssatzes benötigen wir neben der Nachfrage- auch die Angebotsseite. Hierzu müssen wir zunächst klären, welcher Angebotsbegriff zugrundegelegt werden muß. Da es sich bei der Geldnachfrage um eine Nachfrage nach Beständen handelt, muß auch die Angebotsseite als Bestandsangebot formuliert werden. Wir können somit den im walrasianischen Tauschmodell entwickelten Angebotsbegriff übernehmen, demzufolge sich das Geldangebot eines Wirtschaftssubjekts aus der Differenz zwischen seinem gerade gehaltenen Geldbestand und seiner Eigennachfrage (Reservationsnachfrage) nach Geld ergibt. Angebot und Nachfrage nach Wertpapieren können analog behandelt werden, weil der Bestand an Wertpapieren den Strom der Neuemissionen eindeutig dominiert.

Unter diesen Voraussetzungen läßt sich ein Tauschgleichgewicht ableiten, in dem der gleichgewichtige Zinssatz und somit dessen Kehrwert, das gleichgewichtige Kursniveau der festverzinslichen Wertpapiere, sowie die von den Individuen gehaltene Geld- und Wertpapiermenge simultan bestimmt werden. Hervorzuheben ist, daß in dieser Modellkonstruktion die Voraussetzung eines gegebenen Geldangebots nicht mit der Annahme, die in der gesamten Volkswirtschaft angebotene Geldmenge sei konstant, verwechselt werden darf. Die

Annahme des konstanten Geldangebots bezieht sich in diesem Fall auf das Angebot von „Außengeld". Daß man der Geldnachfrage zu spekulativen Zwecken nicht das gesamte Geldangebot, sondern nur das Angebot von „Außengeld" gegenüberstellt, scheint mir deshalb sinnvoll zu sein, weil Keynes mit der spekulativen Geldnachfrage den Vermögenssicherungsaspekt der Geldhaltung in den Vordergrund rückt. Diese Vermögenssicherungsfunktion wird auf der Geldangebotsseite am besten durch Zentralbankgeld (Außengeld) erfüllt. Diese Behandlung des Geldangebots entspricht natürlich nicht den üblichen Lehrbuchdarstellungen der Keynesschen Theorie, die bekanntlich von einem inelastischen Gesamtgeldangebot ausgehen und somit zu einer spiegelbildlichen Behandlung von Geldmarkt und Wertpapiermarkt neigen. In der hier vorgetragenen Betrachtung wird beim Geldangebot jedoch unterschieden, ob es sich um „Außen"- oder „Innengeld" handelt. Unter dieser Voraussetzung ergibt sich sodann, daß nur zwischen dem Wertpapiermarkt und der Spekulationskasse — also einem „Teil" des Geldmarktes — eine spiegelbildliche Beziehung besteht. Die Bestimmung des Gleichgewichtszinssatzes erfolgt durch die spekulative Nachfrage nach Geld bei gegebenem Bestand an Außengeld bzw. spiegelbildlich durch die Nachfrage nach festverzinslichen Wertpapieren bei gegebenem Wertpapierbestand.

Die Marktnachfrage nach Geld zu spekulativen Zwecken ist die aggregierte Geldnachfrage der Wertpapierbesitzer, also die Fremdnachfrage nach Geld M^{df}. Das Geldangebot der Geldbesitzer M^s ergibt sich aus der Differenz zwischen Bestand an Geld $\bar{M}$ und der Eigennachfrage nach Geld (Reservationsnachfrage) M^{de}. Sowohl die Fremd- als auch die Eigennachfrage nach Geld sind fallende Funktionen des Zinssatzes,

$$\frac{dM^{df}}{di} < 0, \frac{dM^{de}}{di} < 0,$$

so daß aus der Definition des Geldangebots

$$M^s = \bar{M} - M^{de}$$

folgt, daß

$$\frac{dM^s}{di} > 0$$

ist. Das Geldangebot des Geldbesitzers ist also eine steigende Funktion des Zinssatzes.

Ein Gleichgewicht der gehaltenen Geldbestände (und der gehaltenen Wertpapierbestände) ist erreicht, wenn ein Zinssatz (Kurs) gefunden ist, bei dem jedes Individuum den Geld- bzw. Wertpapierbestand hält, den es auch zu halten wünscht, wenn also

$$M^{df}(i) = M^s(i) = \bar{M} - M^{de}(i)$$

ist.

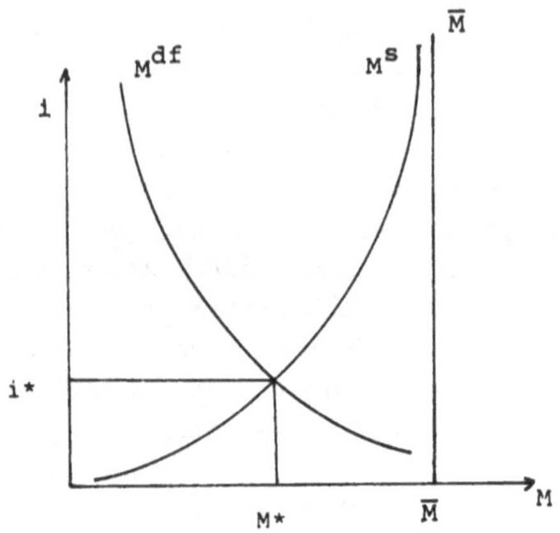

(Graphik IV.5.)

Unter der Voraussetzung gegebener Erwartungen ist bei dem Zinssatz i^* dieses Gleichgewicht erreicht, und M^* gibt den Geldbestand an, der von den Geldbesitzern zu den Fremdnachfragern (Wertpapierbesitzern) transferiert wird und diese somit zu Geldhaltern macht, während $\bar{M} - M^*$ den Geldbestand bezeichnet, der nicht „die Hände wechselt", sondern von den Geldbesitzern auch weiterhin gehalten wird. Steigt die Liquiditätspräferenz aufgrund geänderter Erwartungen, spiegelt sich das in einer Rechtsverschiebung der Fremdnachfrage- und in einer Linksverschiebung der Angebotskurve wider. Die Folge ist ein Anstieg des Gleichgewichtszinssatzes. Das Umgekehrte gilt im Fall einer abnehmenden Liquiditätspräferenz.

Keynes koppelt in seiner Zinstheorie den Zinssatz von güterwirtschaftlichen Stromgrößen ab und überantwortet seine Bestimmung monetären Bestandsgrößen. Dieser Abkoppelung korrespondiert eine „Entkoppelung" der Gütermärkte von den „Vermögensmärkten". Das wird deutlich, wenn man bedenkt, daß sich der Zinssatz auf dem Vermögensmarkt bildet und dann bei gegebener Grenzleistungsfähigkeit des Kapitals die Höhe des Investitionsvolumens festlegt. Über den Multiplikatorprozeß wird dann eine bestimmte Einkommenshöhe und eine diesem Einkommen entsprechende Ersparnis generiert. Diese Ersparnis hat aber keinen direkt zurückwirkenden Einfluß auf den Vermögensmarkt. Der Rückkoppelungseffekt läuft vielmehr über die Transaktionskasse, denn das gestiegene Einkommen erzeugt bei konstantem Kassenhaltungskoeffizienten eine höhere Geldnachfrage zu Transaktionszwecken. In der traditionellen Interpretation der Keynesschen Geldtheorie wird von einem für den gesamten Geldmarkt konstanten Geldangebot ausgegangen, so daß eine Vergrößerung der Transaktionskasse zu Lasten der Spekulationskasse geht. Das führt ceteris paribus zu einem Anstieg des Zinssatzes. Dieser Effekt bleibt jedoch aus, wenn man die Annahme eines insgesamt konstanten Geldangebots zugunsten der eines variablen Angebots an „Innengeld" aufgibt. Unter dieser

Voraussetzung bewirkt ein Anstieg der Transaktionskasse nicht notwendig einen Rückgang der Spekulationskasse, da das Bankensystem durch entsprechende Geldschöpfung den gestiegenen Transaktionsbedarf alimentiert.

4. Gleichgewicht und Selbstregulierung

4.1. Metatheoretische und wirtschaftstheoretische Aspekte des Gleichgewichtsbegriffs

Gleichgewicht und Selbstregulation sind zwei untrennbare Vorstellungen, die alle ökonomischen Theorien seit A. Smith auszeichnen. Ohne die Idee beharrlich wirkender und durch Regelmechanismen gesteuerter Kräfte hätte A. Smith nicht zeigen können, daß eine Gesellschaft ohne feudalrechtliche Regelungen nicht notwendig im Chaos versinken muß, sondern durchaus einen stabilen Zustand — eine „natürliche" Ordnung — bilden kann.

Diese ganz abstrakte Vorstellung von einer durch systematische Kräfte selbstregulierten Ordnung stellt den metatheoretischen Aspekt des Gleichgewichtskonzepts dar. Die Frage hingegen, welche systematischen Kräfte es gibt und welchen Regulationsmechanismen diese Kräfte unterworfen sind, ist der Untersuchungsgegenstand der theoretischen Ökonomie und umreißt somit den theoretischen Aspekt des Gleichgewichtskonzepts.[79]

Auf der theoretischen Ebene des Gleichgewichtsbegriffs konkurrieren zwei grundsätzlich verschiedene Konzepte zur Analyse der die Gleichgewichtszustände bestimmenden systematischen Kräfte. Der auf Ricardo und Sraffa aufbauende surplustheoretische Ansatz trennt die Preis- von der Mengenebene und bestimmt die Preise durch die Vorgabe einer Verteilungsvariablen (Lohnsatz oder Profitrate) im Rahmen eines zirkulären Produktionssystems (Basissystem). Als wesentliche Kräfte auf der Preisebene werden also die „Verteilungskämpfe" und die technische Entwicklung angesehen. Auf der Mengenebene sind die Konsum- und Investitionsentwicklung sowie die technische Entwicklung als die fundamentalen Kräfte ausgezeichnet.

Von diesem Ansatz unterscheidet sich der neoklassische, der Mengen- und Preisebene nicht trennt und alle wirkenden Kräfte mit Hilfe der regulativen Idee von Angebot und Nachfrage analysiert. Im Rahmen dieses Ansatzes ist ein Gleichgewicht durch die Gleichheit von Angebot und Nachfrage definiert, d.h., wenn beim herrschenden Preis alle Märkte geräumt werden, dann ist dieser Preis der Gleichgewichtspreis. Aus walrasianischer Perspektive gilt für ein solches Gleichgewicht, daß alle geplanten Käufe und Verkäufe der verschiedenen Wirtschaftssubjekte miteinander konsistent sein müssen, so daß alle Plangrößen

[79] Die Unterscheidung des metatheoretischen vom theoretischen Aspekt des Gleichgewichtskonzepts wurde erstmals von Garegnani getroffen. Vgl. hierzu: P. *Garegnani;* On a Change in the Notion of Equilibrium in Recent Work on Value and Distribution: A Comment on Samuelson, S. 27.

im Gleichgewicht auch realisiert werden können. Ob dieses Gleichgewicht beibehalten wird, hängt — von exogenen Störungen abgesehen — davon ab, ob die neu produzierten Kapitalgüter, die in der folgenden Periode den Anfangsbeständen der Vorperiode hinzugefügt werden, zu einer Änderung der neu aufzustellenden Pläne führen werden oder nicht.

Aus marshallianischer Sicht ist ein Gleichgewicht von Angebot und Nachfrage durch Konstanz im beobachtbaren Verhalten gekennzeichnet, d. h., daß sich kein Wirtschaftssubjekt aufgrund der realisierten Käufe und Verkäufe veranlaßt fühlt, sein Verhalten zu ändern.

Beide Sichtweisen widersprechen sich nicht, sondern betonen die zwei wesentlichen Eigenschaften eines neoklassischen Gleichgewichts, nämlich die Konsistenz individueller Entscheidungen im Aggregat und die Existenz eines Zustands mit Beharrungsvermögen. Allerdings ist die marshallianische Variante weniger restriktiv als die walrasianische, denn sie fordert nicht die Konsistenz der individuellen Pläne, sondern nur Verhaltenskonstanz. Gleichbleibendes Verhalten setzt indes nicht notwendig konsistente Einzelpläne voraus. Clower hat das mit Hilfe der dualen Entscheidungshypothese eindeutig belegt.

Aber auch die walrasianische Forderung konsistenter Einzelpläne sichert nicht, daß das System im einmal gewählten Zustand verharrt, es sei denn, daß die neu produzierten Kapitalgüter die Struktur der ursprünglich gegebenen Anfangsausstattungen nicht verändert. Werden die verbrauchten Kapitalgüter nur ersetzt, bleibt das System stationär. Finden hingegen Nettoinvestitionen bei konstanter Struktur statt, liegt ein steady-state-Wachstum vor. Kann diese Strukturkonstanz nicht gesichert werden, wird sich das Verhalten der Wirtschaftssubjekte ändern.

Will man beide Aspekte des Gleichgewichtsbegriffs der neoklassischen Theorie beibehalten, dann bilden das stationäre Vollbeschäftigungsgleichgewicht bzw. das Gleichgewicht bei gleichschrittigem Wachstum die Norm, an der alternative Allokationen zu messen sind.

Diesem Gleichgewichtsbegriff korrespondiert eine bestimmte Idee der Selbstregulation. Auf der metatheoretischen Ebene herrscht die Vorstellung, das ökonomische System tendiere beständig zu einem gleichgewichtigen Zustand. Diese Tendenz wird auf der theoretischen Ebene als ein Prozeß gefaßt, in dem Überschußnachfragen, falsche Preise, zu hohe Gewinne oder Verluste beständig abgebaut werden, wobei dieser Prozeß erst enden würde, wenn das gesamte ökonomische System sich im Gleichgewicht befände.

Diese Auffassung schließt keinesfalls die Existenz von Arbeitslosigkeit aus. Es wird jedoch bestritten, daß es sich dabei um einen gleichgewichtigen Zustand handeln kann. Pigou hat diese Sichtweise auch noch nach dem Erscheinen der „General Theory“ vehement vertreten:

"The classical view is not one which either asserts or implies that full employment always exists, (. . .) What, then, is the classical view? It is—and, as one who is supposed to hold it, I am perhaps in a better position to know than those who say that they do not—that full employment does, indeed, not always exist, but always tends to be established."[80]

Pigou charaterisiert Unterbeschäftigung als ein Ungleichgewichtsphänomen, das z.B. in konjunkturellen Abschwüngen oder in Rezessionsphasen auftreten kann, jedoch beseitigt wird, wenn die ökonomische Aktivität sich wieder erhöht. Aus dieser wirtschaftstheoretischen Position folgt, wie man leicht sieht, nicht notwendig wirtschaftspolitische Abstinenz. Im Gegenteil, hieraus könnten durchaus wirtschaftspolitische Maßnahmen abgeleitet werden, die auf eine Abmilderung der Konjunkturzyklen hinzielen, um allzu großen Abweichungen von der Norm „Gleichgewicht bei Vollbeschäftigung" entgegenzutreten. Auf den ersten Blick scheint dies jedoch die Grundintention keynesianischer Wirtschaftspolitik zu sein, wobei Keynes zum Lager der Stabilitätspessimisten gerechnet wird, die eher bereit sind, staatliche Konjunkturmaßnahmen zu fordern, während die Stabilitätsoptimisten vor allem die Marktkräfte, d.h. die Selbstregulationskräfte, stärken wollen.

Diese Auffassung macht aus der Keynesschen Theorie eine schlechte Travestie, wie auch die Behauptung, in der neoklassischen Orthodoxie gäbe es immer Vollbeschäftigung, eine ist.

Während wir bereits gezeigt haben, daß die neoklassische Orthodoxie Arbeitslosigkeit als Ungleichgewichtsproblem durchaus zuläßt, bleibt zu klären, worin der Unterschied zur Keynesschen Auffassung besteht.

4.2. Keynes' Gleichgewichtskonzept und Selbstregulierungskritik

Zuerst soll geklärt werden, auf welcher Ebene Keynes' Kritik der neoklassischen Selbstregulierungskonzeption liegt. Die auf Shackle zurückgehende fundamentalistische Keynes-Interpretation scheint Keynes' Kritik auf der metatheoretischen Ebene anzusiedeln. Wenn das zuträfe, müßte Keynes sowohl die Idee beharrlich wirkender Kräfte als auch die Vorstellung von Selbstregulationsmechanismen in Frage gestellt haben. Shackle interpretiert Keynes' Theorie in diesem Sinne:

> "A theory of unemployment is, necessarily, inescapably, a theory of disorder. The disorder in question is the basic disorder of uncertain expectation, the essential disorder of the real, as contrasted with the conventionally pretended, human condition."[81]

Shackle überspannt den Bogen, wenn er Keynes zu einem Theoretiker des permanenten Ungleichgewichts (disorder) stilisiert. Dieser Fehlinterpretation wäre er nicht aufgesessen, hätte er Keynes' metatheoretische Position von dessen wirtschaftstheoretischen Überlegungen und Konzepten getrennt. Keynes hält

---

[80] A. C. *Pigou;* Employment and Equilibrium, S. 78.

[81] G. L. S. *Shackle;* The Years of High Theory, Cambridge 1967, S. 133.

nämlich an der metatheoretischen Gleichgewichtsidee fest. Im Vorwort zur „General Theory“ erläutert er diese anhand eines Vergleiches zwischen der „Treatise on Money“ und der „General Theory“.

> "My so-called 'fundamental equations' were an instantaneous picture taken on the assumption of a given output. They attempt to show how, assuming the given output, forces could develop which involved a profit-disequilibrium, and thus required a change in the level of output. But the dynamic development, as distinct from the instantaneous picture, was left incomplete and extremely confused. This book, on the other hand, has evolved into what is primarily a study of the forces which determine changes in the scale of output and employment as a whole; (. . .)."[82]

Während Keynes in der „Treatise“ Abweichungen vom Gleichgewicht untersuchte, will er in der „General Theory“ die Kräfte analysieren, die zur Änderung des Outputniveaus und der Beschäftigung führen. Es geht ihm also nicht um die Analyse des Prozesses, sondern um die Kräfte, die diesen Prozeß treiben. In diesem Sinne hält er am metatheoretischen Gleichgewichtsbegriff fest. Hinsichtlich der Analyse — also auf der wirtschaftstheoretischen Ebene — weicht er indes von der neoklassischen Vorstellung ab. Auch dies umreißt er bereits im ersten Kapitel der „General Theory“:

> "I shall argue that the postulates of the classical theory are applicable to a special case only and not to the general case, the situation which it assumes being a limiting point of the possible positions of equilibrium."[83]

Mit diesem Erkenntnisziel macht er sich auf den Weg, die theoretische Norm eines Gleichgewichts bei Unterbeschäftigung abzuleiten. Daß es sich dabei um ein Gleichgewicht, also einen stabilen Zustand, und nicht um eine temporäre oder konjunkturelle Friktion handelt, steht für Keynes außer Frage:

> "In particular, it is an outstanding characteristic of the economic system in which we live that, while it is subject to severe fluctuations in respect of output and employment, it is not violently unstable. Indeed it seems capable of remaining in a chronic condition of sub-normal activity for a considerable period without any marked tendency either towards recovery or towards complete collapse."[84]

Keynes präsentiert sich nicht als Stabilitätspessimist, sondern attestiert dem ökonomischen System sogar beachtliche Selbstregulierungseigenschaften. Seine Kritik zielt auch nicht auf den wirtschaftstheoretischen Gleichgewichtsbegriff. Er bestreitet vielmehr, daß der sich einstellende Zustand per se ein Vollbeschäftigungsgleichgewicht sein müsse. Um zu zeigen, daß ein Gleichgewicht bei Unterbeschäftigung ein stabiler Zustand sein kann, muß man zeigen können, daß keine systemendogenen Kräfte existieren, die einen Abbau der Arbeitslosigkeit bewirken. Wir behandeln zunächst das Problem der Preis-Mengen-Anpassung, weil dies den zentralen Aspekt der rationierungstheoretischen

---

[82] J. M. *Keynes;* General Theory, S. VII.

[83] Ebenda, S. 3.

[84] J. M. *Keynes;* General Theory, S. 249.

Keynes-Interpretation darstellt, und wenden uns dann dem Lohn-Zins-Mechanismus zu, der im Rahmen der neoklassischen Synthese im Vordergrund steht.

4.2.1. Preis-Mengen-Anpassung

Leijonhufvud stellte in seiner vielbeachteten Studie über die Keynessche Theorie die These auf, im Keynesschen Makromodell werde die Marshallsche Klassifizierung der Preis- und Mengenanpassungsgeschwindigkeiten umgekehrt:

> „(...) in der kürzesten Periode sind die Produktionsmengen frei variierbar, ein oder mehrere Preise sind jedoch gegeben; dadurch wird die zulässige Variationsbreite für die restlichen Preise begrenzt."[85]

Mit dem Vordringen des rationierungstheoretischen Ansatzes ist es üblich geworden, die Mengenrationierung bei fixen Preisen als keynesianisch zu bezeichnen.[86] Diese Schule unterstellt der Keynesschen Theorie nicht nur fixe Preise, sondern auch die Rationierung der „kurzen Seite". Liegt beim herrschenden Preis eine Überschußnachfrage vor, so werden die Nachfrager rationiert. F. Hahn hält dieser Sichtweise entgegen, daß in der Keynesschen Theorie bei einer Überschußnachfrage die Lagerbestände abgebaut werden und die Nachfrage befriedigt wird:

> „D.h. die Schuhmacher werden mehr anbieten als sie geplant haben. Jeder, der die Multiplikator-Diskussion der dreißiger Jahre kennt, wird die Geschichte wiedererkennen. Gleichwohl ist aus irgendwelchen unbekannten Gründen der Ansatz der Rationierung der kurzen Seite ‚keynesianisch' getauft worden."[87]

Die von Hahn beschriebene Mengenanpassung in der Marktperiode kann Keynes zwar unterstellt werden, auf ihn berufen kann sich Hahn jedoch nicht.

In diesem Zusammenhang liegt es nahe, auf Marshalls Behandlung der Mengenanpassung in der Marktperiode zu verweisen.[88] Der Handel puffert Nachfrageschwankungen durch seine Läger ab, und die Preise werden weitgehend konstant gehalten.

Hahns Argumentation läßt sich somit mit Marshall untermauern. Problematisch an ihr ist jedoch der scheinbare Zusammenhang zwischen fixen Preisen und Multiplikatorprozeß. Es wird nicht deutlich, ob Hahn der Ansicht ist, der Multiplikatorprozeß werde durch die Mengenanpassung bei fixen Preisen

---

[85] A. *Leijonhufvud;* Über Keynes und den Keynesianismus, Köln 1973, S. 61.

[86] Vgl. J. M. *Grandmont* und G. *Laroque;* On Temporary Keynesian Equilibria, R.E.S., Vol. 43, 1976, S. 53-67.

[87] F. H. *Hahn;* Keynessche Theorie und Allgemeine Gleichgewichtstheorie, in: H. Hagemann u.a. (Hrsg.); Die neue Makroökonomik, Frankfurt/M. 1981 S. 254-255.

[88] Vgl. auch Teil II, 4.2. in dieser Arbeit. Interessanterweise wurde das Preisanpassungsprinzip (Flexpreis), das Marshall für nichtlagerfähige Güter unterstellte (Fish market), in den Vordergrund der theoretischen Diskussion gerückt.

ausgelöst, oder ob er meint, die Preise blieben im Multiplikatorprozeß konstant. Zum ersten Punkt ist zu bemerken, daß auch bei sofortiger Preisanpassung der Multiplikatorprozeß initiiert werden kann.

Wenn aufgrund gestiegener Schuhnachfrage der Schuhpreis erhöht wird, dann erzielen die Schuhproduzenten einen übernormalen Gewinn. Einerseits entstehen aus diesem zusätzlichen Gewinn Ausgaben, und andererseits erzeugt dieser übernormale Gewinn einen Konkurrenzprozeß, in dem die übernormalen Gewinne zugunsten zusätzlicher Beschäftigung und zusätzlicher Löhne abgebaut werden. Ob in der Marktperiode Preis- oder Mengenanpassung dominiert, präjudiziert insoweit nicht den sich in der kurzen Periode vollziehenden Prozeß der Mengen- und Einkommensanpassung. Der Multiplikatorprozeß kann sowohl durch Mengen- als auch durch Preisanpassung in der Marktperiode initiiert werden.

Der andere Punkt betrifft die Frage, ob die Preise im Multiplikatorprozeß konstant bleiben. Die Beantwortung dieser Frage hängt davon ab, welche Ertragsverläufe in der Konsum- und Investitionsgüterindustrie unterstellt werden. Bei konstanten Erträgen werden die Preise bei Mengenexpansion natürlich konstant bleiben. Unterstellt man mit Keynes fallende Erträge, so werden die Preise bei Erhöhung der produzierten Menge natürlich steigen. Keynes berücksichtigt diese Preisänderung in seinem gegenüber dem Kahnschen Beschäftigungsmultiplikator geänderten Investitionsmultiplikator. Während der Kahnsche Multiplikator die Beziehung zwischen der Beschäftigungsänderung im Investitionsgütersektor und der der Gesamtbeschäftigung beschreibt, stellt der Keynessche Multiplikator eine Beziehung zwischen der Änderung der Investitionsnachfrage und der des Volkseinkommens her. Die beiden Multiplikatorformeln lauten:[89]

	Kahn		Keynes
(1)	$k' L_I = N$,	(2)	$k' \hat{I} = \hat{Y}$,

wobei das Einkommen und die Investitionsnachfrage in Lohneinheiten gemessen werden, $\hat{I} = I/w$, $\hat{Y} = Y/w$. Die Einkommensänderung läßt sich durch Berücksichtigung der Verteilungsseite in eine Beschäftigungs- und eine Preisänderung aufteilen, d. h.

$$k\hat{I} = \hat{Y} = N + \hat{Q}, \; \hat{Q} = Q/w \tag{3}$$

Wir setzen (1) in die rechte Seite von (3) ein und erhalten

$$k\hat{I} = k' L_I + \hat{Q}$$

Keynes' Investitionsmultiplikator beinhaltet neben dem Kahnschen Beschäftigungsmultiplikator den sich in der Quasirentenänderung niederschlagenden

[89] Vgl. J. M. *Keynes;* General Theory, S. 115-116.

Preiseffekt. Die hier dargestellte Diskussion über fixe versus flexible Preise mag durchaus von theoretischem Interesse sein, sie ignoriert jedoch die von Keynes selbst dargelegten Argumente und Konzepte. Die Unterscheidung von Fix- und Flexpreisannahmen bezieht sich auf Anpassungsprobleme der Marktperiode, obwohl Keynes die Theorie der effektiven Nachfrage und das Gleichgewicht bei Unterbeschäftigung nicht im Rahmen der Marktperiode behandelte. Er verstand sein Unterbeschäftigungsgleichgewicht niemals als ein nur temporäres Gleichgewicht. Keynes' Theorie basiert auf Marshalls Konzept der kurzen Periode, und hier sind die Preise durchaus flexibel, wie man ohne weiteres auch den Kapiteln 19 und 21 der „General Theory" entnehmen kann. Die Diskussion über starre Preise als die eigentliche Keynessche Botschaft erweist sich als falsch und aufgesetzt. Ob dies auch bezüglich der Frage nach Geldlohn- und Zinssatzrigiditäten zutrifft, soll im folgenden Abschnitt behandelt werden.

4.2.2. Zum Verhältnis von Geldlohn und Zinssatz

Keynes' Vorliebe für den Geldlohnsatz als Normierungseinheit hat bei einigen seiner Interpreten Konfusionen ausgelöst, die Hicks wie folgt beschreibt:

> "All expositors of Keynes (including myself) have found this procedure a difficulty. (...) We had to find some way of breaking the circle. The obvious way of doing so was to begin by setting out the rest (multiplier, liquidity preference and so on) on the assumption of *fixed* money wages."[90]

Die Annahme eines gegebenen Geldlohns schließt nicht aus, daß dieser Änderungen unterliegt, wenn auch Keynes mit Bemerkungen über die diesen Änderungen zugrundeliegenden Mechanismen eher geizt. Auch daß er erst im 19. Kapitel die Wirkungen flexibler Geldlöhne analysiert, hat sicherlich nicht gerade dazu beigetragen, das Bild von den der „General Theory" zugrundeliegenden starren Geldlöhnen zu vermeiden. Keynes beginnt seine Ausführungen mit einer Kritik der neoklassischen Argumentation, wonach eine Nominallohnsenkung unter der Voraussetzung, daß die Preise nicht im gleichen Maße fallen, zu einer Reallohnsenkung führe. Diese bewirke eine Kostensenkung, so daß es bei gleicher Güternachfrage zu einer Produktionsausdehnung und somit zu einem Anstieg der Beschäftigung kommen müsse. Gegen die Argumentation führt Keynes verschiedene Kritikpunkte an, die wir hier nicht alle wiederholen müssen.[91] Der vielleicht interessanteste Punkt besteht in Keynes' Nachweis, daß eine Geldlohnsenkung den gleichen Effekt wie eine Geldmengenausweitung hat.[92] Diese Argumenation hat indes nur vorbereitenden Charakter, denn Keynes will darauf hinweisen, daß die Nominallohnsenkung nur dann einen

[90] J. R. *Hicks;* The Crisis in Keynesian Economics, Yrjo Jahnsson Lectures, Oxford 1974, S. 60.

[91] Vgl. J. M. *Keynes;* General Theory, S. 260.

[92] Diese Argumentation ist natürlich keine Kritik an der Selbstregulierungsthese, sondern eher ein Hinweis auf die wirtschafts- und geldpolitische Zuständigkeit bestimmter Institutionen und deren mögliche Zielkonflikte.

wirklich beschäftigungswirksamen Effekt hat, wenn eine Zinssatzsenkung die effektive Nachfrage belebt. Die zinssenkende Wirkung einer Nominallohnsenkung beruht auf zwei Voraussetzungen:

Zunächst muß vorausgesetzt werden, daß die Geldmenge konstant ist. Unter dieser Voraussetzung steigt die Geldmenge gemessen in der Lohnrate, wenn letztere gesenkt wird. Da die Geldhaltung zu Transaktionszwecken reduziert wird, entstehen Überschüsse, die zu „spekulativen" Zwecken zur Verfügung stehen und somit einen Druck auf den Zinssatz ausüben. Der Zinssatz kann jedoch nur sinken, wenn in der Zukunft mit einem Kursanstieg gerechnet wird. Herrscht diesbezüglich jedoch ausgesprochener Pessimismus, werden die Kurse und der Zinssatz auf ihrem Niveau verharren, und der investitionsbelebende Zinseffekt bleibt aus. Die Ökonomie verharrt in einer Unterbeschäftigungssituation trotz einer Nominallohnsenkung. Ob es sich hierbei um die vielzitierte „Liquiditätsfalle" handelt, soll noch nicht diskutiert werden. Zunächst muß bereits an dieser Stelle darauf hingewiesen werden, daß die von Keynes vertretene Argumentation nur Gültigkeit besitzt,

> "if the quantity of money is virtually fixed, (...)"[93]

Hingegen:

> "If the quantity of money is itself a function of the wage- and price-level, there is indeed nothing to hope in this direction."[94]

Offensichtlich hält Keynes die Annahme einer konstanten Geldmenge nicht für sonderlich sinnvoll, läßt sich jedoch zum Zweck eines Gedankenexperiments auf diese „virtuelle" Annahme ein. Unter dieser Voraussetzung scheint nur noch die „Liquiditätsfalle" als einziges und letztes systematisches Argument in Keynes' Kritik der Selbstregulierungsidee übrig geblieben zu sein. Man könnte Keynes sogar vorwerfen, daß er ein Unterbeschäftigungsgleichgewicht bei flexiblen Geldlöhnen nur mit Hilfe eines nach unten rigiden Geldzinssatzes nachweisen kann. Diese Untergrenze wird mit der Liquiditätsprämie begründet, die als eine wesentliche Eigenschaft des Geldes, wie Keynes ausführte, selbst bei starker Vermehrung der Geldbestände niemals unter einen bestimmten positiven Wert fällt.[95] Das ist ein Ergebnis, zu dem auch die neoklassische Synthese gelangt, wenn sie von Rigiditäten, d. h. im vorliegenden Fall von einem rigiden Zinssatz ausgeht. Wenn diese Sichtweise der Kritik standhält, dann verliert auch Keynes' Kritik der Selbstregulierung ihren emphatischen Anspruch und reduziert sich auf ein genaueres und somit besseres Verständnis der Selbstregulierungsmechanismen eines durch die Kräfte von Angebot und Nachfrage beherrschten ökonomischen Systems.

Der Autor dieser Studie kann sich dieser Sichtweise nicht anschließen, weil er die notwendigen Voraussetzungen, unter denen dieses Ergebnis abgeleitet wird,

---

[93] J. M. *Keynes;* General Theory, S. 266.

[94] Ebenda, S. 266.

[95] Vgl. J. M. *Keynes;* General Theory, S. 233.

in der Keynesschen Theorie nicht eindeutig wiederfindet. Hierbei handelt es sich insbesondere um die Annahme eines konstanten Geldangebots. Weder im Kapitel 15 der „General Theory", in dem Keynes die verschiedenen Komponenten der Geldnachfrage ableitet, noch im Kapitel 19, in dem er die Geldlohnflexibilität diskutiert, unterstellt er ein konstantes Geldangebot als theoretische Norm. Lediglich als Gedankenexperiment läßt er sich auf diese Annahme ein.[96] Ob Geldlohnsenkungen die Beschäftigung erhöhen, hängt von der Geldpolitik der Zentralbank ab. Wenn die Zentralbank eine Deflationspolitik in der Weise stützt, daß der Geldzinssatz nicht sinkt, kann die effektive Nachfrage nicht erhöht und somit die Arbeitslosigkeit nicht verringert werden.

Die Keynessche Kritik der Selbstregulierung verliert in diesem Punkt theoretische Prägnanz, weil durch die Berücksichtigung der Zentralbankpolitik ein „quasivoluntaristisches" Element Einzug in das Theoriegebäude hält.

Kaldor entwickelte eine der Keynesschen Theorie extrem entgegengesetzte Position:

> „Das Geldangebot kann die Nachfrage nicht übersteigen, weil ein solcher Überschuß durch Rückzahlungen von Bankkrediten oder durch den Ankauf einkommenserzeugender Finanzanlagen vom Bankensystem automatisch vernichtet würde. (...) Im Fall von Kreditgeld wird das Geldangebot am besten durch eine horizontale Kurve dargestellt. Die exogene Variable ist *nicht* das Geldangebot, sondern der durch die Zentralbank festgelegte Zinssatz."[97]

Kaldor löst den Zinssatz aus dem selbstregulativen Zusammenhang heraus und überantwortet dessen Bestimmung einer wirtschaftspolitischen Institution, die nicht notwendigerweise wie ein Markt „funktioniert".

5. Schlußbemerkungen

5.1. Neoklassische Elemente in der Keynesschen Theorie

Obwohl Keynes seine „General Theory" als einen Angriff auf die neoklassische Orthodoxie verstand, blieb er doch einigen nicht unwesentlichen Konzepten der Neoklassik verhaftet. Neben der durch die Grenzproduktivität der Arbeit begründeten fallenden Arbeitsnachfragefunktion hielt er auch an der durch die Investitionsnachfragefunktion beschriebenen Beziehung zwischen Zinssatz und Investitionshöhe fest. Für die abnehmende Grenzleistungsfähigkeit des Kapitals nannte Keynes zwei Gründe:[98]

---

[96] Daß es sich um ein Gedankenexperiment handelt, wird deutlich, weil er von einer *virtuellen* Konstanz der Geldmenge spricht. Vgl. J. M. *Keynes;* General Theory; S. 266.

[97] N. *Kaldor;* Grenzen der „General Theory", 1. Merton-Lesung an der J.-W.-Goethe-Universität Frankfurt/M., Berlin—Heidelberg—New York 1983, S. 39-40.

[98] Vgl. J. M. *Keynes;* General Theory, S. 136.

(1) Bei steigendem Kapitalgüterangebot werden die in zukünftigen Perioden erwarteten Nettoerträge fallen.
(2) Die Zufuhrpreise der Investitionsgüter steigen bei einer Produktionsausdehnung.

Das zweite Argument gilt nur im Rahmen der kurzen Periode, während das erste auf die lange Periode zutrifft. An dem die lange Periode betreffenden Argument entzündete sich die kapitaltheoretische Kritik von Garegnani und Eatwell. Warum sollten die zukünftigen Erträge bei der Ausdehnung der Kapitalzufuhr fallen? Eatwell verweist indirekt auf die hinter dieser Argumentation stehende Annahme vollständig ausgelasteter Kapazitäten.

"With underemployed capacity, an increase in aggregate investment, leading to an increase in aggregate demand, does not imply that the prospective yield on capital in general will fall as would be the case if investment in but one capital good were increased. Indeed, it is probable that increased aggregate demand will result in a rise in the return on the incremental investment."[99]

Schefold kritisiert die partialanalytische Blindheit des traditionellen Investitionskalküls, weil dabei unterstellt wird, daß die Höhe der zukünftigen Erträge unabhängig von der Höhe der Zinsrate / Profitrate ist. In seiner Analyse von Fixkapitalsystemen — es handelt sich dabei um einen Spezialfall im Rahmen allgemeiner Kuppelproduktionssysteme — kommt er auf solider kapitaltheoretischer Grundlage zu dem Ergebnis, daß die Preise neu investierter Kapitalgüter (z. B. Maschinen) gemessen in der Lohnrate mit der Profit / Zinsrate steigen, da zumindest einige in der Zukunft anfallende Erträge stärker steigen können als der Diskontierungsfaktor.[100]

Auch Pasinettis Versuch, die Keynessche Konstruktion der Grenzleistungsfähigkeit des Kapitals vom Geruch der Grenzproduktivitätstheorie zu befreien, erweist sich auf dem Hintergrund von Schefolds Argumentation als wenig hilfreich. Pasinetti interpretiert die fallende Kurve der Grenzleistungsfähigkeit als das Ergebnis einer Anordnung aller möglichen Investitionsprojekte gemäß ihrer erwarteten Profitabilität.

"And in any case, there is absolutely no need to consider Keynes' marginal-efficiency-of-capital schedule as an expression of the marginal productivity theory of capital. This theory necessarily entails an inverse monotonic relation between capital intensity and the rate of interest. But that is not the case with Keynes' ranking of investment projects."[101]

Mit dem Verweis auf Schefolds Argument kann gegen Pasinetti eingewendet werden, daß die Anordnung der Investitionsprojekte gemäß ihrer zukünftigen

---

[99] J. L. *Eatwell;* Theories of Value, Output and Employment, Thames Papers in Political Economy, London 1979, S. 33.

[100] B. *Schefold;* Fixed Capital as a Joint Product and the Analysis of Accumulation with Different Forms of Technical Progress, in: L. L. *Pasinetti* (Ed.); Essays on the Theory of joint Production, London 1980, S. 138-217.

[101] L. L. *Pasinetti;* Growth and Income Distribution, Cambridge 1974, S. 34.

Erträge ebenfalls voraussetzt, daß die Erträge unabhängig vom Zinssatz sind. Sind sie es nicht, kann sich die Reihenfolge der Anordnung mit Variation des Zinssatzes ändern. Eine solche „Kurve" kann schlechterdings als Nachfragefunktion interpretiert werden, da Nachfragekurven bei parametrischer Variation des Preises weder ihre Lage noch Gestalt ändern dürfen.

Diese kapitaltheoretische Kritik an dem Keynesschen Konzept der Grenzleistungsfähigkeit des Kapitals hat zwei weiterführende Konsequenzen. Zunächst wird hierdurch eine tragende Säule der neoklassischen Synthese zerstört, denn ohne eine inverse Beziehung zwischen Zinssatz und Investitionshöhe wird dem Argument, eine Geldlohnreduktion bewirke durch Zinssatzsenkung einen Investitionsstimulus und daher eine langfristige Tendenz zum Vollbeschäftigungsgleichgewicht, die theoretische Grundlage entzogen.

Für die Keynessche Theorie ergibt sich die zunächst unbefriedigende Situation, ohne ein theoretisches Konzept zur Erklärung der Investitionsnachfrage auskommen zu müssen, (wenn man einmal von den „animal spirits" und den „long term expectations" absieht). Es mag zwar richtig sein, daß es besser ist, keine nachweislich falsche Theorie zu vertreten, befriedigend ist dieser Zustand der ökonomischen Theorie jedoch kaum.

5.2. Zum Verhältnis von mikro- und makroökonomischer Theorie

Um das Thema zum Verhältnis von mikro- und makroökonomischer Theorie auf einer allgemeinen Ebene aufzugreifen, müssen wir zunächst die Frage nach den Unterscheidungskriterien stellen. Ein naheliegendes Kriterium hierzu ist der Aggregationsgrad. Dementsprechend müßte ein mehrsektorales disaggregiertes allgemeines Gleichgewichtsmodell der Mikroökonomie zugeordnet werden. Eine entgegengesetzte Zuordnung ergäbe sich, wenn man unter Makroökonomie gesamtwirtschaftliche Analyse versteht und die Mikroökonomie als Partialanalyse (z. B. Industrieökonomik, Konsumentenverhalten, Arbeitsmarkt usw.) begreift. Es wird hierdurch deutlich, daß die Klassifikationskriterien einzeln betrachtet nur Teilaspekte der traditionellen Unterscheidung zwischen mikro- und makroökonomischer Theorie widerspiegeln.

Die Kombination der Kriterien macht deutlich, daß es sowohl makroökonomische als auch mikroökonomische Totalmodelle gibt, wobei die Keynessche Theorie der ersten und die walrasianische allgemeine Gleichgewichtstheorie der zweiten Gruppe zuzurechnen ist. Beide theoretischen Ansätze haben also die Gesamtwirtschaft zum Untersuchungsgegenstand. In welchem Verhältnis stehen sie zueinander?

Eine Auffassung besteht darin, dem makroökonomischen Ansatz keine eigenständige Qualität zuzubilligen. Das wird mit dem Verweis auf die in der Makroökonomie fehlenden handlungs- und entscheidungstheoretischen Grundlagen begründet. Stark vereinfacht lautet deren These, daß Aggregate weder handeln noch Entscheidungen treffen können. Dieser Auffassung folgend reduziert sich die Makroökonomie auf eine durch Aggregation vereinfachte Version des mikroökonomischen Totalmodells. Die Vereinfachung wird häufig mit Gründen der Handlichkeit etc. legitimiert.

Weniger radikal ist eine Haltung, die einerseits konzediert, daß ökonomische Theorie Makrocharakter haben muß, andererseits jedoch am mikroökonomischen Totalmodell festhalten will. In charakteristischer Weise äußerte sich hierzu F. Hahn am Ende seines Aufsatzes über das Verhältnis von Keynesscher Theorie und allgemeiner Gleichgewichtstheorie:

> „Damit bliebe zunächst eine wichtige Frage unerörtert. Dies ist natürlich die makroökonomische Theorie, die wir im wesentlichen als eine Keynessche Erfindung betrachten. Der Grund dafür, daß ich sie nicht erörtere, liegt darin, daß ich nichts zu sagen habe. Sicherlich dient die makroökonomische Theorie als ein gutes ‚einfaches' Modell, das viele Ökonomen genau für das halten, was wir brauchen. (...) Aber wie man ihr eine theoretische Fundierung geben könnte, weiß ich nicht. (...) Es liegt auf der Hand, daß eine brauchbare Wirtschaftstheorie irgendeine Form von Makrocharakter besitzen muß. Aber welche Form?"[102]

Diesem Dilemma entspringt die Forderung nach einer mikroökonomischen Fundierung der makroökonomischen Theorie.

Neben diesen beiden Auffassungen, die vom methodischen Primat der mikroökonomischen Perspektive ausgehen, läßt sich noch eine ganz andere Sichtweise ausmachen. Wenn man Mikroökonomie als Partialanalyse begreift und die Analyse des ökonomischen Gesamtzusammenhangs als Aufgabe der Makroökonomie ansieht, läßt sich das Begründungsproblem leicht umkehren: die mikroökonomische Analyse bedarf einer makroökonomischen Fundierung. In ähnlicher Weise, jedoch ohne die Forderung nach einer makroökonomischen Grundlage, zog Keynes die Grenzlinie zwischen Mikro- und Makroökonomie:

> "The right dichotomy is, I suggest, between the Theory of the Individual Industry or Firm and of the rewards and the distribution between different uses of a given quantity of resources on the one hand, and the Theory of Output and Employment as a whole on the other hand."[103]

Auch unsere Untersuchung zu Marshalls Theorie zeigt, daß sie nicht den von Hahn gestellten Anforderungen an eine Mikrofundierung gerecht werden kann. In Marshalls Theorie steht das Marktergebnis und der Marktprozeß im Vordergrund. Die in diesem Zusammenhang stehenden individuellen Entscheidungen werden von Marshall nicht behandelt, so daß man nicht erst bei Keynes vergeblich nach einer in diesem Sinn verstandenen Mikrofundierung sucht. Offensichtlich verspürte man in diesem Punkt kein Erklärungsdefizit. Der Grund hierfür könnte darin liegen, daß auch der klassischen politischen Ökonomie, von der sich gerade Marshall nicht völlig lösen wollte, eine auf einer individuellen Entscheidungslogik basierende Modellstruktur fehlt.[104]

---

[102] F. H. *Hahn;* Keynessche Theorie und allgemeine Gleichgewichtstheorie, S. 258-259.

[103] J. M. *Keynes;* General Theory, S. 293.

Die Arbeitswertlehre und die durch Sraffa reformulierte klassische Produktionspreistheorie sind Beispiele für „makroökonomisch" konzipierte Wert- bzw. Preistheorien. Wenn der Begriff „Mikroökonomie" nicht ausschließlich für das Grundmodell der walrasianischen allgemeinen Gleichgewichtstheorie reserviert sein soll, dann könnten auch andere Preistheorien zur „Fundierung" bzw. Vervollständigung der Keynesschen Theorie herangezogen werden.

[104] Schumpeter hob die große methodische Ähnlichkeit zwischen Ricardo und Keynes mehrfach hervor. Er drückte seine Mißbilligung der aggregativen und kausal ausgerichteten Methode aus, indem er sie als „das Ricardianische Laster" kennzeichnete. Vgl. J. A. *Schumpeter;* History of Economic Analysis, S. 473 und 1171.

Anhang

Ein marshallianisch inspiriertes Ungleichgewichtsmodell

In diesem Anhang wird an das von Malinvaud formulierte rationierungstheoretische Modell[1] angeknüpft. Im Unterschied zu Malinvaud, der die Hickssche Fixpreis-Annahme in den Vordergrund rückt, wollen wir die Theorie der effektiven Nachfrage in der Form der „Dualen Entscheidungshypothese" mit der marshallianischen Flexpreis-Annahme kombinieren. Der rationierungstheoretische Ansatz erlaubt, zwischen verschiedenen Arten der „Fehlallokation" zu unterscheiden, von denen die „keynesianische" jedoch nur eine unter mehreren darstellt. Dieses Ergebnis bekräftigt die Sichtweise, daß die Keynessche Theorie nur ein Spezialfall der Allgemeinen Gleichgewichtstheorie sei, der auf speziellen Preisbildungshypothesen beruhe. Die Anwendung der Fixpreis-Methode wird häufig mit dem Hinweis auf die in oligopolistischen Märkten vorherrschenden administierten Preise legitimiert. Hierdurch entsteht der Eindruck, die „Fehlallokationen" könnten vermieden werden, wenn die Preisstarrheiten beseitigt wären.

Unser Interesse an einem Flexpreis-Modell ist daher von doppelter Art. Unter theoriegeschichtlichen Gesichtspunkten steht außer Frage, daß Keynes in der „General Theory" keine starren Preise unterstellte, so daß das Ergebnis seiner Überlegungen nicht an einer solchen Voraussetzung hängen darf. Unter modelltheoretischen Aspekten ist es interessant zu klären, ob ein Unterbeschäftigungsgleichgewicht auch bei völlig flexiblen Preisen theoretisch möglich ist. Gelänge es, dies zu zeigen, dann wären starre Preise (z. B. administrierte Preise) nicht notwendig die Ursache von Unterbeschäftigung, sondern eine zusätzliche Komplikation marktwirtschaftlicher Allokationsprozesse.

Ausgehend von einem stark vereinfachten Zweisektoren-Modell[2], das dem von Malinvaud verwendeten weitgehend entspricht, werden wir versuchen, die aufgeworfenen Fragen einer Klärung näher zu bringen.

Unsere Modellökonomie besteht aus einem Konsumgütersektor und einem Staatssektor, der eine bestimmte, fest vorgegebene Zahl von Arbeitern L_g beschäftigt, denen zum herrschenden Lohnsatz w die Lohnsumme W_g ausgezahlt wird.

Der Staat bietet die Dienstleistungen zum Nulltarif an. Es bleibt somit noch eine bestimmte Anzahl von Arbeitern, die ihre Arbeit dem Konsumgütersektor

---

[1] Vgl. E. *Malinvaud;* The Theory of Unemployment reconsidered, Oxford 1977.

[2] Es wird Schefolds Modellvariante zugrunde gelegt. Vgl. B. *Schefold;* Kahn on Malinvaud in: J. *Eatwell* und M. *Milgate* (Hrsg.); Keynes' Economics, London 1983, S. 229-246.

anbieten. Der Einfachheit wegen wird angenommen, ihr Angebot sei inelastisch. Die Arbeiter beider Sektoren geben ihr gesamtes Einkommen für Konsumgüter aus. Die Gewinne Q des Konsumgütersektors werden vollständig *besteuert* und bilden als Staatseinnahmen die Quelle der Lohnzahlungen des Staates. Es erübrigt sich fast zu erwähnen, daß in unserer Ökonomie weder investiert noch gespart wird, so daß sich aus dem Kreislaufzusammenhang folgende Gleichungen ergeben:

$$Y = C + G,$$
$$Y = W + Q,$$
$$Q = G = wL_g,$$

Wobei G die gesamten Staatsausgaben, W die gesamte Lohnsumme, also $W = wL_c + wL_g$ und C die Konsumausgaben darstellt.

Zur Ableitung von Angebots- und Nachfragefunktionen folgen wir Clower[3] und unterscheiden zwischen notionaler und effektiver Nachfrage. Die notionale Arbeitsnachfrage im Konsumgütersektor leitet sich aus dem Verhalten der Unternehmer ab, die unter der Bedingung der vollkommenen Konkurrenz, d. h. bei gegebenem Preis des Konsumguts p und gegebenem Nominallohnsatz w, ihren Gewinn $p \cdot F(L_c) - wL_c$ maximieren, so daß

(1) $$\frac{w}{p} = F'(L_c).$$

$F(L_c)$ ist die Produktionsfunktion des Konsumgütersektors, und L_c bezeichnet die in diesem Sektor eingesetzte Menge Arbeit. Die notionale Arbeitsnachfrage leitet sich somit aus der Grenzproduktivität der eingesetzten Arbeit im Vergleich zum herrschenden Reallohnsatz ab. Aus der Arbeitsnachfragefunktion ergibt sich durch einfache Umformulierung von (1) die notionale Güterangebotsfunktion, bzw. marshallianisch ausgedrückt, der Angebotspreis einer Gütermenge:

(1') $$p = \frac{w}{F'(L_c)}.$$

Die effektive Nachfrage nach Arbeit wird, wie Keynes hervorhob, durch den tatsächlich verkauften Konsumgüteroutput des Konsumgütersektors begrenzt. Somit wird aber auch die Konsumgüternachfrage der Arbeiter durch die tatsächliche und nicht durch die von den Arbeitern erwünschte Beschäftigungshöhe bestimmt. Dies führt uns zur Formulierung des Konzepts der effektiven Nachfrage im Sinne von Clower. Die Konsumgüternachfrage resultiert aus den Einkommen der Arbeiter des Konsumgütersektors und des Staatssektors, d. h.

$$W_c + W_g = w(L_c + L_g) = pF(L_c).$$

[3] R. W. *Clower;* The Keynesian Counterrevolution: a theoretical appraisal, in: F. H. *Hahn* und F. *Brechling;* The Theory of Interest Rates, London 1965.

Diese Gleichung läßt sich entweder nach dem Reallohn oder dem Konsumgüterpreis auflösen. Wir erhalten:

(2) $$\frac{w}{p} = \frac{F(L_c)}{L_c + L_g}$$

oder

(2′) $$p = \frac{w(L_c + L_g)}{F(L_c)}$$

Gleichung (2) beschreibt die effektive Arbeitsnachfrage, und Gleichung (2′) bezeichnen wir in marshallianischer Tradition als Nachfragepreisfunktion für Konsumgüter. Beide Gleichungssysteme (1/2 und 1′/2′) erlauben es, eine gesamtwirtschaftliche Gleichgewichtsanalyse durchzuführen. Sie sind nur als alternative Darstellungsformen anzusehen, weil in der Behandlung des Arbeitsmarktes der Gütermarkt in der Form der effektiven Arbeitsnachfrage berücksichtigt wird. Andererseits wird bei der Behandlung des Gütermarkts die tatsächliche Beschäftigung in der Form der effektiven Güternachfrage berücksichtigt.

Bevor wir jedoch zu einer simultanen Darstellung beider Märkte übergehen, müssen wir die den Gütermarkt beschreibenden Funktionen noch in die von Keynes benutzten Lohneinheiten transformieren, indem wir durch die Nominallohnrate dividieren. Wir erhalten:

(1″) $$\frac{p}{w} = \hat{p} = \frac{1}{F'(L_c)}$$

(2″) $$\frac{p}{w} = \hat{p} = \frac{L_c + L_g}{F(L_c)}.$$

Die notionale Konsumgüterangebotskurve (1′) und die effektive Konsumgüternachfragekurve (2′) sind in Diagramm 1 abgebildet. Die Form der Kurven hängt von den Eigenschaften der Produktionsfunktion ab.[4] Die Lage der effektiven Nachfragekurve wird durch die Höhe der autonomen Ausgaben (L_g) bestimmt.

Oberhalb der Kurve der effektiven Nachfrage liegt die Zone, in der ein Mangel an effektiver Nachfrage vorliegt. Für Kombinationen von p, L_c unterhalb der notionalen Güterangebotskurve wird die Gewinnmaximierungsbedingung verletzt, d.h. es würden sich *entsprechende* Verluste einstellen, wenn entsprechende Preis-Beschäftigungs-Kombinationen vorlägen. Links vom Schnittpunkt beider Kurven herrscht Nachfrageüberschuß, da bei entsprechen-

[4] Wir haben Keynes folgend für die kurze Periode eine Produktionsfunktion mit fallenden Erträgen unterstellt.

den Kombinationen von Preis und Beschäftigung die Nachfrage nach Konsumgütern größer als der entsprechende Outputwert ist.

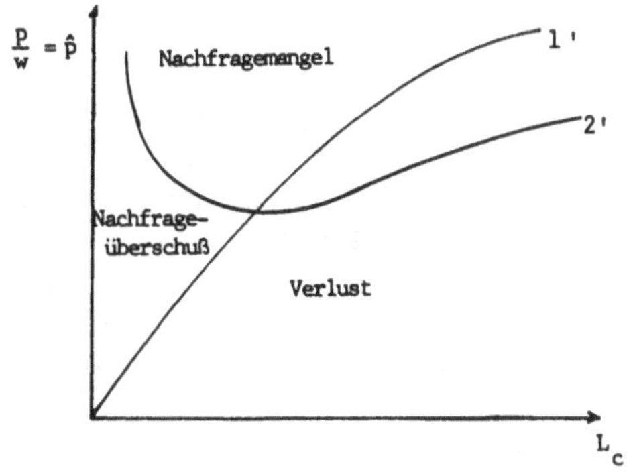

Diagramm 1

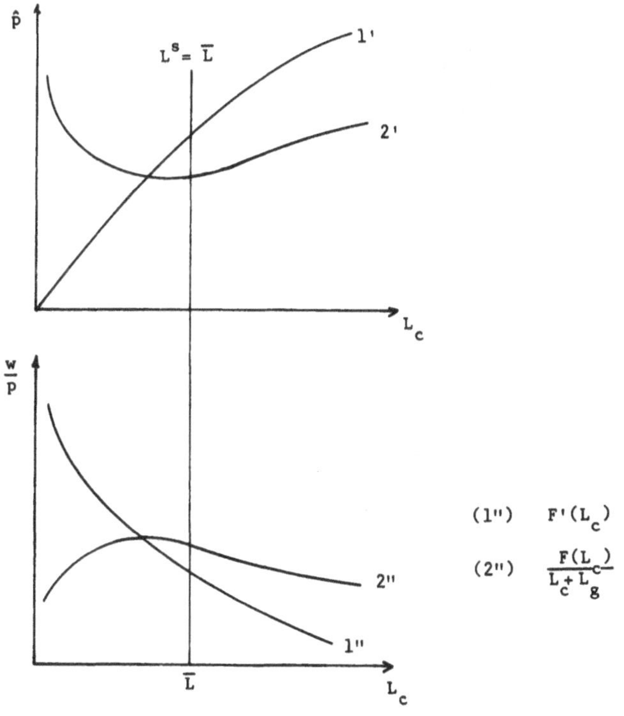

Diagramm 2

Im Diagramm 2 sind der Vollständigkeit halber beide Darstellungsformen untereinander präsentiert.

Die Ungleichgewichtstheorie (auch neue Makroökonomik genannt) unterscheidet bestimmte Gleichgewichtslagen — Rationierungsgleichgewichte —, die mit verschieden hohen Reallohnsätzen korrespondieren. Diese Herangehensweise, den Preis- bzw. den Reallohnsatz als unabhängige Variable oder als parametrisch gesetzte Größe zu behandeln, wird sowohl durch die walrasianische Theorie als auch durch die ad hoc-Hypothese starrer Preise nahegelegt. Nur auf diesem Hintergrund ergeben die von Malinvaud neben der keynesianischen Arbeitslosigkeit unterschiedenen Fehlallokationen der „klassischen" Arbeitslosigkeit und der „zurückgestauten" Inflation einen Sinn. Hierbei stellt der Fall der „klassischen" Arbeitslosigkeit ein interessantes Pendant zur keynesianischen dar. „Klassische" Arbeitslosigkeit herrscht, wenn auf dem Arbeitsmarkt beim herrschenden Reallohnsatz ein Angebotsüberschuß und auf dem Gütermarkt ein Nachfrageüberschuß herrscht. Angebots- bzw. Nachfrageüberschuß beziehen sich hierbei freilich auf die notionalen Angebots- und Nachfragefunktionen. Eine solche Situation ist in Diagramm 3 abgebildet.

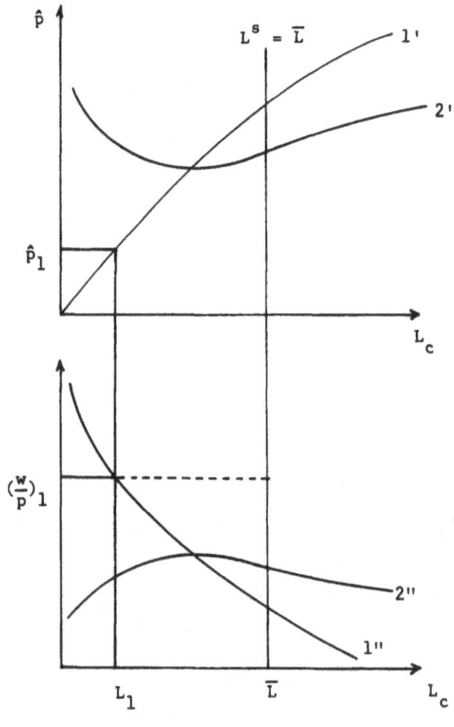

Diagramm 3

Beim Reallohnsatz $\left(\frac{w}{p}\right)_1$ liegt auf dem Arbeitsmarkt ein Angebotsüberschuß und auf dem Gütermarkt ein Nachfrageüberschuß vor. Die Beschäftigung erreicht das Niveau L_1.

Diese Betrachtungsweise ist dem Marshallianer fremd. Für ihn ist, wie wir an anderer Stelle bereits ausgeführt haben, die Menge als unabhängige Variable anzusehen. Das führt in dem uns vorliegenden Fall dazu, daß wir von der Beschäftigungssituation L_1 auszugehen haben und untersuchen müssen, welcher Preis herrscht und ob bei diesem Preis das bisherige Beschäftigungsniveau beibehalten oder geändert wird. Diese Situation ist in Diagramm 4 dargestellt.

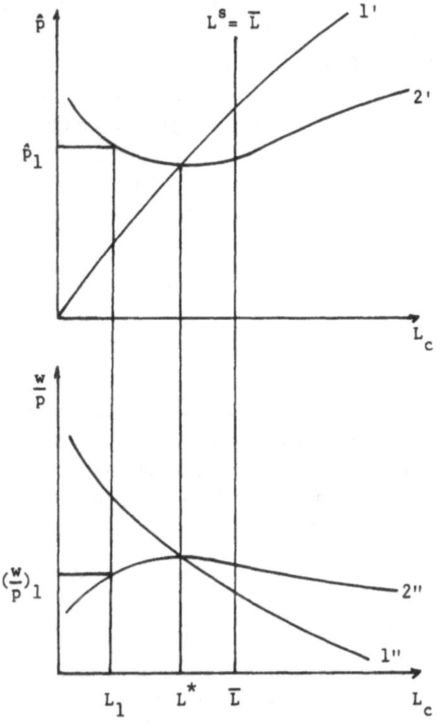

Diagramm 4

Liegt die Beschäftigung auf dem Niveau L_1, so herrscht auf dem Gütermarkt der Preis $\hat{p}_1$. Im Unterschied zur walrasianischen Sichtweise, die im gleichen Fall den herrschenden Preis durch den Schnittpunkt von L_1 mit der notionalen Angebotskurve bestimmt, liegen in der marshallianischen Theorie die herrschenden Preise (Marktpreise) immer auf der Nachfragekurve. Das folgt aus der Annahme flexibler Preise in der Marktperiode („temporary equilibrium" vom Fischmarkt-Typ). Verbinden wir dieses marshallianische Prinzip mit Clowers Konzept der effektiven Nachfrage, dann findet sich der Marktpreis auf der effektiven Konsumgüternachfragekurve, und der herrschende Reallohn $\left(\frac{w}{p}\right)_1$ muß auf der effektiven Arbeitsnachfragefunktion liegen. Diese Konstellation auf dem Güter- und Arbeitsmarkt entspricht dem Fall „klassischer“ Arbeitslosigkeit im Malinvaud-Modell.

Aus marshallianischer Sicht kann es sich hierbei nur um ein temporäres Gleichgewicht handeln, da die Firmen des Konsumgütersektors Extragewinne realisieren, denn der Marktpreis $\hat{p}_1$ liegt erheblich über den Grenzkosten. Dies führt — Gewinnmaximierung und Konkurrenz vorausgesetzt — zu einer Ausdehnung des Outputs und der Beschäftigung. Im Zuge dieses Prozesses kommt es von der Inputseite zu einer Erhöhung der Grenzkosten (wegen der fallenden Erträge) und auf der Outputseite zu einer Senkung des Marktpreises, bis der Marktpreis gleich den Grenzkosten ist. In diesem Punkt herrscht das Beschäftigungsniveau L^*, und der Angebotspreis ist gleich dem Nachfragepreis. Ein marshallianisches Gleichgewicht der kurzen Periode ist somit erreicht, denn die Gewinnmaximierungsbedingung ist eingehalten, und das Güterangebot ist gleich der Güternachfrage. Trotzdem bleibt Arbeitslosigkeit in der Höhe von $\bar{L} - L^*$ bestehen. Keynes hat diesen Anpassungsprozeß zu einem Gleichgewicht der kurzen Periode in Begriffen der marshallianischen Stabilitätsanalyse beschrieben.

"Now if for a given value of *N* (employment, V.C.) the expected proceeds are greater than the aggregate supply price, i.e. if *D* is greater than *Z*, there will be an incentive to entrepreneurs to increase employment beyond *N* and, if necessary, to raise costs by competing with one another for the factors of production, up to the value of *N* for which *Z* has become equal to*D*. Thus the volume of employment is given by the point of intersection between the aggregate demand function and the aggregate supply function; for it is at this point that the entrepreneurs' expectation of profits will be maximised."[5]

Die Unterbeschäftigungssituation kann nicht durch eine Änderung der relativen Preise, des Reallohnsatzes also, behoben werden, da ansonsten das Gütermarktgleichgewicht aufgehoben werden würde. Der einzige Weg, die Beschäftigungslage zu verbessern, besteht in einer Erhöhung der autonomen Beschäftigung, denn dadurch würde sich die Kurve der effektiven Nachfrage nach rechts oben verschieben mit dem Effekt, daß Vollbeschäftigung dann erreicht ist, wenn sich die notionale Arbeitsnachfrage, die effektive Arbeitsnachfrage und das inelastische Arbeitsangebot in einem Punkt treffen.

[5] J. M. *Keynes;* General Theory, S. 25.

Literaturverzeichnis

Allen, R. G. D.: Macroeconomic Theory, London 1967.

Arrow, K. J.: Toward a Theory of Price adjustment, in: *Arrow,* K. J. und *Hurwicz,* L. (Hrsg.).

— *Debreu,* G.: Existence of an Equilibrium for a Competitive Economy, Econometrica 1954, S. 265-290.

— *Hahn,* F. H.: General Competitive Analysis, Amsterdam 1971.

— *Hurwicz, L. (Hrsg.): Studies in Resource Allocation Processes, Cambridge 1977.*

— *Intriligator,* M D. (Hrsg.): Handbook of Mathematical Economics, 3 Bände, Amsterdam 1982.

Asimakopulos, A.: Keynes' Theory of Effective Demand Revisted, Australian Economic Papers, 1982, S. 18-36.

Barens, I.: Geld und Unterbeschäftigung, J. M. Keynes' Kritik an der Selbstregulierungsvorstellung, Berlin 1987.

Benassy, J. P.: The Economics of Disequilibrium, London 1982.

Bharadwaj, K.: The Subversion of Classical Analysis: Alfred Marshalls' early writings on value, Cambridge Journal of Economics, 1978, S. 253-271.

Bliss, C. J.: Capital Theory and the Distribution of Income, Amsterdam 1975.

Böhm-Bawerk, E. v.: Kapital und Kapitalzins, 3 Bände, 4. Aufl., Meisenheim/Glan 1961.

Brown, M.; *Sato,* K.; *Zarembka,* P. (Hrsg.): Essays in Modern Capital Theory, Amsterdam 1976.

Casarosa, C.: The Microfoundations of Keynes' Aggregate Supply and Demand Analysis, Economic Journal, 1981, S. 188-194.

Clark, J. B.: The Distribution of Wealth, New York 1899.

Clower, R.: The Keynesian Counter-Revolution: a Theoretical Appraisal, in *Hahn/Brechling* (Hrsg.); wiederabgedruckt in *Clower,* R. (Hrsg.).

— Reflections on the Keynesian Perplex, Zeitschrift für Nationalökonomie, 1975, S. 1-24; deutsche Übersetzung: Über die keynesianische Verwirrung, in *Hagemann,* H. et al. (Hrsg.).

Debreu, G.: Werttheorie, Berlin—Heidelberg—New York 1976. Deutsche Übersetzung von Theory of Value, New York 1959.

Dorfman, P.; *Samuelson,* P. A.; *Solow,* R.: Linear Programming and Economic Analysis, New York 1958.

Eatwell, J. L.: Scarce and Produced Commodities, unveröffentlichte PhD-Dissertation, Harvard, Cambridge/Mass. 1975.

— Theories of Value, Output and Employment, Thames Papers in Political Economy, London 1979.

— *Milgate*, M. (Hrsg.): Keynes' Economics and the Theory of Value and Distribution, London 1983.

Eichhorn, W.: Deduktion der Ertragsgesetze aus Prämissen, Zeitschrift für Nationalökonomie, 1968, S. 191 - 205.

Eshag, E.: From Marshall to Keynes, Oxford 1963.

Friedman, M.: The Marshallian Demand Curve, Journal of Political Economy, 1949, S. 463 - 495.

Frisch, R.: Alfred Marshall's Theory of Value, Quarterly Journal of Economics, 1950, S. 495 - 524.

Garegnani, P.: Il Capitale nelle Teorie della Distribuzione, Mailand 1960. Französische Übersetzung: Le Capital dans les Théories de la Répartition, Paris 1980.

— On a Change in the Notion of Equilibrium in recent Work on value and Distribution: A Comment on Samuelson, in: *Brown* et al. (Hrsg.).

— Notes on Consumption, Investment and Effective Demand, Part I, Cambridge Journal of Economics, 1978, S. 335 - 353.

— Notes on Consumption, Investment and Effective Demand, Part II, Cambridge Journal of Economics, 1979, S. 63 - 82.

Grandmont, J. M.: Temporary General Equilibrium Theory, Econometrica, 1977, S. 535 - 572.

— *Laroque*, G.: On Temporary Keynesian Equilibria, Review of Economic Studies, 1976, S. 53 - 76.

Gröbner, W.: Matrizenrechnung, Mannheim 1966.

Guillebaud, C. W.: The Evolution of Marshall's Principles of Economics, Economic Journal 1942, S. 330 - 349.

— Marshall's Principles of Economics in the Light of Contemporary Economic Thought, Economica 1952, S. 111 - 130.

Hagemann, H.; *Kurz*, H. D.; *Schäfer*, W. (Hrsg.): Die neue Makroökonomik, Frankfurt/M. 1981.

Hahn, F. H.: Keynesian Economics and General Equilibrium Theory: Reflections on some current debates, in: *Harcourt*, G. C. (Hrsg.); deutsche Übersetzung in Hagemann, H., et al. (Hrsg.).

— General Equilibrium Theory, in: The Public Interest, Special Edition, New York 1980.

— *Brechling*, F. P. R. (Hrsg.): The Theory of Interest Rates, London—New York 1965.

Harcourt, G. C. (Hrsg.): The Microeconomic Foundations of Macroeconomics, London 1977.

Harrod, R. F.: Mr. Keynes and Traditional Theory, Econometrica 1837, S. 74 - 86.

Hayek,F A. v.: Das intertemporale Gleichgewichtssystem der Preise und die Bewegungen des „Geldwerts", Weltwirtschaftliches Archiv, 1928, S. 3 - 76.

— The Mythology of Capital, Quarterly Journal of Economics, 1936, S. 199-228.

Hicks, J. R.: Léon Walras, Econometrica, 1934, S. 338-348.

— Mr. Keynes' Theory of Employment, Economic Journal, 1936, S. 238-253.

— Mr. Keynes and the Classics. A suggested Interpretation, Econometrica, 1937, S. 147-159.

— Value and Capital, Oxford 1946 (1. Auflage 1939).

— A Revision of Demand Theory, Oxford 1956.

— Capital and Growth, Oxford 1965.

— The Crisis in Keynesian Economics, Yrjo Jahnsson Lectures, Oxford 1974.

— *Allen*, R. G. D.: A Reconsideration of the Theory of Value, Economica, 1934, S. 52-76; S. 196-219.

Jaffé, W.: Walras's Economics as Others See it, Journal of Economic Literature, 1980, S. 528-549.

Kahn, R. F.: The Relation of Home Investment to Unemployment, Economic Journal, 1931, S. 173-198.

— Malinvaud on Keynes, Cambridge Journal of Economics, 1977, S. 375-388.

Kaldor, N.: Essays on Value and Distribution, London 1960.

— Grenzen der „General Theory", Erste Merton-Vorlesung an der J.-W.-Goethe-Universität, Frankfurt/M. 1982, Heidelberg—New York 1983.

— Gemeinsamkeiten und Unterschiede in den Theorien von Keynes, Kalecki und Rüstow, IFO-Studien, 29. Jg. 1/1983, S. 1-10.

Keynes, J. M.: The General Theory of Employment, Interest and Money, London 1936.

— The Collected Writings of John Maynard Keynes, London 1973-83.

Knight, F. H.: The Quantity of Capital and the Rate of Interest, Teile I und II, Journal of Political Economy, 1936, S. 433-463, S. 612-642.

Leijonhufvud, L.: On Keynesian Economics and the Economics of Keynes, Oxford 1968. Deutsche Übersetzung: Über Keynes und den Keynesianismus, Köln 1973.

— Keynes' Employment Function, History of Political Economy, 1974, S. 164-170.

— The Varieties of Price Theory: What Microfoundations of Macrotheory?, UCLA Discussion Paper, Los Angeles 1974.

— Information and Coordination, Oxford 1981.

Lindahl, E.: Studies in Money and Capital, New York 1939.

Lutz, F. A.: Zinstheorie, 2. Auflage, Tübingen 1967.

Malinvaud, E.: The Theory of Unemployment Reconsidered, Oxford 1977.

Marshall, A.: Distribution and Exchange, Economic Journal, 1898, S. 37-59.

— Industry and Trade, 3. Aufl., London 1920 (1. Aufl. 1919).

— Money, Credit and Commerce, London 1923.

— A. Marshall the Mathematician as seen by Himself, Econometrica, 1933, S. 221-222.

— The Principles of Economics, 9. Variorum Ausgabe, hrsg. von C. W. Guillebaud in 2 Bänden, London 1961. Alle Zitate beziehen sich auf Band I „Text".

— The Early Economic Writings of Alfred Marshall 1867-90, 2 Bände, hrsg. von J. K. Whitaker, London 1975.

— *Marshall,* M. Paley: Economics of Industry, 2. Aufl., London 1888 (1. Auflage 1879).

Mayston, D. J.: On the Nature of Marginal Utility — a neo-Marshallian Theory of Demand, Economic Journal, 1976, S. 493-507.

McNulty, P. J.: Economic Theory and the Meaning of Competition, Quarterly Journal of Economics, 1968, S. 639-656.

Meyer, U.: Neue Makroökonomik, Heidelberg 1983.

Milgate, M.: On the Origin of the Notion of 'intertemporal equilibrium', Economica, 1979, S. 1-10.

— Capital and Employment, London—New York 1983.

Modigliani, F.: Liquidity Preference and the Theory of Interest and Money, Econometrica, 1944, S. 45-88.

Morishima, M.: Equilibrium, Stability, and Growth, Oxford 1964.

— Walras' Economics, Cambridge 1977.

— W. Jaffé on Léon Walras: A comment, Journal of Economic Literature, 1980, S. 550-558.

Neumark, F. (Hrsg.): Studien zur Entwicklung der ökonomischen Theorie, Schriften des Vereins für Socialpolitik, N.F. Bd. 115/1, Berlin 1981.

Newman, P.: The Erosion of Marshall's Theory of Value, Quarterly Journal of Economics, 1960, S. 587-600.

Parrinello, S.: The Marshallian Core of the General Theory, in: Colloque Internationale «Keynes Aujourd'hui: Théories et Politique», Université Paris I, Panthéon Sorbonne, Paris 1983.

Parsons, T.: Wants and Activities in Marshall, Quarterly Journal of Economics, 1931, S. 101-140.

Pasinetti, L. L.: Growth and Income Distribution, Cambridge 1974.

— (Hrsg.): Essays on the Theory of Joint Production, London 1980.

Patinkin, D.: Money, Interest and Prices, 2. Aufl., New York 1965 (1. Aufl. 1955).

Petri, F.: The Difference between Long-Period and Short-Period General Equilibrium and the Capital Theory Controversy, Australian Economic Papers, 1978, S. 246-260.

Pigou, A. C.: An Analysis of Supply, Economic Journal, 1928, S. 238-257.

— The Theory of Unemployment, London 1933.

— Real and Money Wage Rates in Relation to Unemployment, Economic Journal, 1937, S. 405-422.

— Employment and Equilibrium, Westport: Greenwood Press 1979 (London 1941).

— Lapses from Full Employment, Reprint: A. M. Kelly 1978 (London 1945).

De Quincey, T.: Political Economy and Politics, Reprint, New York 1970.

Robbins, L.: On a Certain Ambiguity in the Notion of Stationary Equilibrium, Economic Journal, 1930, S. 194-214.

— Essay on the Nature and Significance of Economic Science, London 1932.

Robertson, D. H.: Lectures on Economic Principles, 2 Bände, London 1957/58.

Robinson, J.: Collected Economic Papers, 6 Bände, Oxford 1951-1979.

— Contributions to Modern Economics, Oxford 1978.

— Ökonomische Theorie als Ideologie, Frankfurt/M. 1974.

— The Generalisation of the General Theory, 2. Aufl., London 1979.

Rothschild, K. W.: Einführung in die Ungleichgewichtstheorie, Heidelberg 1981.

Samuelson, P. A.: Economics, 9. Aufl., McGraw-Hill 1973.

— Collected Scientific Papers, Bd. 2, hrsg. von J. E. Stiglitz, M.I.T. Press 1966.

Schefold, B.: Theorie der Kuppelproduktion, Basel 1971.

— Fixed Capital as a Joint Product and the Analysis of Accumulation with Different Forms of Technical Progress, in Pasinetti, L. L. (Hrsg.), London 1980.

— Nachfrage und Zufuhr in der klassischen Ökonomie, in F. Neumark (Hrsg.), Berlin 1981.

— Kahn on Malinvaud, in J. L. Eatwell u. M. Milgate (Hrsg.), London 1983.

— (Hrsg.): Ökonomische Klassik im Umbruch, Frankfurt/M. 1986.

Schlicht, E.: Grundlagen der ökonomischen Analyse, Reinbeck 1977.

Schumpeter, J. A.: Wesen und Hauptinhalt der theoretischen Nationalökonomie, Berlin 1970 (unveränderter Nachdruck der Ausgabe von 1908).

— History of Economic Analysis, London 1954.

Schwartz, T. J.: Lectures on the Mathematical Method in Analytical Economics, New York 1961.

Shackle, G. L. S.: The Years of High Theory, Cambridge 1967.

Shove, G. F.: The Place of Marshall's Principles in the Development of Economic Theory, Economic Journal, 1942, S. 294-329.

Smith, A.: Theorie der ethischen Gefühle, Hamburg 1977 (1. Aufl. 1926).

Sonnenschein, H.; *Shafer*, W.: Market Demand and Excess Demand Functions, in Arrow, K. J. und Intriligator, M. D. (Hrsg.).

Sraffa, P.: Sulle relazioni fra costo e quantità prodotta, Annali di Economia, 1925; deutsche Übersetzung in *Schefold*, B. (Hrsg.).

— The Laws of Returns under Competitive Conditions, Economic Journal, 1926, S. 535-550.

— Production of Commodities by Means of Commodities, Cambridge 1960.

Symposium: Increasing Returns and the Representative Firm, Economic Journal, 1930, S. 79-116.

Viner, J.: Cost Curves and Supply Curves, Zeitschrift für Nationalökonomie, 1931/32, S. 23-46.

Wald, A.: Über einige Gleichungssysteme der mathematischen Ökonomie, Zeitschrift für Nationalökonomie, 1936, S. 637-670.

Walker, D. A.: Marshall on the Short-Run Supply of Labour, Southern Economic Journal, 1974, S. 691-705.

Walras, L.: Elements of Pure Economics, übersetzt und hrsg. von W. Jaffé, Homewood, Ill. 1980.

Walsh, V., *Gram*, H.: Classical and Neoclassical Theories of General Equilibrium, Oxford 1980.

Weintraub, E. R.: Microfoundations; The Compatibility of Microeconomics and Macroeconomics, Cambridge 1979.

— On the Existence of a Competitive Equilibrium: 1930-1954, Journal of Economic Literature, 1983, S. 1-39.

Whitaker, J. K.: The Marshallian System in 1881: Distribution and Growth, Economic Journal, 1974, S. 1-17.

Wicksell, K.: Vorlesungen über Nationalökonomie, 2 Bände, Aalen 1969; unveränderter Nachdruck der 1. Aufl., Jena 1913.

Wicksteed, P. H.: The Common Sense of Political Economy, 2 Bände, überarbeitete und erweiterte Ausgabe, hrsg. und mit einer Einleitung versehen von L. *Robbins*, London 1933.

— The Scope and Method of Political Economy in the Light of the 'Marginal' Theory of Value and of Distribution, Economic Journal, 1914, S. 1-23.

Kolibri 360 GmbH
Ferdinand-Jühlke-Straße 7
99095 Erfurt, Deutschland
produktsicherheit@kolibri360.de

Druck:
CPI Druckdienstleistungen GmbH
im Auftrag der
Kolibri 360 GmbH
Ferdinand-Jühlke-Str. 7
99095 Erfurt